ALEKSANDAR MILANOV

LE RETOUR DU SAVOIR SACRÉ DU KATHARA

Les secrets des portes des étoiles

NEW AGE
CITIZENS
FOUNDATION

Le retour du savoir sacré du KATHARA

Les secrets des portes des étoiles

ALEKSANDAR MILANOV

Table des matières

INTRODUCTION

Ce livre a pour objectif de présenter aux lecteurs les informations contenues dans plus de 1200 heures de conférences, d'ateliers et des ouvrages écrits par l'auteure E'Asha Ashayana, et plus particulièrement par l'Alliance des Gardiens. Cette alliance lui transmet des informations par le biais d'une communication multidimensionnelle appelée transmission Keylonta. Le présent livre est conçu pour guider le lecteur à travers la multitude d'informations apparues au cours des quinze dernières années, en présentant les différents concepts de manière claire et accessible. Les sujets abordés sont variés et incluent le monde spirituel vu à travers le prisme des différentes dimensions spatio-temporelles, mais aussi les corps subtils de l'homme et du cosmos, la guérison par des fréquences énergétiques, la structure multidimensionnelle de l'être humain, et l'activation de l'ADN. Le livre présente également les lieux sacrés de la Terre, les civilisations extraterrestres et leurs interrelations, ainsi que la mission et l'histoire pré-ancienne de l'humanité, et des races Indigos et Illuminati. Chacune des thématiques est très vaste en soi, mais elles sont également profondément liées entre elles. Par exemple, pour comprendre notre propre structure multidimensionnelle, il est nécessaire de connaître celle de l'univers. Pour guérir, il faut connaître l'emplacement, le nombre et le mode de fonctionnement des chakras, des centres Kathara, des centres Hara, ainsi que celui des lignes axiatonales de nos corps subtils, et être en mesure de nous procurer l'énergie dont nous avons besoin, en toute sécurité.

La connaissance des races extraterrestres et de l'origine de l'humanité nous permet de mieux comprendre notre lien avec certains endroits de la Terre, ainsi que l'état physique et spirituel de la civilisation humaine à différentes époques de son histoire. Cela nous aide également à faire la distinction entre ce qui résulte d'une évolution naturelle de la vie biologique et ce qui est le fruit d'une mutation persistante de l'ADN. À partir de quel moment allons-nous commencer à étudier ces phénomènes de manière approfondie et avec quels outils allons-nous évaluer leur crédibilité? L'auteur de ce livre a trouvé la réponse pour

lui-même, qui réside dans la compréhension approfondie du fonctionnement de la **grille Kathara.**

Ce livre contient une quantité abondante de références à des ateliers et des sources écrites, afin de préserver autant que possible la pureté de la retransmission de l'information et de laisser l'opportunité au
lecteur de compléter ses connaissances. Des liens vers des conférences
et d'autres sources sont fournis à la fin de l'ouvrage pour enrichir la
compréhension des thématiques traitées.

Le présent travail reflète également les positions personnelles
de l'auteur sur les sujets abordés. Celles-ci n'engagent en aucun cas
E'Asha Ashayana et ne doivent pas être interprétées comme faisant
partie des Enseignements de la Liberté.

Ce livre n'est pas une œuvre littéraire. Les notions qui y sont présentées ne sont pas le fruit de l'imagination ou de la fiction, mais une
cosmogonie complète et cohérente, exprimée dans un langage compréhensible. L'objectif est de fournir des explications raisonnables aux
questions importantes que beaucoup se posent, sans pour autant imposer un dogme supplémentaire à la société. La non-imposition d'un
savoir aussi profond, ainsi que son explication claire sont des conditions indispensables pour honorer le libre arbitre des lecteurs et des
auditeurs. En revanche, ne pas transmettre un enseignement sacré de
manière exacte, alors qu'il est vital pour l'humanité, serait un acte
irrespectueux envers le droit de chaque personne d'être informée et
d'exercer son libre arbitre, en étant consciente des conséquences de
ses choix.

Même un simple raisonnement sur des sujets tels que l'origine de
l'humanité, l'existence de races extraterrestres et la statique du temps
est une quête utile et digne d'intérêt pour tout être humain. Cependant,
lorsque nous traitons ces thématiques comme un savoir sacré, il est
essentiel de cultiver un scepticisme constructif et un esprit d'investiga-
tion. Cela nous permet de les comprendre plus pleinement, plutôt que
de les accepter aveuglément, de les transformer en dogme obscur, de
les ignorer, ou de les considérer comme de la simple fiction.

L'auteur exprime une profonde gratitude et un grand respect
pour le travail exceptionnel du porte-parole officiel de l'Alliance des
Gardiens, E'Asha Ashayana, qui a transmis avec un dévouement absolu le savoir sacré des Enseignements de la Liberté. A travers cet
ouvrage, il s'efforce de rendre ces connaissances encore plus accessibles aux lecteurs.

Ce livre apporte des réponses concrètes à des questions fondamentales sur l'existence et l'univers. Qu'est-ce que l'Absolu, et qu'est-ce qu'il représente ? A quel moment, dans quel endroit et pour quelle raison la race Humaine a-t-elle été créée ? Quand a été formée notre matrice temporelle, et comment a-t-elle été peuplée ? Qui sont les races stellaires qui habitent notre matrice et quelles sont les liens entre elles ? Quelles sont les différentes dimensions de l'univers et quel est leur rapport avec la structure subtile de l'homme ? Combien y-a-t-il de dimensions et selon quel modèle sont-elles construites ? Quels sont les cadres spatio-temporels de la réincarnation des humains ? Où résident nos âmes et de quoi sont-elles composées ? Quelles sont les races stellaires auxquelles nous sommes liés ? Quelle est la véritable histoire de l'humanité et qui sont les collectifs indigo et illuminati ? Quelle est la signification des lieux sacrés sur notre planète, quel est leur rôle et comment nous influencent-ils ? Quels sont les événements cosmiques actuels ? En quoi consiste-t-il le processus d'ascension ? Qu'est-ce que le templar de la Terre ?

Toutes ces questions sont des points de départ qui élargissent notre conscience et nous aident à mieux naviguer dans les dynamiques et les interconnexions entre le microcosme et le macrocosme, et donc à mieux nous connaître et comprendre la réalité qui nous entoure.

CHAPITRE 1

Les plaques Dora Téhoura
et les Enseignements de la Liberté

Les Enseignements de la Liberté, également connus sous le nom des Enseignements de l'Ordre monastique d'Émeraude de Melchizédek, proviennent d'au-delà de la Terre et contiennent l'histoire la plus ancienne de notre univers depuis sa création. Ces connaissances avancées réunissent le monde de la science et celui de la spiritualité. Les messages qu'ils contiennent ont été transmis et traduits dans notre passé très lointain, que l'on appelle « histoire pré-ancienne », sous formes variées, dans de nombreux endroits et langues, à la fois sur Terre, et dans l'ensemble de notre matrice temporelle à quinze dimensions. Cette dernière sera présentée dans le chapitre trois de ce livre.

De par leur nature, les Enseignements de la Liberté représentent des archives de savoirs sacrés qui ont conservé des informations sur la structure de l'univers, les lois et la mécanique de la création, ainsi qu'une description détaillée de l'origine des différentes races, leur histoire et leurs relations réciproques. En outre, l'Ordre monastique d'Émeraude de Melchizédek offre également des annotations exhaustives sur la mission et la formation de l'humanité.

Ces enseignements représentent un paradigme imbriqué de connaissances universelles et incluent des sujets tels que le Krystos intérieur, la loi de l'Unité, la Science du Templar et l'histoire pré-ancienne de l'univers.

Ces informations ont été révélées pour la première fois il y a 950 milliards d'années par les races Aînées de notre univers qui se sont établies ici avec toutes les autres races et qui sont nos ancêtres.[1] Lorsque cette connaissance fondamentale de l'univers et de l'existence est partagée, elle vise à enrichir tous les êtres et à leur offrir les moyens de mener une vie plus épanouie, en leur permettant de mieux exercer

---

1 E'Asha Ashayana, Historical origins of the Melchizedek Cloister Emerald Order teachings, Introductory topic summary №1, 2009, p.1

leur libre arbitre. Le système solaire et la Terre ont été créés bien plus tard, tandis que l'origine de la race Humaine est directement liée à la résolution de conflits cosmiques entre différentes races stellaires.

La première diffusion des Enseignements de la Liberté sur Terre remonte à il y a 25 millions d'années. À cette époque, notre planète a été habitée par les représentatants du premier peuplement d'humains, composé de nos descendants et de nos ancêtres génétiques de la *race Humaine Angélique*. Les traces écrites de cette période ont été délibérément détruites par des collectifs d'origne extraterrestre.

Au cours d'une période plus récente de notre histoire pré-ancienne, les Enseignements ont été réintroduits sur Terre par un collectif d'êtres provenant de dimensions supérieures, connu sous le nom d'Alliance des Gardiens, qui opère sous la direction des races Aînées et des Conseils de la Rivière de Krystal d'Aquerion[2], présentés en détail dans le chapitre onze. Issues de la plus Haute Antiquité, ces connaissances peuvent être comparées à une langue qui était parlée et comprise couramment par tout le monde. L'existence de collectifs stellaires à travers les différentes dimensions spatio-temporelles était communément admise, au même titre que la présence de peuples sur d'autres continents est une évidence pour nous aujourd'hui. Le contenu et le contexte de ces enseignements étaient connus de tous les humains indigo et angéliques. Leur révélation publique de nos jours est une forte impulsion qui a été déclenchée pour réveiller les potentiels de notre mémoire génétique et mettre en lumière les couches les plus profondes de notre inconscient collectif et de notre passé.[3]

Certains des événements les plus importants de cette période historique sont abordés dans les publications d'E'Asha Ashayana et sont référenciés dans d'autres chapitres de ce livre. Au cours de l'histoire de l'humanité sur Terre, de nombreux aspects des Enseignements de la Liberté ont été perdus, déformés ou cachés. À l'origine, les grandes religions que nous connaissons aujourd'hui proposaient des concepts différents mais complémentaires. Cependant, la plupart des textes religieux ont été altérés pour déformer les messages, manipuler les gens et cacher leur passé historique et la structure de la Création. Lorsque l'information parvenait aux peuples sous sa forme pure, quelle que soit la

---

2   E'Asha Ashayana, Historical origins of the Melchizedek Cloister Emerald Order teachings, Introductory topic summary №1, 2009, p.2

3   Pour plus d'informations sur les races Humaine, Indigo et Illuminati, et leurs descendants respectifs de nos jours, voir chapitres 5 et 6

tradition spirituelle, son contenu révélait les liens entre tous les êtres vivants et le droit de chacun de se reconnaître comme expression directe de la Source. Ce message essentiel demeure au cœur de la connaissance divine qui est transmise par les Enseignements de la Liberté, et dont la lumière vivante continue de briller encore à notre époque.

La présupposition selon laquelle chaque être conscient est une expression de la Source (*dénommée également Source divine, Dieu, Esprit, Absolu ou tout autre terme servant à décrire ce concept*) signifie qu'il incarne en lui ses qualités inhérentes et toutes ses propriétés divines. Dans les Enseignements de la Liberté, Dieu n'est pas un créateur mystérieux qui se trouve loin dans le ciel. Au contraire, il s'agit de la Source dont nous émergeons consciemment sur la scène de la création en tant que co-créateur.

La Source est au-delà de l'identité de genre. Le mot Dieu dans ces enseignements ne désigne pas un vieil homme à barbe blanche assis sur un trône, qui donne des ordres, et qui se met en colère contre les peuples si sa volonté n'est pas respectée.

Une autre notion fondamentale dans ces enseignements, telle que présentée par E'Asha Ashayana, est que personne n'existe en dehors de Dieu, même si nous pouvons choisir librement de penser et d'agir comme si nous l'étions. Les Enseignements de la Liberté nous apprennent que la qualité la plus essentielle de la Source est qu'Elle crée en elle-même. Le message central qui découle de cette proposition parfaitement logique est que tout être, et toute chose, possède une origine divine et une vocation cosmique initiale qui lui est propre. C'est en effet le libre arbitre qui influence la réalisation de la mission de chacun, et qui conditionne la manière dont elle sera accomplie.

L'observation des phénomènes naturels dans l'univers révèle que ce processus créatif n'est pas aléatoire et qu'il obéit à des principes traçables et des règles précises, qui sont développés dans les chapitres deux, trois et neuf de ce livre. Par ailleurs, l'un des processus les plus importants et les plus fondamentaux de la création est le phasage.[4] La trinité divine cosmique originelle de la vie éternelle définit le mouvement de la création, à travers le processus de phasage des trois premières unités *Partikaï*.[5] Le phasage est la fusion naturelle de deux objets issus de la Source, qu'il s'agisse des particules microscopiques de

---

4 E'Asha Ashayana, The elements of discovery, 2010, p.53

5 Pour plus de détails sur les unités *Partikaï* voir E'Asha Ashayana, Kathara bio-spiritual healing system manual, level 1, 2000

rayonnement ou d'êtres vivants, de planètes, de soleils et d'univers. Cette fusion ne peut se produire que si les angles de rotation des particules sont parfaitement synchronisés. S'ils sont modifiés ou si leurs polarités correspondates sont inversées, le phasage est impossible, et les courants de conscience krystique qui relient les systèmes vivants ne peuvent pas se manifester. Par conséquent, modifier le programme krystique qui gouverne l'interaction naturelle entre les objets peut bloquer leur voie d'évolution.

Dans les Enseignements de la Liberté, le mot « kryst » est révélé comme un terme sacré qui désigne la mécanique créatrice centrale de la Source. Toute existence repose sur le code Kryst et la structure de la grille Kathara, qui se déploie en une série de grilles entrelacées, à l'instar des cellules qui se regroupent en tissus, et ceux-ci en organes etc. Il s'agit du programme originel et naturel que l'Absolu a établi pour l'ensemble de la Création, et au sein de toutes ses manifestations. Cependant, un être peut altérer son code Kryst en exerçant son libre arbitre, ce qui entraîne la perte de ses potentiels krystiques et une déconnexion de la Source et des autres manifestations. Un tel être est considéré comme « déchu » par rapport à sa mission originelle d'existence.

La trinité divine est présentée comme un processus physique naturel qui doit être compris. Son application est une condition nécessaire à l'existence harmonieuse de tout ce qui se produit dans le cosmos.

Les informations abordées dans chaque atelier et livre des Gardiens et présentées par Ashayana, se caractérisent par une fréquence vibratoire croissante, révélant progressivement et en profondeur les processus qui se déroulent dans l'univers. La civilisation moderne divise la spiritualité, la religion et la science en trois visions distinctes du monde qui, malgré leur quête de réponses communes, ne se complètent pas suffisamment.

En considérant les avancées de la science moderne, notamment dans le domaine du clonage d'espèces biologiques et des expérimentations génétiques, nous constatons que la science n'a pas encore trouvé son essence, son âme, qui lui permettrait de comprendre et de respecter la complexité de la vie. La façon dont elle traite les objets d'étude est néfaste, tant pour eux que pour leur environnement. Dans l'une de ses conférences[6] Ashayana souligne les problèmes causés par le clonage aléatoire, créant souvent un piège insurmontable pour la conscience qui s'y retrouve captivée, empêchant son évolution krystique naturelle et

____

6 Dance for Joy, 2003, disk 5

son retour conscient à l'Absolu. Considérer les autres créatures comme de simples objets est une attitude insensible et révèle une profonde ignorance de notre lien avec elles, un lien qui est établi notamment à travers la Source. Les programmes de formation et les livres de l'Ordre monastique d'Émeraude de Melchizédek ne sont pas spéculatifs, ni analytiques. Il s'agit de traductions de textes réels conservés dans la Terre Intérieure,[7] appelés « Livres Maharata ». L'épopée indienne Mahabharata en est une traduction partielle, d'où la similarité des noms. Par exemple, les deux sources écrites ont gardé la trace des mêmes évènements historiques qui relatent l'intervention d'extraterrestres humanoïdes bleus, arrivés en Inde, en vaisseaux spatiaux appelés *vimanas*.

De plus amples informations sur les événements qui se sont produits aux alentours de 5 900 av. J.-C., veuillez consulter le disque numéro 4 de la conférence « The Legacies of Lemuria and Atlantis ».[8] Les livres Maharata comptent 590 volumes, écrits à la main en langue anuhazi. Ces enseignements sont des traductions originales provenant de races encore plus anciennes, conservées dans les plaques monastiques Dora Téhoura.[9] L'anuhazi est la première langue parlée dans notre matrice temporelle. Elle est ainsi à l'origine de toutes les langues que nous connaissons. Les noms des objets sont formés par le son de leur propre vibration.[10] Par exemple, lorsqu'un livre s'appelle Maharata, cela signifie que la vibration qui est transmise est de fréquences krystiques Maharata, tandis que le son qui est émis possède la séquence sonore « ma-ha-ra- ta ».

La prononciation des combinaisons de mots et de commandes en anuhazi active les vibrations correspondantes des objets désignés, rendant cette langue sacrée et puissante en termes de pouvoir de création. Cependant, son application est un acte de grande responsabilité, puisque derrière les mots il réside une force créatrice considérable qui peut conduire à des conséquences karmiques, en fonction des intentions et de leur utilisation.

Dans ses livres et conférences, Ashayana explique que les plaques Dora Téhoura sont des disques argentés holographiques de haute technologie, contenant des informations sur l'histoire et sur d'autres sujets.

---

7 E'Asha Ashayana, Voyagers 2, Secrets of Amenti, p.32, 2002; Secrets of
Lemuria & the ancient Eieyani, audio disk 1-12
8 The Lemurian & Atlantian Legacies, 2001, disk 4
9 Traduit de l'anglais ''Cloister Dora Teura plates''
10 E'Asha Ashayana, Engaging the God languages, 2005, p.22

Elles mesurent environ 30 centimètres et sont faites de cristal de quartz et de sélénite rainuré de l'étoile Sirius B. Chaque plaque contient un noyau isotopique radioactif entouré de sélénite, avec une enveloppe extérieure en alliage argenté organique à la Terre.[11] Il existe douze plaques au total, qui ont été conçues en 246 000 avant J.-C. par une race angélique de l'Alliance des Gardiens, représentée par un organe collectif connu sous le nom de Conseil d'Azurline.[12] Les individus de cette race sont également appelés Maharaji et habitent sur Sirius B, dans le deuxième univers harmonique[13] (quatrième, cinquième et sixième dimension).

Pour plus d'informations et de références sur les univers harmoniques et la structure des dimensions, voir le chapitre trois de ce livre.

Les Maharajis du Conseil d'Azurline sont des humanoïdes bleus de grande taille, mesurant environ trois mètres, et sont génétiquement apparentés aux humains. Leur venue en vaisseaux spatiaux a été décrite dans l'ancien texte hindou du Mahabharata.

Les Maharajis ont offert les douze plaques à l'humanité pour l'aider à accomplir sa mission initiale : être la gardienne du Templar de la Terre, et de la galaxie. Le Templar correspond à la grille électromagnétique organique de la planète, qui constitue le principal système de portes des étoiles permettant l'ascension à partir du premier univers harmonique.[14] De plus amples informations sur le Templar de la Terre sont présentées dans le chapitre huit de cet ouvrage.

Les Maharajis ont également créé douze boucliers métalliques, légèrement plus grands que les plaques, en forme de bol avec une ouverture par-dessus. Il est important de noter que si les boucliers sont retirés de la Terre, ils ne pourront pas fonctionner.[15] Pour cette raison, leur préservation est cruciale, car toute mauvaise utilisation pourrait avoir des conséquences catastrophiques pour la planète et pour l'ensemble du cosmos. Le rôle de la Terre et son interrelation énergétique avec la galaxie et l'univers sont abordés séparément dans le chapitre neuf. La lutte pour ces artefacts et les informations sur leur utilisation ont joué

---

11 E'Asha Ashayana, Voyagers: Sleeping abductee I, Wildflower Press,2002, p.xliii

12 Traduction personnelle de l'anglais ''The Council of Azurline''

13 Pour plus d'information sur la structure multidimensionnelle de l'univers (les univers harmoniques et les dimensions), voir le guide Dance for life, p.21 ff.2002

14 E'Asha Ashayana, Contemporary Origins & Evolution of the MCEO Teachings, 2009, p.4

15 Secrets of Lemuria & the ancient Eieyani, audio disk 6

un rôle déterminant dans l'évolution de la Terre. Ils constituent un fil conducteur qui éclaire la dynamique politique de notre planète, de la préhistoire à nos jours.

L'Alliance des Gardiens explique en détail le mode de fonctionnement des plaques, qui possèdent plusieurs propriétés clés. Tout d'abord, elles constituent un immense réservoir d'informations, comparable à un énorme disque dur. Elles contiennent des enregistrements de l'histoire de notre univers et de l'existence de races depuis 950 milliards d'années, bien avant l'apparition des êtres humains. Les plaques fournissent des informations détaillées sur la science sacrée et le travail avec les portes des étoiles dans l'univers. Elles renseignent sur les nombreuses lignes temporelles possibles, notamment passées, présentes et futures, concernant l'évolution de la race Humaine, ainsi que des autres races dans l'ensemble de la création. En principe, le choix de chaque être à un moment donné de son existence détermine sa trajectoire de développement. Néanmoins, toutes les autres lignes temporelles continuent d'exister en parallèle et sont également enregistrées.

Lorsque les disques sont insérés dans les boucliers, ils aident à activer manuellement les douze centres principaux du Templar de la Terre. De plus amples informations sur ces centres, ainsi que des références respectives peuvent être trouvées dans le chapitre huit.

L'accès à ces artefacts était strictement limité et soumis à un protocole spécial. Les plaques étaient conçues pour extraire des informations par télépathie lorsqu'on les touchait. La technologie du disque reconnaissait le modèle d'ADN de la personne autorisée à recueillir des informations par le biais de commandes mentales. Les plaques devraient être utilisées d'une manière très précise par des individus spécialement formés à cet effet. Afin d'activer l'une des plaques, la personne est supposée la tenir dans sa main droite et ajuster son énergie vitale à une fréquence spécifique. Ensuite, l'énergie émise par la personne se dirige vers le disque et déclenche l'apparition des images holographiques d'événements historiques, comme des séquences de film. L'utilisateur peut contrôler les images par le biais de sa pensée, les arrêtant ou les faisant défiler pour visualiser une période précise du passé ou du futur. L'accès aux disques et l'utilisation de leurs informations sont soumis à un protocole spécifique, qui implique un accord avec trois porte-parole (intervenants), généralement des représentants de l'Ordre monastique d'Émeraude de Melchizédek. Leur mission est de transmettre les connaissances nécessaires aux humains et aux autres races à travers les époques. Certaines parties des disques Dora Téhoura ont été traduites à plusieurs reprises tout au long de notre histoire, dans diverses langues et cultures. L'objectif principal de leur transmission était de servir l'humanité dans son ensemble, et non seulement certains groupes ethniques ou religieux. La diffusion de ces connaissances a été assurée par les humains indigo, dont on entend beaucoup parler de nos jours. Les indigos sont des expressions vivantes du savoir sacré et sont les garants de sa conservation. La spécificité de leur modèle d'ADN sert à protéger et à transmettre l'information, et la rendre accessible à tous. Les enfants indigo ont suscité de nombreux débats ces dernières décennies. D'après l'Alliance des Gardiens, leur présence dans des familles indigo spécifiques a joué un rôle crucial tout au long de l'histoire humaine, à toutes les époques. La préservation de ces lignées a très souvent été l'objet d'un secret profond. Les origines et à la raison d'être du peuple indigo sont examinées en détail dans les chapitres cinq et six de ce livre.

Les plaques monastiques Dora Téhoura ont été mises à disposition pour préserver les représentants des lignées familiales du peuple indigo sur Terre, appelés Eeiyani, descendants de l'Ordre monastique d'Emeraude de Melchizédek. Les Eeiyani se divisent en plusieurs branches, notamment les Prêtres d'Ur, les Prêtres de Mouha, et la plus connue, l'Ordre des Esséniens, dont les membres sont à l'origine de l'avatar krystique Jesheua Sananda Melchizédek, connu aujourd'hui sous le nom de Jésus-Christ. Le terme « prêtre » signifie originellement « gardien et porteur de la sagesse spirituelle ». Dans ces ordres, il y avait autant de prêtres hommes que femmes qui gouvernaient et transmettaient cette sagesse à d'autres initiés. E'Asha Ashayana souligne que l'Ordre d'Émeraude est, et sera toujours, un collectif égalitaire, spirituel et non hiérarchique, où les hommes et les femmes sont traités et considérés à titre égal. Il est important de mettre en avant l'égalité des sexes dans ces structures pour les distinguer des organisations religieuses patriarcales qui dominent notre Terre depuis des millénaires. À l'heure actuelle, il existe quelques petits collectifs de descendants Eieyani qui habitent dans différents pays et possèdent la connaissance des civilisations pré-anciennes de la planète. Ils sont également les gardiens de reliques anciennes, dont les plaques monastiques Dora Téhoura. Certains membres des familles Eieyani, comme les écoles tibétaines du bouddhisme, en particulier celles de l'Himalaya, ont un contact ouvert et direct avec les civilisations d'autres dimensions qui peuvent être considérées comme des collectifs extraterrestres ou angéliques. Les Eieyani sont autorisés à intervenir pour restaurer les anciens enseignements dans leur forme originelle, à certaines périodes clés de l'évolution humaine. Lorsque la société en a besoin, notamment à l'éveil de grands événements planétaires, les Eieyani partagent ces connaissances avec les peuples. C'est ainsi que les douze plaques et les livres Maharata se font traduire dans les langues parlées de l'époque en question. À ce titre, garder le secret sur les indigos à travers les générations a été crucial pour garantir que l'information est disponible au moment opportun, dans sa forme initiale, au moins pour une courte durée, avant d'être déformée par les forces manipulatrices sur Terre, notamment les autorités politiques et religieuses institutionnelles.

Dans plusieurs de ses conférences et publications Ashayana démontre que la dernière traduction écrite des plaques Dora Téhoura date de l'époque du Christ (12 av. J.-C. - 29 ap. J.-C.). Elle a été effectuée par un groupe d'Esséniens d'origine Eieyani, dont Jesheua Sananda Melchizédek fait partie. Jesheua est un avatar incarné du douzième niveau qui était formé pour travailler avec les plaques Dora Téhoura. Il était le porte-parole de l'Alliance des Gardiens et avait pour mission de restituer ces connaissances au peuple. Ashayana nous apprend que cette tâche a été accomplie et que Jesheua a écrit six livres, Miriam en a produit trois, et Jean-Baptiste a commencé à écrire un livre, mais il a été tué avant de le terminer. Ces neuf livres font partie des quinze livres manquants de la Bible qui étaient et sont toujours au cœur des enseignements légitimes des Esséniens, connus sous le nom d'Enseignements des lignées du Graal.[16] Les connaissances et les techniques du Kathara représentent une science sacrée préservée par les lignées du Graal, un héritage pour toute l'humanité, et pour toutes les autres races sur Terre. Les informations sur cette période fournies par Ashayana proviennent à la fois des plaques Dora Téhoura et de sa mémoire personnelle. En effet, Miriam, le troisième porte-parole de l'Alliance des Gardiens était sa réincarnation directe.

Pour en savoir plus sur la véritable histoire de Jesheua et des autres indigos impliqués dans la mission du Christ il y a deux mille ans, telle qu'elle a été archivée dans les plaques et transmise par Ashayana, vous pouvez consulter l'article entitulé « La véritable histoire de Noël »[17], le

____

16 E'Asha Ashayana, Voyagers: Sleeping abductee I, Wild Flower Press, 2002
17 Traduction personnelle de l'anglais „The real Christmas story", E'Asha Ashayana, 2001

livre « Voyageurs »,[18] ainsi que les ateliers suivants :

1. L'héritage de la Lémurie et de l'Atlantide.[19]

2. L'héritage des perdus, les Libertés des Retrouvés, Les mystères de la Voie lactée, la Salle des Enregistrements, les Codes de Jésus.[20]

3. Glisseurs - partie 12. Extériorisation du Kryst.[21]

D'autres traductions des plaques Dora Téhoura ont été réalisées par des porte-parole infiltrés dans différentes cultures des lignées génétiques du Graal, notamment l'Hindoue, la Chinoise, la Tibétaine, l'Africaine, l'Egyptienne, la Maya, l'Inca et la Celtique-Druidique.[22] Néanmoins, toutes les traductions ont subi le même sort de destruction et de déformation de l'information pour empêcher les peuples de prendre conscience de leur origine, de comprendre la structure de l'univers et de se connecter directement avec l'Absolu. Le fait de cacher ou de déformer les connaissances sacrées rend les gens plus facilement manipulables et les amène à croire qu'ils sont des créatures sans valeur, inaptes et pécheresses, qui doivent subir des humiliations pour recevoir la bénédiction d'un Dieu. Cette bénédiction est souvent présentée comme étant délivrée par l'intermédiaire d'une institution religieuse, après la mort ou, en échange d'une indulgence financière. La plupart des livres écrits ont été immédiatement détruits, confisqués ou délibérément modifiés par des Etats corrompus et les élites religieuses. En 27 après J.-C. les Eieyani savaient que la prochaine période de traduction des plaques Dora Téhoura aurait lieu entre 2000 et 2017. Cette période, où nous avons choisi de naître, est marquée par de grands changements dans l'évolution de l'univers, de la galaxie, de la Terre et de tous ses habitants. Cependant, ces changements se déroulent loin de l'espace public, et la plupart des gens ne sont pas conscients de leur ampleur et des nœuds karmiques qui doivent être déliés. Le présent livre cherche à offrir au lecteur en quête de spiritualité des informations sur ces questions, en présentant des sources que l'auteur considère comme fiables. Si une impulsion intérieure positive se déclenche, le lecteur peut décider dans quelle mesure s'approprier ces connaissances sacrées. L'objectif est de présenter les informations de manière compréhensible et

18 E'Asha Ashayana, Voyagers: Sleeping abductee I, Wild Flower Press, 2002,
E'Asha Ashayana, Voyagers: Secrets of Amenti, II, Granite publishing, 2003
19 The Lemurian & Atlantian Legacies, New York, 2001, disk 4
20 Legacy of the Lost, Freedoms of the Found, the Milky Way Mysteries, Halls of Records and the "Jesus Codes," Amsterdam 2007
21 Sliders-12 "Externalization of the Kryst", Florida, 2012
22 E'Asha Ashayana, Voyagers: Sleeping abductee I, Wild Flower Press, 2002

applicable par chacun. Cela signifie qu'il convient de les associer à la spiritualité, aux religions, aux sciences connues (histoire, géographie, astronomie, physique, anthropologie, biologie), ainsi qu'à des pratiques de guérison et à l'exercice physique.

Entre 2000 et 2017, les prêtres Eieyani ont soigneusement sélectionné quelques individus, encore enfants, issus de lignées familiales de leurs descendants sur Terre. Une fois identifiés, ces individus étaient contactés par les prêtres pour entamer une formation secrète. Ce contact n'est pas une faveur particulière, ni un moyen de flatter l'ego ou de susciter des complexes messianiques, contrairement à certaines pratiques de contacteurs d'autres races extraterrestres. Au contraire, les gardiens krystiques communiquent de manière personnelle, en respectant le libre arbitre de l'individu, et orientent le contact en fonction de la volonté de la personne de contribuer à une tâche cosmique. Ashayana était l'un de ces enfants qui a été choisi pour être en contact avec l'Alliance des Gardiens dès son plus jeune âge. Selon l'auteur, la meilleure preuve de ses affirmations réside dans la nature de l'information qu'elle fournit, qui est remarquablement spécifique et cohérente, d'une profondeur ésotérique et d'une sagesse spirituelle sans précédent.

Lorsque le temps de lancer le cycle de traduction des plaques Dora Téhoura approche, les Eieyani proposent trois contrats formels de porte-parole à trois de leurs élèves. Les initiés ne sont pas obligés d'accepter cette nomination, et ceux qui deviennent porte-parole sont libres de choisir leur mission et la manière dont ils l'exerceront. Néanmoins, si leurs activités sont contraires aux Enseignements de la Liberté, leur contrat peut être résilié. En mai 2012, les contrats des porte-parole numéro 2, Michael Dean, et numéro 3, Mary-Ann Callaway, ont été suspendus.[23] Dès lors, E'Asha Ashayana Aneya Kananda Melchizédek, connue précédemment sous les noms d'Ashayana Deane et Diane K. Deane, est devenue la seule porte-parole officielle de l'Alliance. A partir de janvier 2009, son contrat a été complété par la traduction et la distribution des disques en cristal de Kuméya Al-Hum-Bhra, qui se trouvent dans la matrice d'Aquerion, Aquinos. Ces disques contiennent des enseignements encore plus avancés provenant de la galaxie voisine, apparentée de la nôtre, le M31-Andromède. Plus de détails à leur sujet sont proposés dans le chapitre onze de ce livre.

---

23 Pour plus d'informations sur les raisons de la résiliation des contrats des porte-parole 2 et 3, voir l'atelier d'Ashayana de mai 2012, Floride, ÉTATS-UNIS.

Lors de l'analyse d'une information, il est nécessaire de connaître la source et le moyen de transmission, ainsi que d'évaluer la pertinence, la cohérence et la pureté de ses messages. Après avoir étudié plus de 1 200 heures de conférences, et tous les manuels et livres d'E'Asha Ashayana, je considère que l'information est extrêmement consistante, détaillée et précise. Les messages sont clairs, spirituellement enrichissants, et permettent de construire une cosmogonie très vaste et cohérente.

Les porte-parole de l'Alliance des Gardiens reçoivent, traitent et traduisent les enseignements par le biais d'un échange d'informations appelé communication Keylonta, une forme de transmission à distance qui utilise des symboles appelés codes Keylonta. Ces codes s'infiltrent dans le champ bioénergétique de la personne où ils sont traités inconsciemment par le système neurologique pour devenir une impulsion électronique. Le corps humain traduit alors cette impulsion en un langage compréhensible qui apparaît dans l'esprit sous forme de mots et d'images. Il est important de noter que cette méthode peut être progressivement étudiée et utilisée en toute sécurité par chacun.

La communication Keylonta se distingue du « channeling », car elle n'implique pas de fusion de la conscience individuelle avec une autre entité ou avec des parties de soi dans d'autres dimensions. Contrairement à la cannalisation qui peut endommager l'ADN humain et entraver grièvement l'évolution biologique et spirituelle, la communication Keylonta est sécurisée. Elle peut être comparée à l'envoi d'un courrier électronique avec des fichiers compressés, dont les informations sont récupérées progressivement.

Historiquement, les traductions écrites des plaques Dora Téhoura ont été interdites pour protéger les porte-parole et empêcher la confiscation et l'utilisation abusive des connaissances sacrées. A l'époque pré-ancienne, la seule transmission autorisée était la présentation verbale des connaissances. Les interprètes étaient désignés comme des « orateurs » ou des « porte-parole ». Ils étaient formés pour transmettre l'information au grand public sans avoir à convaincre de son authenticité. En partageant leurs connaissances, les Eieyani et les orateurs faisaient preuve de tolérance à l'égard de toutes les croyances et respectaient le droit d'autrui d'avoir une opinion différente, ainsi que la liberté d'accepter ou de rejeter un message. Bien avant la chute et la destruction du continent de l'Atlantide qui a eu lieu en 9 558 av. J.-C.,[24]

---

24 Plus amples informations sur la chute de l'Atlantide, voir E'Asha Ashayana,

ces enseignements étaient largement répandus au sein d'une société éclairée, joyeuse et pacifique, composée de représentants de la race Humaine Angélique, dont les descendants sont les humains de nos jours. Il s'agissait d'une civilisation unie, fondée sur l'amour et le respect. Des vestiges partiels de cette civilisation à la fois spirituelle et scientifique, sont présents dans toutes les religions traditionnelles, la science et l'ésotérisme actuels. Historiquement, de nombreux fragments ont été édités et modifiés pour être transformés en outils de contrôle dogmatique pour les diverses forces religieuses et politiques.

Au cœur de toute structure, même la plus complexe, se trouve une certaine interaction entre le son, la lumière et l'énergie. Pour se rendre compte de la manière dont cette interaction se produit, il est nécessaire de considérer ces trois éléments séparément, puis d'examiner leur interaction. En réalité, la création générée par la Source n'est ni aléatoire ni arbitraire.

Autour de nous il existe un grand nombre d'exemples d'écosystèmes complexes dont les éléments sont structurés suivant des proportions précises, permettant ainsi que la vie biologique se déploie sur Terre. Il suffit d'imaginer ce qu'il adviendrait de notre biosphère si le nombre d'arbres était drastiquement réduit et comment cela affecterait l'oxygène dont nous avons besoin. Il existe bien d'autres exemples que le lecteur pourrait citer, qui démontreraient la fragilité de l'équilibre de la vie sur Terre et les liens interdépendants entre tous les organismes.

Les Enseignements de la Liberté et le Kathara présentent de manière très approfondie et considérablement détaillée le système par lequel la Source entame sa propre création. En plus d'éclairer les mécanismes de ce processus, les enseignements dévoilent également son sens et sa finalité. En résumé, il consiste en l'acquisition d'une certaine expérience à travers laquelle la Source s'explore elle-même dans différentes situations. Le nom du système de la création divine est connu, à travers les Enseignements de la Liberté, comme des « étapes », ou des « marches de la création ».[25] Il s'agit d'un processus par lequel la conscience de la Source Centrale se projette pour former des *champs morphogénétiques*. Ces champs constituent la structure de base de l'ordre macrocosmique et microcosmique de la manifestation

---

Voyagers 2, Secrets of Amenti, p.320, 2002, E'Asha Ashayana, Secrets of Lemuria and ancient Eieyani, 2001, E'Asha Ashayana, The Lemurian & Atlantian Legacies, 2001

25 Traduction personnelle de l'anglais ''Stair step creation''

créatrice. Les champs morphogénétiques contiennent en eux-mêmes l'empreinte et le modèle mathématique par lequel la Source construit l'hologramme, qui représente l'arène d'exploration de la Création.

Grâce à la connaissance des champs morphogénétiques reliant tous les objets, nous passons d'une vision du monde dans laquelle l'existence est éphémère et l'homme influence le monde extérieur, à une vision du monde marquée par la cohésion intérieure. Dans cette nouvelle perspective, l'existence est comme une vague qui est reliée à toutes les autres vagues et fait partie intégrante de la mer.

L'égalité divine et la connexion directe à la Source

Dans la société moderne, il est à la fois courant et à la mode de parler de l'importance de lutter contre les inégalités entre individus ou groupes de personnes. Lorsque l'on évoque l'égalité, il est essentiel de souligner que cela ne signifie pas une uniformité ou un stéréotypage, mais bien une égalité de droits et de chances pour tous. Chaque individu est libre de choisir ses croyances, et en fonction de ce choix, il fait face aux conséquences qui en dérivent. Lorsqu'une conviction de valeur repose sur une véritable adéquation aux lois originelles de l'Absolu, sa manifestation offre l'opportunité d'un développement harmonieux appelé *évolution krystique*. Pour cette raison, la connaissance de ces lois, y compris la compréhension intuitive de leur vérité, et leur application sont fondamentales pour l'épanouissement de chaque personne et communauté.

Ces lois originelles ne peuvent et ne doivent pas être imposées, puisque chacun évolue selon la manière dont il exerce son libre arbitre, avec les conséquences karmiques qui en découlent. Le partage de ces enseignements n'a pas pour objectif d'imposer des règles et des modèles, mais plutôt d'informer sur leur existence, ainsi que de mettre en exergue les conséquences respectives que peut subir un être ou un collectif en fonction de leur application ou de leur non-respect. De même qu'il est utile pour une personne de connaître les avantages de l'hygiène et les problèmes de santé liés à sa négligence, Ashayana et l'Alliance des Gardiens fournissent des informations qui profitent à tous, en leur permettant de prendre des décisions éclairées. Mais, pourquoi est-il si primordial de présenter la structure dans laquelle se déroule la création ? Cette connaissance n'est pas simplement une information de culture générale. Elle propose une perspective plus claire de ce que nous sommes et de la place que nous occupons dans une image holographique très vaste. La connaissance de la matrice temporelle à quinze dimensions et de ses cinq niveaux de densité, est essentielle pour comprendre la structure et l'emplacement de notre âme, de notre sur-âme, de notre avatar et de notre identité rishi.

Les Enseignements de la Liberté sont incontournables en termes de présentation d'informations dans un contexte précis et avec une cohérence systématique irréprochable. Le modèle théorique de notre identité multidimensionnelle nous permet de comprendre plus clairement la raison pour laquelle tous les êtres humains sont également importants pour la Source, et ce que signifie être des créations divines. Ainsi, la foi aveugle est remplacée par la vraie connaissance. Le racisme, la xénophobie, la ségrégation et d'autres types de discrimination sont considérés comme incompatibles avec la vérité originelle selon laquelle l'Absolu se manifeste en toutes choses. Par conséquent, nous sommes tous des manifestations de l'Absolu, extrêmement importantes et irremplaçables, et nous sommes tous aussi remarquables les uns que les autres. Chaque communication avec un autre être est une communication avec Dieu, une communication avec nous-mêmes. Nous pouvons en retirer de la joie, de la satisfaction et des connaissances qui nous rapprochent encore plus de la compréhension et du ressenti de la Source.

L'athéisme et les théories chaotiques sur l'univers et l'origine de la vie qui prévalent dans la communauté scientifique sont incompatibles avec les Enseignements de la Liberté. L'athéisme éloigne l'homme de la compréhension du sens de la vie et le conduit à une position d'égocentrisme dominant, car rien n'a de but ni de direction, et la vie, du point de vue de l'athée, n'est que le résultat aléatoire d'une combinaison d'éléments chimiques. La vacuité et le désespoir qui émanent de cette conviction obligent l'homme à se percevoir comme insignifiant et à considérer les autres comme des êtres dont l'existence dans l'univers est ephèmere et sans importance. Cette croyance conduit également à une attitude de dureté de cœur, d'inhumanité et de cruauté envers les autres espèces vivantes.

Etudier le processus de la création nous permet de percevoir que nous sommes une image manifestée de la Source dans une réalité donnée. Nous avons un but et sommes toujours connectés à Elle, que nous en soyons conscients ou non. Ce concept est radicalement différent des principales perspectives religieuses qui voient Dieu comme un être extérieur et lointain, tandis que les humains sont considérés comme des pécheurs et des êtres insignifiants qui ont besoin d'être sauvés ou approuvés par des forces extérieures.

Par exemple, dans la Bible, au verset 1:27 de la Genèse, il est indiqué que : « Dieu créa l'homme à son image, il le créa à l'image de Dieu (…) ». Si nous nous demandons quelle est la ressemblance entre l'homme et Dieu, il serait logique de regarder au-delà de l'apparence physique. Tous les êtres sont créés à l'image de Dieu. Le système Kathara précise que cette affirmation biblique est vraie et que nous sommes tous conçus selon le même modèle de structure cristalline, basé sur la grille Kathara. La thèse selon laquelle toutes les parties sont reliées entre elles par des champs morphogénétiques pourrait être confirmée avec le développement de la physique quantique. Cela signifie que les êtres humains, les plantes, les animaux, ainsi que les planètes, les systèmes cosmiques, les galaxies et l'univers sont intégrés en permanence et pour toujours dans le « corps de Dieu », et sont tous construits sur le modèle général de la grille Kathara, qui est celui de l'Arbre de Vie originel. La vraie connaissance est plus puissante que la foi aveugle, car elle donne la conviction profonde que nous faisons tous partie de l'Absolu. Cela signifie que nous n'avons pas besoin d'intermédiaires pour établir une relation personnelle avec notre Moi supérieur. Lorsqu'un être doute de sa propre nature divine et de sa connexion originelle avec l'Absolu, il devient vulnérable à la manipulation et au contrôle imposé par des forces qui cherchent à déformer ces valeurs essentielles.

Si nous ne connaissons pas la réalité de l'identité multidimensionnelle et le fait qu'elle est inhérente à chacun, nous ne pourrons pas comprendre suffisamment notre construction en tant que créatures spirituelles, ainsi que celle des autres habitants de la Terre, et ailleurs dans l'univers. La connaissance des dimensions et de l'emplacement correspondant des parties supérieures de notre identité collective nous aide à développer une attitude qui consiste à ne pas céder notre pouvoir à des êtres appartenant à d'autres dimensions et, lorsque l'occasion se présente, à analyser attentivement leurs motifs de contact. L'essence de ces enseignements réside dans la prise de conscience que lorsque nous faisons appel à notre âme ou à une autre identité supérieure, elle nous entend réellement et essaie de rentrer en contact avec nous de manière appropriée au moment opportun. Pour la race Humaine, ce contact a toujours été destiné à être conscient, accessible et clair. Les événements historiques de l'époque pré-ancienne qui ont perturbé la communication avec nos identités supérieures sont abordés en détail dans le chapitre cinq.

CHAPITRE 2

KATHARA, la science sacrée
de l'unité du son et de la lumière

Le mot Kathara trouve son origine dans la langue anuhazi. Il est composé de trois sons : « **ka** », qui représente l'énergie électrique masculine et la lumière ; « **ta** », qui symbolise l'énergie magnétique féminine et le son ; et « **ra** », qui désigne l'unité issue de la combinaison des deux forces. Ainsi, le terme Kathara signifie « unité du son et de la lumière ».

Il s'agit d'une discipline qui propose des techniques de biorégénération, permettant d'atteindre une expansion harmonieuse et progressive de la conscience. Ce processus se déclenche après la stimulation de notre modèle d'ADN, des énergies kundalini, des chakras et des champs merkaba dans nos corps subtils. Bien que l'enseignement Kathara ne soit pas encore accepté par la communauté scientifique, il a été déjà connu dans notre passé pré-ancien, et enseigné dans les écoles d'ascension, où les civilisations humaines avancées apprenaient l'art du passage entre les différentes dimensions. Le Kathara n'est pas un savoir récent, mais un savoir ancestral qui refait surface aujourd'hui. Ce système sacré explique en détail l'origine de la création comme résultant de l'intention de la Source de créer selon des paramètres et des lois immuables. Toute manifestation, toute dimension, tout univers, tout organisme naissent de l'intention créatrice de la Source. C'est à ce moment précis que surgissent simultanément le Son originel, qui incarne l'énergie magnétique et le féminin sacré, et la Lumière originelle, qui correspond à l'énergie électrique et au masculin sacré.

La présentation du Kathara dans les manuels et les ateliers correspondants est structurée en différents niveaux. Le premier niveau révèle la nature du mental qui agit comme un générateur de programmes au sein des champs morphogénétiques par le biais de nos pensées. Lorsque nous prenons conscience du fonctionnement de nos pensées et de leur impact sur les champs morphogénétiques, c'est-à-dire sur l'ensemble de la Création, nous comprenons l'importance de gérer notre mental de manière consciente. Les programmes scalaires sont élaborés en utilisant le son (sous forme de vibrations), la lumière (sous forme de couleurs) et les symboles spécifiques appelés « codes Kathara ». À l'époque pré-ancienne, grâce à l'utilisation de combinaisons de sons et de visualisations précises, il était possible d'exercer des rituels sacrés de « tables rondes », d'activer des codes d'ADN, de guérir de manière holistique, de faire léviter des objets, de gérer les énergies de la Terre et bien d'autres choses encore. Ces exploits, qui nous semblent aujourd'hui incroyables, étaient en réalité le résultat d'une compréhension profonde des principes qui régissent l'univers. En outre, des séquences tonales sacrées ont été utilisées pour nettoyer, reprogrammer et accélérer la rotation des boucliers terrestres. Ces combinaisons de sons sont également connues dans le Kathara sous le nom de « Musique des sphères ».

En effet, la voix humaine est l'un des outils les plus puissants d'impact multidimensionnel. Cela explique pourquoi l'utilisation de tonalités spécifiques était un secret profondément vénéré.

Le premier niveau du Kathara introduit le processus par lequel la première unité Partikaï se divise en deux autres unités appelées Partiké et Particum qui commencent à phaser. Ensuite, elles se répliquent et s'articulent en grilles d'unités appelées Partiki. Les grilles Partiki s'organisent en codes de lumière statique appelés Keylons, qui se regroupent pour créer des champs morphogénétiques. Ces derniers représentent des grilles cristallines composées de spectres lumineux et de fréquences sonores. Le programme mathématique répliqué dans les champs morphogénétiques est la grille Kathara qui représente l'Arbre de Vie originel.

La grille Kathara

La grille Kathara est la structure fondamentale qui sous-tend la manifestation de la création. Elle représente le code mathématique primordial, également appelé code Kryst, qui régit l'interaction des sous-particules de rayonnement selon des angles de rotation spécifiques. Il s'agit de l'empreinte divine qui se reproduit dans les matrices temporelles et les univers, mais également dans le corps humain et dans les plus petites créations. La grille Kathara est la structure centrale qui orchestre le processus de l'Oeuvre universel. Elle forme « l'Arbre de

Vie naturel », qui fonctionne comme un programme mathématique et crée des interactions précises, définies à l'origine par la Source. [26]

C'est à travers la grille Kathara que la conscience se déploie et se relie aux différentes dimensions pour acquérir de l'expérience, sous formes de matière variées, par l'échange et la circulation de l'énergie.

La compréhension de la grille Kathara et de son fonctionnement naturel est la clé pour déchiffrer les processus de la Création auxquels nous sommes constamment liés. Grâce à cette connaissance, nous pouvons cartographier les dimensions et les univers harmoniques, comprendre leur spécificité et leur organisation, ainsi que la structure des corps subtils de l'être humain et de tout autre être. En maîtrisant cette connaissance, nous pouvons gérer consciemment l'envoi et la réception d'énergie provenant des autres dimensions.

Les principales caractéristiques de la grille Kathara sont brièvement décrites ci-dessous telles que partagées par Ashayana et l'Alliance des Gardiens dans le premier niveau de l'enseignement. La grille Kathara se présente ainsi :

---

26 Pour plus d'informations, voir: E'Asha Ashayana, Kathara bio-spiritual healing system manual, level 1, 2000, pp.64-70; E'Asha Ashayana, The elements of discovery,2010, pp.33-36

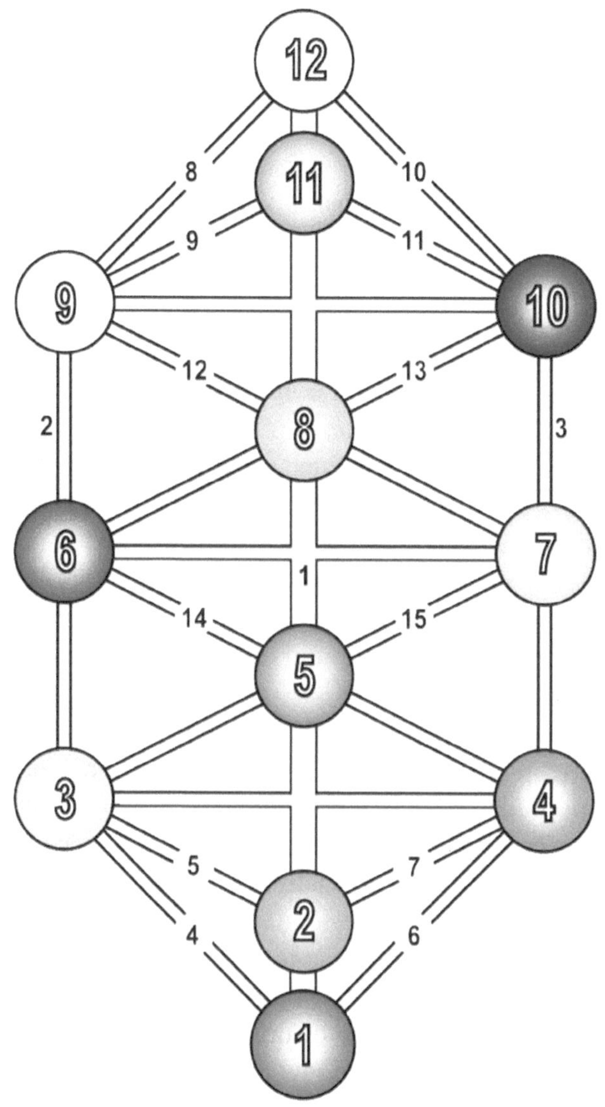

Diagramme 1
© E'Asha Ashayana, 2014

De même que les organes physiques du corps, les centres énergétiques possèdent des fonctions, des emplacements et des caractéristiques propres.

Chacun des douze points du diagramme est appelé « centre Kathara ». Chaque centre représente un état de cristallisation spécifique des unités Partiki correspondant à une dimension donnée. Par exemple, le premier centre Kathara est défini par un programme mathématique qui assure la connexion avec la première dimension, le premier chakra, le premier champ d'aura, le premier brin d'ADN et la première ligne axiatonale. De même, le centre Kathara numéro 6 correspond à la sixième dimension, au sixième chakra, au sixième champ d'aura, au sixième brin d'ADN, ainsi qu'à la sixième ligne axiatonale, etc.

Ces programmes contiennent la matrice de la manifestation de l'ADN biologique, y compris de l'ADN humain. De plus, les centres énergétiques Kathara sont essentiels pour le bon fonctionnement des boucliers énergétiques, des chakras et des organes physiques.

Chacun des centres Kathara du diagramme émet une couleur, qui correspond à l'onde de fréquence de la dimension et du chakra en question.

Les couleurs des centres Kathara sont les suivantes : rouge (1), orange (2), jaune (3), vert (4), bleu (5), indigo (6), violet (7), or (8), argent (9), bleu-noir (10), argent foncé (11) et blanc (12).

Les champs bioénergétiques qui entourent un être sont communément appelés « aura ». Selon le Kathara, ces champs bioénergétiques font partie intégrante de l'anatomie du **corps de lumière** d'une personne. Le corps physique, tel que nous le connaissons dans le premier univers harmonique, est issu de la lumière. L'âme, quant à elle, est une petite partie du corps de lumière qui émane du **corps spirituel**, lequel possède également une anatomie subtile et complexe.[27] Entre le corps spirituel et le corps de lumière se situe le **corps rasha**, que la physique moderne désigne sous le nom de « modèle de la matière noire ». Notre corps physique atomique dans la troisième dimension est enveloppé par tous ces corps, ce qui signifie que nous sommes infiniment plus vastes que nous ne pouvons l'imaginer. Le diamètre d'une seule petite portion du corps de lumière d'une personne peut s'étendre sur plusieurs centaines de milliers de kilomètres.[28] Nos champs bioénergétiques sont immenses. Prendre conscience de leur existence et de leur étendue nous permettrait d'accroître notre maîtrise de soi et notre connaissance intérieure. Cela signifie que nous ne sommes pas des grains de poussière dispersés de façon aléatoire dans l'espace, mais

---

27 E'Asha Ashayana, Revelation of DhaLA - LUma", Phoenix, August 2007, Disk 1

28 E'Asha Ashayana, Revelations of Ra. The pillar of power and the Nadradon awakening, Disk 1

une concentration complexe d'une vaste conscience qui s'explore elle-même dans les moindres détails, selon des règles strictes et préétablies. Cette connaissance aurait pour effet de nous stimuler et de nous inspirer à l'introspection et au respect envers nous-mêmes et les autres. Nous pouvons trouver quelque chose uniquement si nous sommes informés de son existence. Ensuite, il convient d'avoir la volonté, les moyens et les méthodes pour avancer sur le chemin de la découverte de soi.

Il serait inexact de prétendre que, selon le Kathara, la première dimension est de couleur rouge. En effet, les fréquences de la couleur rouge entrent en résonance avec les fréquences centrales de la première dimension. Au même titre que l'arc-en-ciel est constitué de couleurs spécifiques disposées en séquence inchangeable, toutes les énergies du cosmos correspondent à une fréquence donnée qui entre en réso-nance avec une couleur. La couleur représente ainsi une clé d'accès à une dimension respective. Ce phénomène est particulièrement perti-nent lorsque l'on effectue des visualisations et des voyages méditatifs. Par exemple, pour entrer en contact avec des êtres de la cinquième dimension, il est nécessaire d'utiliser une technique qui implique la visualisation d'une plateforme bleue en travaillant simultanément le cinquième chakra, et le cinquième centre Kathara.[29] Sans ces connais-sances, nous ne pourrons pas gérer consciemment le contact et com-prendre le contexte de ce qui nous entoure.

Le diagramme 1 montre que les centres Kathara sont reliés par des lignes Kathara, qui sont au nombre de 15.

Les centres Kathara contiennent des programmes spécifiques qui s'appliquent aux dimensions respectives, tandis que les lignes Kathara facilitent la circulation de fréquences entre les dimensions. La compré-hension des interrelations entre les centres et les lignes de la grille Ka-thara nous permet de mieux saisir un certain nombre de phénomènes, tels que l'interaction entre notre corps mental qui se trouve dans la 3e dimension et notre corps émotionnel qui est dans la 2e. En appliquant les techniques enseignées par le Kathara, appelées plus loin « tech-niques Kathara », nous apprenons à équilibrer les flux d'énergie qui circulent dans notre corps et à les gérer de manière efficace à travers les chakras et les centres Kathara.

La grille Kathara possède également une perspective macrocos-mique, qui nous renseigne sur les centres galactiques et sur les dimen-sions auxquelles la Terre est directement reliée, en tant que troisième

---

29 E'Asha Ashayana, Angelic realities, 2000, disk 4

portail principal. A l'échelle de la galaxie, notre Terre est accordée aux centres numéro 1, 2, 4, 5 et 6. Lorsque l'énergie de la 12e dimension doit atteindre la Terre, elle est envoyée depuis le portail stellaire numéro 12, situé dans la constellation de la Lyre et appelé Aramaténa. Il représente un centre Kathara à l'échelle de notre galaxie. Si certains points sont altérés, bloqués ou leurs codes inversés, comme c'est le cas actuellement, les courants de fréquences doivent être redirigés par d'autres portails. Concernant la Terre, l'énergie krystique des fréquences mahariques lui parvient à travers les centres 12, 9, 6, 3 jusqu'au centre Kathara numéro 1. Cet itinéraire est connu sous le nom de « Passage d'Amoréa ».[30] Par ailleurs, le fonctionnement normal des centres et des lignes Kathara dans le corps humain est d'une importance capitale pour la santé et l'équilibre de l'organisme. Les trois lignes verticales de la grille Kathara contrôlent le fonctionnement des 12 autres lignes. La ligne verticale centrale contrôle le rythme de pulsation des Partiki dans l'ensemble de la grille. Si cette ligne est interrompue, le fonctionnement du réseau Kathara et de tous ses centres est perturbé. Cela provoquerait des perturbations dans les deux courants Merkaba, les chakras, et les organes physiques, entraînant ainsi des déséquilibres énergétiques et des problèmes de santé.

Le premier niveau du Kathara explique en détail les caractéristiques de la grille, des lignes, les interrelations entres les centres et les chakras, ainsi que les champs merkaba, leur origine et leur fonctionnement réciproque.

Une autre composante fondamentale de la grille Kathara est ce que l'on appelle des « Sceaux de cristal »,[31] qui aident à différencier les réalités spatio-temporelles l'une de l'autre, à former les dimensions et les maintenir à un rythme spécifique de pulsation des unités Partiki. Les Sceaux de cristal jouent un rôle de verrouillage entre les dimensions, assurant la régulation de l'alternance des vibrations, de l'émission de lumière par les unités Partiki, ainsi que leur angle de rotation. Sur la grille Kathara, un Sceau de cristal sépare chacune des 15 dimensions.

Il existe également des « Zones de répulsion magnétique » qui aident à former les cinq niveaux de densité constituant cinq Univers Harmoniques dans une matrice temporelle. Ces zones magnétiques sé-

---

30 Pour plus d'informations concernant le Passage d'Amoréa et son rôle, voir Secrets of Lemuria and ancient Eieyani, 2001, track 3 & track 7
31 E'Asha Ashayana on crystal seals - Kathara bio-spiritual healing system manual, level 1, 2000, pp.26-31

parent les univers harmoniques l'un de l'autre et agissent comme des aimants à pôles égaux qui les maintiennent à distance. Il est important de souligner que chaque individu possède une conscience tridimensionnelle (personnalité distincte) à chaque niveau de densité.[32] Par conséquent, notre âme, notre sur-âme, notre avatar et notre identité rishi sont des individus distincts, avec leurs propres qualités et caractéristiques, qui se trouvent dans d'autres univers harmoniques.

De nombreux textes religieux évoquent l'ascension, ainsi que l'apparition soudaine d'êtres « apparus de nulle part ». Ce phénomène mystique peut être expliqué en partie par les acquis de la science moderne. De ce fait, le Kathara privilégie une approche scientifique. Dans l'objectif de mieux comprendre le processus d'apparition et de disparition inattendue d'une réalité donnée, il est nécessaire de connaître la notion de merkaba.

De même que le mot Kathara, le mot Merkaba provient de la langue anuhazi, où « **mer** » signifie mouvement, « **ka** » - lumière, et « **ba** » signifie corps. Ainsi, le mot Merkaba peut être traduit par « mouvance du corps de lumière ». Selon les enseignements Kathara, il existe deux flux d'énergie de base, appelés « spirales merkaba ». L'un des flux est principalement électrique et émet de l'énergie, tandis que l'autre est à dominance magnétique, avec la vocation de recevoir de l'énergie. Lorsqu'ils se rejoignent, ces deux courants forment un entonnoir qui se transforme en tétraèdre. Tout ce qui existe est le résultat de la fusion de ces deux spirales énergétiques. Cependant, il est important de noter que d'autres enseignements dévoilent des mécanismes merkaba anti-krystiques, qui sont contraires à la nature et mettent en danger le système multidimensionnel. Ainsi, ils orientent l'homme vers des trous noirs au lieu de l'approcher vers des systèmes krystiques d'existence. Pour cette raison, le Kathara nous incite à étudier soigneusement les mécanismes merkaba, à les comparer à d'autres systèmes, et à évaluer lequel est le plus juste en nous appuyant sur notre propre intuition. Un mécanisme merkaba krystique se caractérise par la rotation du flux électrique (en forme de pyramide droite) dans le sens des aiguilles d'une montre, tandis que le flux magnétique (en forme de pyramide orientée vers le bas) tourne dans le sens inverse. Cette rotation dans deux directions opposées est ce qui permet à l'objet manifesté de « respirer » normalement et d'assurer un échange d'énergie perpétuel.

---

32 E'Asha Ashayana The elements of discovery manual, p.27

L'activation des spirales merkaba libère les capacités du corps à élever et à abaisser sa vibration, et à se déplacer entre les différents univers harmoniques. Pour passer d'un univers harmonique à un autre, il convient de programmer la rotation des deux pyramides à une vitesse mesurée en nombre de rotations par trillion de nanosecondes.

Le progrès de la physique moderne et des études sur l'antimatière a révélé que les particules peuvent disparaître et réapparaître dans certaines circonstances, en augmenant leur taux d'oscillation. Après avoir atteint un certain seuil critique, la particule fusionne avec son homologue d'antimatière et passe à un univers harmonique supérieur. Les phénomènes d'univers parallèle, d'univers adjoint,[33] ainsi que d'antimatière et d'antématière sont également expliqués dans le premier niveau du Kathara. Cependant, les sceaux de cristal de notre matrice temporelle peuvent être levés, et il existe des collectifs responsables de ces processus. Lorsqu'un sceau de cristal est ouvert entre deux dimensions, cela provoque une fusion qui entraîne des changements significatifs pour la vie dans les dimensions consernées. Les conséquences de ces changements sont analysées dans les paragraphes suivants.

La matière dans les dimensions supérieures se caractérise par un rythme de pulsation plus élevé, qui déclenche l'accélération du rythme de pulsation des particules des dimensions inférieures. Cela entraîne une augmentation de la lumière émise par les unités Partiki dans les dimensions inférieures et déclenche le passage vers l'univers harmonique supérieur correspondant. Ce processus est également connu sous le nom d'Ascension. Le retrait des sceaux de cristal permet donc l'ascension et le passage à d'autres niveaux d'existence avec le corps physique. Lorsque celui-ci est abîmé, il est possible d'ascensionner et de passer à d'autres niveaux d'existence sans lui, après la mort naturelle de l'être.

Le Kathara est également un système de guérison qui aide l'individu à recevoir des fréquences énergétiques supérieures, facilitant la connexion plus solide avec son avatar krystique.

Il est indispensable que les practiciens ou les guérisseurs travaillant avec les énergies connaissent bien la structure subtile de l'être humain et tiennent compte de l'emplacement et des fonctions des centres Kathara, des chakras, y compris des chakras morphogénétiques, des centres Hara, des lignes axiatonales, des méridiens, etc. Le Kathara, ainsi que le Tantriara sont des systèmes de guérison qui offrent le plus

---

33 Traduction personnelle de l'anglais ''adjugate universe''

grand niveau d'accès en termes de dimensions et de fréquences. Les énergies utilisées sont puisées à partir d'au moins la 12ᵉ dimension, garantissant ainsi leur origine krystique naturelle.

Une caractéristique fondamentale du Kathara est qu'il permet au praticien d'aider la personne soignée à réactiver ses propres bio-champs et son bouclier Maharique. Cela lui permet de renforcer la connexion avec son avatar krystique. Il s'agit d'un processus d'auto-guérison assistée qui facilite la relation personnelle avec son propre Moi supérieur krystique.

En outre, autour de chaque personne, il existe un ensemble de boucliers énergétiques en forme de disques entourant le corps. Chacun de ces boucliers a pour fonction de traiter et d'émettre différents types d'énergie dans les dimensions correspondantes. C'est sur la base de ces boucliers que le corps physique se manifeste et que l'on observe des schémas physiologiques qui lui correspondent.

Il existe plusieurs types de boucliers, chacun associé à des dimensions spécifiques. Le bouclier Tellurique correspond aux énergies des 1ʳᵉ, 2ᵉ et 3ᵉ dimensions, tandis que le bouclier Doradique est lié aux 4ᵉ, 5ᵉ et 6ᵉ dimensions, le bouclier Teurique correspond aux 7ᵉ, 8ᵉ et 9ᵉ dimensions ; le bouclier Maharique, aux 10ᵉ, 11ᵉ et 12ᵉ, et enfin, le bouclier Rishique, correspondant aux 13ᵉ, 14ᵉ et 15ᵉ dimensions.

Chaque cosmogonie, religion ou enseignement propose à une personne une certaine vision du monde qui détermine sa façon de percevoir la réalité, son environnement et sa relation avec lui. À ce titre, l'un des aspects les plus importants qui est enseigné par le Kathara est la connaissance, le respect, et l'amour de notre corps physique, et la compréhension de son lien intrinsèque avec l'univers. Ce lien s'établit à travers la grille Kathara.

Dans certaines traditions religieuses, notamment dans certains courants de la doctrine chrétienne moderne, le corps physique est considéré comme un péché, un obstacle au développement spirituel. Il est associé à un instinct égoïste et opposé à l'esprit. Cette vision conduit à une incompréhension, voire à un déni de la vie dans un corps physique. Mais si l'esprit et l'âme se réunissent dans un corps physique, n'est-ce pas pour une raison précise ? Pourquoi les considérerait-on comme des entités souffrantes ou prisonnières du corps ? Si l'on perçoit son corps comme un péché, la vie devient une punition et une prison, ce qui peut mener à l'autodestruction et à la trahison envers soi-même et les autres.

Le Kathara explore en profondeur le rôle du corps physique en tant qu'outil spirituel primordial pour aider à restaurer les potentiels krystiques de l'individu et de la planète. Le corps est un moyen d'accès à d'autres dimensions, et les connaissances liées à ce sujet sont concrètes, détaillées et applicables.

Les mandalas connus dans le bouddhisme tibétain et dans d'autres cultures, sont souvent considérés comme d'œuvres d'art qui servent de support à la méditation. Mais qu'est-ce qu'ils représentent réellement ? Pourquoi les moines passent des années à les dessiner avec tant de soin ? Il est probable que ces créations aient un objectif plus profond que le seul plaisir esthétique.

Les Enseignements de la Liberté révèlent que les mandalas et des images géométriques colorées sont, en réalité, des codes utilisés en association avec des sons spécifiques pour activer les différentes parties des corps subtils d'un être humain, d'une race ou d'une planète. Les deux premiers niveaux du Kathara nous enseignent les codes Véca et Ecka, qui intègrent des programmes puissants pour travailler avec les champs bioénergétiques personnels. L'utilisation prudente de ces codes permet d'ouvrir les sceaux de cristal et d'activer les centres Kathara du corps. Même une simple observation de ces codes peut entraîner une interaction légère avec les programmes correspondants, influençant ainsi les corps subtils.

Les réponses aux questions sur les mandalas nous permettent de mieux comprendre les pratiques d'une tradition spirituelle telle que la tibétaine, d'admettre la fonction de certaines images dans un langage simplifié et de choisir consciemment d'interagir avec elles ou non. Nous disposerons alors d'une connaissance spirituelle pratique qui n'est pas enveloppée dans des symboles mystiques vagues, mais qui consiste en des outils concrets de co-création avec l'Absolu. Ce savoir nous donne la liberté de choisir comment évoluer, ce qui fait du Kathara une discipline incontournable pour la connaissance de soi.

Qu'est-ce qui détermine que le corps physique aurait précisément sept chakras physiques de base, situés à des endroits concrets, avec des couleurs et des séquences particulières ?

Grâce au Katharan nous comprenons que les sept chakras du corps physique sont définis par l'intersection des lignes axiatonales numéro 11 et 12 du corps, qui parcourent le flux central vertical.[34] Ce dernier est constitué de deux spirales merkaba qui se rejoignent et qui assurent la

---

34   Voir E'Asha Ashayana,,The elements of discovery manual", p.18- 22

circulation de l'énergie. Il existe également des chakras secondaires se formant à des points de croisement d'autres lignes axiatonales d'ordre inférieur, et d'une fréquence énergétique plus basse.

Lorsque les lignes axiatonales numéro 11 et 12 se croisent pour former une spirale verticale qui traverse le centre du corps, générant ainsi la formation de 7 chakras de base et 8 chakras morphogénétiques. Cette spirale est de couleur dorée et les anciens systèmes de guérison ésotériques orientaux l'appellent ligne Hara.

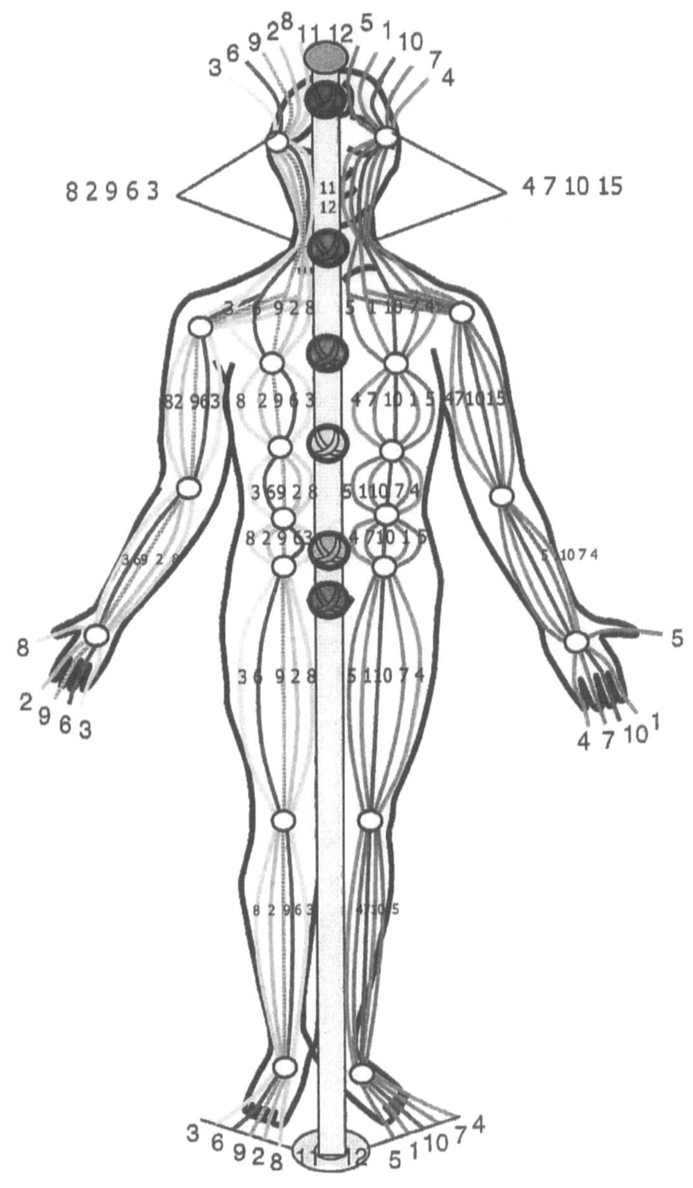

Diagramme 2
© Copyright E'Asha Ashayana, 2014

En janvier 2000, la pulsion à 12 codes de la fréquence krystique Maharata a été réintroduite dans le noyau de notre planète, ce qui a déclenché la mise en activation du Templar de la Terre. Cela a été possible grâce au retour de la flamme d'Amenti sur Terre, qui était temporairement placée dans la galaxie d'Andromède, encore appelée M31, pour des mesures de sécurité. Désormais, tous les habitants de la planète peuvent bénéficier de cette énergie, et l'utiliser pour éveiller leur bouclier Maharique et activer leur empreinte naturelle de santé.

Pour la première fois depuis 210 000 ans, l'activation de fréquences Mahariques marque le début de la résolution d'un drame aux nœuds karmiques lourds qui a duré des millions d'années et dans lequel la planète Terre a été impliquée. Ces nœuds karmiques, ainsi que d'autres encore plus anciens, issus d'intrigues ayant eu lieu au-delà de notre galaxie et de notre système Véca, commencent à se dénouer. Une partie de ces drames historiques sera présentée brièvement dans les chapitres suivants.

Grâce aux techniques Kathara, il est possible pour une personne d'introduire des fréquences et des programmes naturels dans son corps et dans son être tout entier, ce qui lui permettrait de restaurer son empreinte krystique. Les enseignements Kathara n'ont été rendus publics qu'après l'an 2000, car cette énergie krystique de la 12e dimension n'était pas disponible auparavant. Le savoir sacré a été préservé avec soin par l'Ordre Monastique d'Émeraude de Melchizédek et l'Alliance des Gardiens, dans l'attente du moment propice pour le révéler.

Le Kathara nous rappelle une ancienne sagesse : « Connais-toi toi-même et tu connaîtras la vérité, et la vérité te rendra libre ».

Ce message nous invite à identifier un objectif clairement défini : atteindre la liberté. Le moyen d'y parvenir n'est autre que la connaissance véritable. Nous sommes le lieu et le champ de focalisation où cette connaissance peut être pleinement acquise.

Il peut y avoir plusieurs niveaux d'interprétation de cet appel. L'un d'entre eux consiste à connaître le corps physique et les corps subtils, à comprendre les véritables possibilités qu'ils offrent et à apprendre à les utiliser. Le corps physique est un microcosme qui est constitué et fonctionne de la même manière que le macrocosme.

Le templar intérieur de l'être humain constitué par la grille Kathara, les centres Kathara et les chakras permet d'accéder au templar planétaire, ainsi qu'à celui du système solaire, de la galaxie, etc. En raison d'influences négatives qui ont perturbé l'équilibre de la Terre, les corps physiques des humains ne sont pas actuellement dans leur état d'origine. En effet, les capacités génétiques de la race Humaine ont été restreintes. La mémoire de son passé et de ses potentiels spirituels a été effacée. En retrouvant nos capacités naturelles et nos talents krystiques, nous pouvons améliorer notre vie et celle de notre entourage. Des capacités telles que la clairvoyance, la lévitation, la traversée de portails temporels, le passage par des portes des étoiles vers d'autres dimensions, la bilocation, la régénération d'organes par la volonté et la pensée sont des facultés inhérentes à tout être humain. En rétablissant l'empreinte naturelle de santé et en intégrant son avatar krystique, ces dons commenceront progressivement à se régénérer. Ils représentent la manifestation physique directe de la restauration énergétique subtile de nous-mêmes. Nous sommes dans une période qui favorise l'éveil souple et progressif de ces capacités. Les Enseignements de la Liberté et le Kathara visent à rendre ce processus plus sécurisé, plus compréhensible et moins traumatisant.

CHAPITRE 3

La structure multidimensionnelle
de l'homme

Chaque espèce biologique possède des potentiels spécifiques qui lui permettent d'accéder à un nombre précis de dimensions. La génétique humaine a été conçue pour permettre à l'être humain de se connecter à 12 dimensions de conscience au cours d'une seule incarnation. Ce potentiel est reflété dans la structure de l'ADN humain, qui est composée de 12 brins. Le concept de double hélice, bien connu aujourd'hui, ne représente en réalité qu'un seul brin d'ADN. Chaque brin donne accès à une dimension correspondate.

D'autres espèces biologiques, comme les animaux et les plantes, possèdent moins de potentiel et ont besoin d'accompagnement pour poursuivre leur évolution spirituelle. Il est important de noter qu'un être doté d'un potentiel génétique significatif, et qui est donc dans un stade d'évolution avancé, n'est pas nécessairement plus important qu'un être qui est en stade d'évolution inférieur. Il ne s'agit pas d'une autorité hiérarchique sur autrui. Etant donné que nous sommes tous des manifestations divines, chacun de nous possède son propre libre arbitre. Selon la façon dont nous l'employons au cours de notre évolution, nous subirons les conséquences karmiques de nos créations, ainsi que de celles engendrées par les autres identités auxquelles nous sommes liés. C'est notamment la connaissance de notre structure multidimensionnelle, de notre Moi profond, et de notre connexion avec tout ce qui nous entoure qui peut nous aider à construire consciemment une réalité plus harmonieuse. Grâce à l'enseignement ancien et sacré du Kathara, nous pouvons apprendre, ou plutôt nous rappeler, de notre véritable structure divine et approfondir notre compréhension de la relation entre le microcosme et le macrocosme.

Chaque niveau de conscience qui existe dans la matrice temporelle à 15 dimensions fait partie de notre identité et possède sa propre vision du monde, ses besoins et sa mission. Comme indiqué précédemment, il existe 5 niveaux de densité également appelés Univers Harmoniques. Chaque niveau comprend trois dimensions.[35] Il est important de mettre en avant la distinction terminologique entre dimension et niveau de densité. De nombreux enseignements issus du courant New Age, par exemple, ne font pas cette différence. Des êtres provenant de la 5e dimension sont présentés comme des entités ascensionnées qui n'ont pas été impactées par la polarisation et la chute. En réalité, ils sont positionnés relativement bas sur l'échelle de l'évolution et se situent au niveau de la deuxième densité.

La structure multidimensionnelle de l'être humain se présente de la manière suivante:

Au niveau de la première densité (1er, 2e et 3e dimensions) se trouve notre **Moi incarné.**

Au niveau de la deuxième densité (4e, 5e et 6e dimensions) se trouve notre **âme.**

Au niveau de la troisième densité (7e, 8e et 9e dimensions) se trouve notre **sur-âme.**[36]

Au niveau de la quatrième densité (10e, 11e et 12e dimensions) se trouve notre **avatar krystique.**

Au niveau de la cinquième densité (13e, 14e et 15e dimensions) se trouve notre **adepte rishi.**

Chaque niveau de densité correspond à un type de matière spécifique. Toutes les identités répandues à travers les cinq univers harmoniques possèdent leur propre structure biologique subtile. Cette connaissance permet de surmonter la division artificielle du monde en matériel et spirituel, qui est souvent observée dans les religions et les enseignements contemporains. En analysant la création en tant que structure à plusieurs couches et en étudiant les interdépendances entre les dimensions, nous intégrons une perception du monde dans laquelle le corps physique, est également imprégné de spiritualité, et les dimensions supérieures possèdent une substance matérielle qui leur est propre.

Notre premier univers harmonique, qui correspond à notre réalité terrestre, est composé d'une structure biologique à base de carbone. Par conséquent, la matière est physique.

Nos âmes sont logées dans le deuxième univers harmonique, dont la structure biologique est à base de silicium-carbone. Cela implique

---

35 E'Asha Ashayana, Les éléments de la découverte, 2010, pp. 29-31.
36 Traduction personnelle de l'anglais ''oversoul ''

que la matière est à la fois physique et éthérique, ce qui correspond à un niveau semi-éthérique.

Dans le troisième univers harmonique, les êtres sont composés de silicium cristallin, ce qui leur confère une matière entièrement éthérique.

La structure biologique du quatrième univers harmonique qui accueille nos avatars, est appelée « lumière liquide cristalline » et ses particules forment la pré-matière.[37]

Les dimensions 13, 14 et 15, au niveau de la cinquième densité, sont composées d'antématière. La biologie des êtres qui l'habitent constituent un « rayonnement de lumière cristalline ».[38]

Dans les trois niveaux au-delà de ces dimensions, notamment aux niveaux Polarique, Triadique et Eckathique, les êtres sont en forme de conscience pure. Ces niveaux ne sont donc pas considérés comme des dimensions. En effet, nous sommes tous connectés à nos propres identités qui résident dans les dimensions et les niveaux supérieurs décrits précédemment.

La biologie humaine nous permet d'intégrer notre âme, notre sur-âme et notre avatar krystique. Dans le premier niveau de densité, le courant central vertical de l'homme consiste en un flux énergétique entrant qui traverse le corps pour atteindre le noyau de la Terre, et un autre flux qui ressort à travers le corps. Lorsque nous intégrons notre âme, le courant central vertical devient de plus en plus large, passant de quelques centimètres à plusieurs dizaines de centimètres. Suite à l'intégration de notre sur-âme, ce flux commence à ressembler à un pilier énergétique. Enfin, grâce à l'intégration de notre avatar krystique, le corps est complètement entouré d'une colonne énergétique d'environ deux mètres de diamètre.[39]

Le premier niveau du Kathara renseigne sur l'existence de « plateformes de perception de la conscience », liée à la présence de 5 corps Hovas qui déterminent les différents niveaux de perception. L'intégration de nos identités supérieures consiste finalement en la fusion de nos corps Hovas du premier vers le second (intégration de l'âme), et donc des niveaux de conscience correspondants au deuxième univers harmonique. Cette fusion conduit vers un développement du code génétique et des changements dans le corps physique.[40]

---

37 E'Asha Ashayana, Masters Templar Stewardship Initiative, 2001, p.33
38 E'Asha Ashayana, Masters Templar Stewardship Initiative, 2001, p.33
39 E'Asha Ashayana; „The elements of discovery manual", p.35; E'Asha Ashayana, Kathara bio-spiritual healing system manual, level 1, 2000, pp. 62- 98
40 E'Asha Ashayana Kathara bio-spiritual healing system manual, level 1, 2000,

Diagramme 3

Il existe un ordre mathématique précis selon lequel toutes les identités localisées dans les différentes densités sont reliées entre elles. Tout d'abord, chaque identité supérieure est composée de 12 identités inférieures. Il est important de préciser que la distinction entre les identités supérieures et inférieures ne reflète pas la valeur morale ou éthique de l'être, mais plutôt le niveau de conscience qu'il a atteint sur l'échelle multidimensionnelle. Ainsi, l'expérience et la connaissance qui découlent des identités inférieures enrichissent celles des niveaux supérieurs et contribuent à leur évoluton.

À ce titre, notre âme comprend notre identité incarnée actuelle ainsi que 11 autres personnalités incarnées, soit 12 personnes au total.

pp. 142-145

Leur incarnation se manifeste à différentes périodes, à la fois dans le passé et dans le futur. Ces périodes ne sont pas aléatoires, mais correspondent aux quatre cycles de l'évolution humaine angélique sur Terre, spécifiquement liés au troisième peuplement sur la planète.[41]

Dans de nombreux cas d'hypnose pour explorer les vies antérieures d'une personne, il a été observé que les sujets et les thérapeutes reçoivent des informations d'une entité qui n'est pas humaine, mais d'origine extraterrestre, et qui appartient à une autre espèce ou race.

Il serait donc logique de se poser la question suivante : avons-nous toujours été humains ? Si la réponse est non, cela nous amène à nous interroger sur d'autres points, comme par exemple, qu'est-ce qui détermine les incarnations ? Y a-t-il un ordre spécifique dans lequel elles se déroulent ? Sont-elles liées par un lien karmique ? Les Enseignements de la Liberté révèlent à quel moment et dans quel endroit s'effectue le déploiement de la forme de l'être qui entre en incarnation pour accumuler de l'expérience.[42] Ce processus se déroule dans le troisième univers harmonique, au niveau de notre sur-âme. C'est à partir de ce niveau que la forme de la conscience est associée à une espèce biologique, à une race et à une lignée familiale. Chaque être est profondément connecté à des incarnations d'un autre sexe, d'une autre race et d'une autre ethnie. Ces identités constituent l'expérience de notre âme, de notre sur-âme et de notre avatar. Elles grandissent avec les réussites et les défauts d'autres cultures, subissent l'adversité et atteignent des sommets. Les circonstances dans lesquelles elles evoluent façonnent notre regard envers des personnes de l'autre sexe, des autres sociétés, races, ethnies et cultures. Les blessures que nous avons causées et respectivement reçues à ces époques peuvent être guéries aujourd'hui.

Notre âme est associée à 11 âmes supplémentaires, formant notre sur-âme. La sur-âme est alors composée de 144 personnalités incarnées.

L'avatar krystique comprend un total de 12 sur-âmes, 144 âmes et 1 728 personnalités incarnées.

Enfin, les 12 avatars krystiques sont liés et constituent un seul adepte rishi, qui comprend 144 sur-âmes, 1 728 âmes et 20 736 personnalités incarnées.

Les Enseignements de la Liberté et le Kathara expliquent en détail les formules mathématiques sacrées qui régissent la répartition de

41 E'Asha Ashayana, Voyagers 2, Secrets of Amenti, Granite publishing, 2002, pp.290-293
42 E'Asha Ashayana, Holy grail quest, 2000, disk 5

l'âme en 12 personnalités, incarnées dans des périodes temporelles et des contextes différents. Il existe des principes généraux qui gouvernent cette répartition, nous offrant les clés pour comprendre pourquoi une personne appartient à un certain sexe et éprouve une forte attirance envers une autre personne, en particulier au cours d'une vie donnée. Chacune des 12 personnalités est projetée dans un vecteur temporel, à l'image des heures sur le cadran d'une horloge. Ainsi, elles forment 6 paires de personnalités incarnées, localisées dans des vecteurs correspondants : 1 et 7 ; 2 et 8 ; 3 et 9 ; 4 et 10 ; 5 et 11 ; 6 et 12. L'âme répartit une quantité d'énergie différente dans ces identités incarnées, et chacune possède une mission spécifique. L'énergie est particulièrement importante dans les paires 12 et 6, ainsi que dans les paires 3 et 9. Les identittés de ces vecteurs temporels sont connues comme « les quatre visages de l'âme ».

Le plus souvent, la position 12 est associée à un homme, et la position 6 – à une femme. Dans la vie, la rencontre de deux personnes de la même paire de vecteurs temporels déclenche une forte résonance et une attirance sans précédent, puisqu'elles sont génétiquement liées par le même modèle d'ADN. En couple, ces individus éprouvent un afflux d'énergie intense et possèdent la capacité de porter des fréquences plus élevées, ce qui leur permet de grandir spirituellement à un rythme accéléré. Deux âmes-sœurs qui ont conclu un contrat de s'unir génèrent deux fois plus d'énergie ensemble, que si elles étaient seules. Cette production d'énergie s'effectue à travers la fusion de leurs porteurs merkaba.

La connaissance de l'ordre et la manière dont se déroule la répartition des différentes incarnations de l'âme nous aide à comprendre l'importance du genre et des relations entre les personnes. Il convient de mettre en exergue quelques éléments clés afin d'enrichir notre vision du monde.

Tout d'abord, la complémentarité entre le masculin et le féminin est d'une importance capitale pour le développement spirituel de chaque individu. Lorsqu'une culture nationale ou une tradition religieuse prône la suprématie d'un sexe sur l'autre, généralement du masculin sur le féminin, elle entraine un dysfonctionnement de la communauté concernée, puisque l'équilibre entre les identités multidimensionnelles est affecté. Cela génère des déformations de l'archétype masculin, comme l'agressivité, la violence et la domination autoritaire, et conduit à la répression de l'archétype féminin, n'arrivant pas à exprimer ses qualités naturelles, telles que l'attention, l'esthétique, et la sensibilité. Dès lors, l'égalité entre les sexes, respectueuse de leurs spécificités et favorisant une complémentarité libre, est une condition indispensable à la circulation fluide de l'énergie sociale au sein d'une communauté (famille, lignée, tribu, ethnie, ou race). Lorsque les coutumes et les traditions religieuses ne sont pas conformes à ce principe, elles constituent un obstacle à l'épanouissement sain et à la prospérité collective.

Une autre conclusion importante que nous pouvons tirer après avoir compris le modèle de répartition des identités incarnées d'une âme, d'une sur-âme ou d'un avatar, concerne notre approche des relations. Très souvent, au cours d'une même incarnation, nous rencontrons des partenaires qui jouent un rôle clé dans une étape donnée de notre vie. Dès qu'il s'agit d'un partenaire faisant partie de la matrice de l'âme, et se trouvant dans la partie opposée d'une paire de vecteurs, par exemple 9 et 3, l'importance de la relation et l'énergie entre les deux personnes sont nettement plus fortes qu'avec d'autres partenaires. Cependant, l'attitude égoïste de l'un ou l'autre des partenaires, ainsi que l'opinion publique, les coutumes conservatrices et les dogmes religieux, peuvent empêcher l'âme d'organiser la rencontre de ses deux composantes et d'effectuer l'échange énergétique nécessaire entre elles.

Cet ordre mathématique originel de manifestation est la forme par laquelle la Source exprime les parties de sa conscience. Il s'agit également de l'ordre dans lequel l'âme répartit ses identités incarnées. Ainsi, nous comprenons que chaque personne fait partie d'un collectif et n'est jamais incarnée seule.

L'attention de cet ouvrage est centrée sur l'identité de l'avatar krystique de la 12e dimension, car il s'agit de l'aspect de la structure multidimensionnelle de l'être humain qui est en résonance avec les idéaux krystiques et qui n'a pas dévié de son parcours évolutif divin. Le premier niveau Kathara permet d'établir un lien avec l'avatar krystique grâce à la technique d'activation du bouclier Maharique.[43]

De nos jours, le terme d'avatar est souvent utilisé pour désigner un alter ego, alors que le Kathara le définit comme notre identité du quatrième univers harmonique. Dans l'hindouisme, l'avatar désigne également la descente volontaire d'une divinité sur Terre, qui prend alors une forme particulière.

Cependant, le Kathara apporte une nuance importante en soulignant que chaque personne est intrinsèquement liée à son avatar et en

---

43 Cette technique est présentée dans le chapitre 12

fait partie intégrante. Cette clarification est essentielle pour réaffirmer que nous sommes tous également importants et que chacun de nous possède un magnifique Moi supérieur auquel il est connecté et qu'il peut apprendre à intégrer de manière harmonieuse et sécurisée. La purification de la connexion avec son propre avatar krystique renforce les champs bioénergétiques de chacun, tout en assurant une protection contre les interférences négatives jusqu'à la 12e dimension.

L'avatar fait partie de la structure multidimensionnelle de l'identité et correspond au corps Mahara Hova du quatrième univers harmonique. Il comprend l'esprit krystique de la 10e dimension, l'esprit Bouddha de la 11e dimension et l'esprit Nirvana de la 12e dimension. Les noms de ces niveaux ne proviennent pas des traditions esothériques, mais plutôt ce sont les religions et les enseignements d'aujourd'hui qui les ont empreinté, puisque les noms représentent la vibration du niveau spirituel respectif. Le pouvoir des langues sacrées réside dans le fait que la sonorité des mots évoque les vibrations d'énergie émises par les objets désignés. En conséquence, la prononciation des mots dans un ordre spécifique exerce un impact direct sur la bioénergie humaine et constitue un acte de création puissant.

L'identité de l'avatar correspond à un niveau de conscience à 12 dimensions qui peut être atteint physiquement grâce à l'activation complète de l'ADN à 12 brins. Selon le Kathara, cet ADN est désigné comme l'empreinte génétique de la matrice silicatée, ou comme la matrice d'ADN du Soleil Diamant.[44] Il s'agit du niveau génétique le plus élevé que l'on puisse atteindre dans un corps humain. Les races Indigo possèdent un plus grand potentiel d'accès à des niveaux supérieurs de conscience, et donc un plus grand nombre de brins d'ADN à activer. Leur rôle sera abordé en détail par la suite.

L'objectif de mettre en évidence des différences dans le potentiel génétique de certains groupes de personnes n'est pas de créer de nouvelles divisions ou des discriminations fondées sur le génome humain. Les préjugés contre les différences, le racisme et la xénophobie sont en totale contradiction avec la loi de l'Unité, qui rappelle que nous provenons tous du même endroit en nous dirigeant vers le même but, et que nous avons toujours été et resterons identiques à la Source. Au contraire, la mise en exergue de ces différences vise à informer que chaque être est lié à des races stellaires spécifiques, que sa conscience a une origine précise, et qu'il a reçu l'autorisation de s'incarner dans

---

44 E'Asha Ashayana, Architects of Light, Adashi MCEO, 2000, p.26

un corps humain. Cela est également valable pour ceux qui ne font pas partie de la lignée humaine angélique.

Cela signifie que personne n'est seul ici, et que tout le monde, sans exception, détient un lien avec une famille stellaire. Grâce à ce lien, chaque personne reçoit des impulsions et des ressentis intuitifs à l'égard d'autres communautés et d'autres individus. La connaissance de notre ADN et le travail avec les techniques Kathara qui nous aident à l'activer et à nous protéger des interférences négatives, est une source essentielle pour atteindre la liberté. Cette liberté s'exprime à travers le choix de suivre la volonté et l'évolution des familles stellaires auxquelles nous sommes liés, ou de choisir de suivre une autre voie qui correspondrait davantage à notre propre vision et à nos aspirations.

Le Kathara est un enseignement holistique qui montre simultanément les relations entre les entités multidimensionnelles et explique comment nous pouvons activer ces connexions pour déclencher notre évolution spirituelle et biologique. En d'autres termes, grâce au système Kathara, nous activons les potentiels de nos brins d'ADN et de notre modèle d'ADN. Ces potentiels ont été délibérément abimés et déformés pendant des milliers d'années par des collectifs qui souhaitaient asservir et dominer l'humanité, l'éloignant ainsi de sa mission de gardienne des portes des étoiles de la Terre et de notre système Véca.

Les techniques Kathara et Tantriara offrent la possibilité d'intégration progressive et harmonieuse de nos identités multidimensionnelles, ainsi que l'expansion de notre conscience. L'équilibre de ce processus est régulé par notre avatar krystique personnel du quatrième univers harmonique. À mesure que les fréquences sont intégrées dans le noyau de la planète, l'activation de l'ADN affectera tout le monde, que les gens en soient conscients ou non. C'est pour cette raison que ce savoir ancestral a été rendu accessible au public, afin d'éclairer les changements qui sont dorénavant inévitables pour la civilisation moderne. Pour en savoir plus sur le processus d'activation de l'ADN et consulter d'autres références à ce sujet, voir chapitre sept.

Lorsqu'une personne intègre le niveau de son avatar, elle modifie radicalement sa perception du temps, de l'espace et de la matière. De ce fait, elle atteint la *conscience multi-vectorielle* de la 12ᵉ dimension qui permet de percevoir et d'interagir avec les sur-âmes, les âmes et nos personnalités incarnées dans les différentes réalités spatio-temporelles, qu'elles soient dans le passé ou dans le futur de notre matrice temporelle.

Pour illustrer ce tableau multidimensionnel, nous pouvons évoquer de nombreux exemples d'hypnoses et de thérapies modernes qui permettent d'accéder à des vies antérieures. Ainsi, une personne peut revisiter ses incarnations qui apparaissent comme des vies parallèles et co-existantes à différentes époques. Des hypnothérapeutes expérimentés comme Michael Newton, Dolores Cannon et Brian Weiss, qui ont travaillé avec des milliers de personnes, ont constaté que leurs patients décrivent des expériences similaires, suggérant que l'âme s'élève (vers le 2e univers harmonique) pour rejoindre tout un groupe d'âmes.

L'expérience clinique et la vérification d'une grande partie des informations issues de l'hypnose explorant les vies antérieures conduisent à considérer le concept de réincarnation comme un phénomène réel, qui transcende les croyances individuelles ou religieuses.

Un autre exemple permettant de mieux illustrer les univers harmoniques et l'accès à des dimensions supérieures est l'expérience de mort imminente. Des millions de cas ont été recensés et des milliers d'études cliniques ont été menées sur les personnes ayant frôlé la mort, ou ayant vécu des situations de menace physique et émotionnelle intense. Les récits de ces personnes présentent des similitudes notables, notamment la traversée d'un tunnel, l'obervation du corps physique de l'extérieur, les rencontres avec des proches décédés et des êtres spirituels qui transmettent des messages, ainsi que la révision de la vie passée. Une expérience de mort imminente peut entraîner un changement profond dans la façon dont les personnes perçoivent la vie en général.

Il est important de noter que tous les états de mort imminente qui entraînent un changement de personnalité et une réorientation des valeurs sont des événements régis par l'âme, la sur-âme ou l'avatar de la personne, dans le but de déclencher une activation anticipée de son cinquième brin d'ADN.[45]

Dans le langage du Kathara, ce processus implique une modification des structures géométriques du champ morphogénétique, permettant à une personne d'élargir le canal de communication entre ses identités du premier et du second univers harmonique, c'est-à-dire entre son incarnation actuelle et son âme. En d'autres termes, cela signifie que l'être humain intègre davantage son âme et peut établir une communication plus fluide avec elle.

---

45 Secrets of Lemuria & the ancient Eieyani, Audio file disk 8.3.; Hawaii, 2001

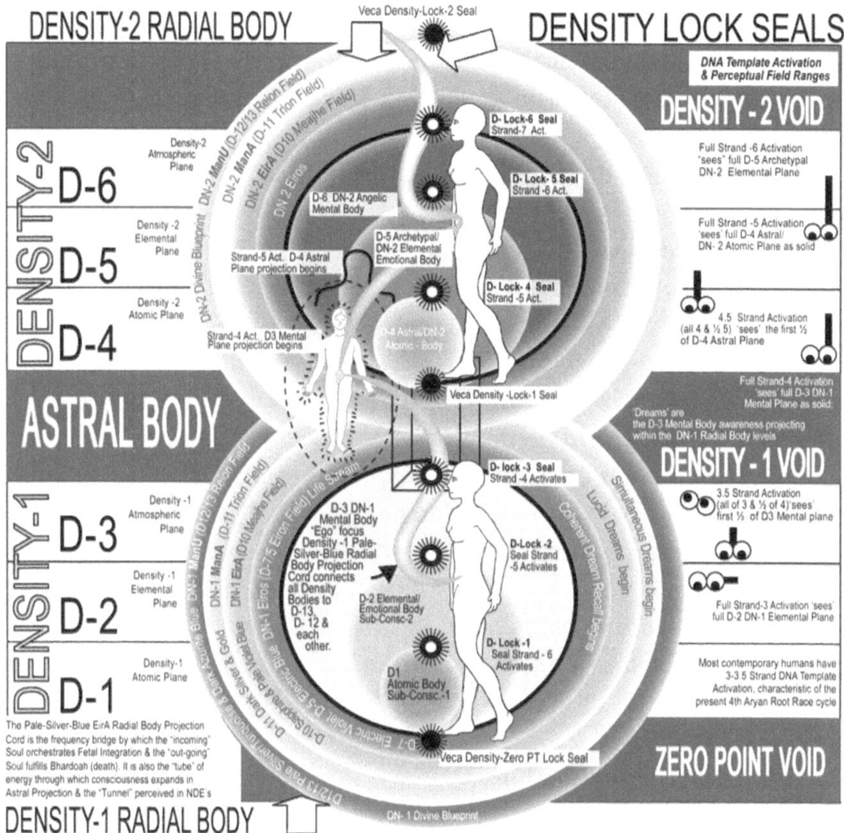

Diagramme 4

1. Corps radial du deuxième niveau de densité
2. Sceau de densité Véca - 2
3. Sceaux de densité Véca
4. Deuxième niveau de densité
5. Dimension - 4, Dim.-5, Dim.-6
6. Deuxième niveau de densité Niveau Atomique
7. Deuxième niveau de densité Niveau Elémental
8. Deuxième niveau de densité Niveau Atmosphérique
9. Empreinte divine du deuxième niveau de densité
10. Deuxième niveau de densité Manu. Dimension 12/13, champ Reyon

11. Deuxième niveau de densité Mané. Dimension 11, champ Trayon

12. Deuxième niveau de densité Iré. Dimension 10, champ Meyaji

13. Deuxième niveau de densité Iros

14. Activation des brins d'ADN-4. Début de projections au niveau mental (Dim.3)

15. Activation du brin d'ADN-5. Début de projections au niveau astral (Ex.4)

16. Espace vide du premier niveau de densité. Les rêves sont la conscience du corps mental de la troisième dimension, qui se projette à partir des niveaux du corps radial du premier niveau de densité.

17. L'activation du brin d'ADN 4.5 (comprend l'activation complète du quatrième brin et de la moitié du cinquième brin) donne la capacité de voir dans la première moitié du champ astral.

18. L'activation complète du cinquième brin d'ADN ouvre la vision dans l'ensemble de la quatrième dimension (champ astral). Le champ atomique du deuxième univers harmonique est alors perçu comme matière.

19. L'activation complète de l'ADN du sixième brin ouvre la vision dans la cinquième dimension, le niveau Elémental du deuxième niveau de densité.

20. Corps Astral

21. Dim.-1, Dim.-2, Dim.-3

22. Premier niveau de densité Niveau Atomique

23. Premier niveau de densité Niveau Elémental

24. Premier niveau de densité Niveau Atmosphérique

25. Le cordon bleu-argent pâle du corps Radial Iré est le pont entre les fréquences par lequel l'âme entrante organise son intégration à l'embryon, tandis que l'âme sortante accomplit le bardo (la mort du corps). Ce cordon est le conduit énergétique par lequel la conscience s'étend et effectue la projection astrale. Il s'agit du tunnel de lumière blanche observé par les personnes qui ont fait l'expérience de mort imminente.

26 La plupart des personnes modernes possèdent de 3 à 3.5 brins d'ADN activés, ce qui est typique pour le quatrième cycle de la race Aryenne originelle dans lequel nous sommes aujourd'hui.

27. L'activation complète de l'ADN du troisième brin ouvre la vision sur l'ensemble de la deuxième dimension (champ Elémental du premier niveau de densité).

28. L'activation de l'ADN du troisième brin, ainsi que la moitié d'un quatrième brin, ouvre la vision de la première moitié du champ mental (troisième dimension).

29. Corps Radial au premier niveau de densité

30. Point zéro d'espace vide

Bien que tous les humains soient connectés à leurs identités multidimensionnelles situées dans les différents univers harmoniques, y compris leur avatar krystique, ils n'ont pas tous la possibilité d'incarner pleinement une conscience de 12 dimensions au cours d'une seule vie. Les champs bioénergétiques d'un avatar incarné émettent une énergie puissante, notamment un large spectre d'ondes électromagnétiques scalaires et multidimensionnelles. Si un trop grand nombre d'avatars du 12e niveau s'incarnaient sur Terre et activaient leur plein potentiel, le champ morphogénétique de la planète se surchargerait en hautes fréquences et provoquerait une implosion.

Cependant, la Terre a subi de graves distorsions énergétiques au cours des 210 000 dernières années. Pour cette raison, les incarnations de véritables avatars sont destinées à guérir la planète et ses espèces biologiques. Elles sont gérées à un niveau supérieur et se produisent en vertu d'un nombre limité de contrats conclus entre l'identité de l'avatar et celle du rishi.

À l'heure actuelle, de nombreux leaders de mouvements spirituels et gourous prétendent être des avatars incarnés. Si cela était vrai, ces personnes seraient capables de se dématérialiser et d'apparaître à volonté dans la 12e dimension, ainsi que d'effectuer des régénérations cellulaires de leur corps physique en n'utilisant que le pouvoir de leur mental.

Lorsqu'une personne atteint ce niveau d'intégration, elle est donc capable d'entrer dans la phase appelée Mahunta Merkaba[46] pour atteindre une transmutation biologique complète dans les quatre univers harmoniques de son existence. Cela signifie que l'individu devient capable de se déplacer à volonté entre les 12 dimensions, et par conséquent, il pourrait librement ascensionner et descendre à travers les quatre niveaux de densité. Ce mouvement devient possible une fois que les 12 brins du modèle d'ADN sont activés. En outre, les avatars ont également la capacité d'accéder à la banque de mémoire galactique.

---

46 E'Asha Ashayana, Kathara 2-3 manual, 2003 pp.108-110

Les véritables avatars ne peuvent naître sur Terre que grâce à une combinaison de codes génétiques spécifiques, permettant de former un embryon capable de supporter des fréquences d'énergie relatives aux dimensions supérieures. Très souvent, les avatars ne découvrent leur véritable personnalité qu'à l'âge adulte. Cet éveil est synchronisé avec l'élévation de la vibration du champ morphogénétique planétaire. La plupart des avatars s'éveille progressivement, lorsque la vibration de la planète commence à augmenter. Leur mission a pour objectif d'influencer le cours de l'évolution de la Terre et de l'humanité. Bien que la plupart des gens n'aient pas conclu de contrats visant l'incarnation complète de leur avatar, de nombreux individus ont signé des accords prévoyant l'intégration de leur sur-âme. Ils seront donc capables d'élargir leur conscience et d'intégrer leur sur-âme en fusionnant leurs corps Hova Nada, Hova Alphi et Hova Betcha, et en activant leurs brins d'ADN 7, 8 et 9. Lorsque l'incarnation de la sur-âme est réalisée, un être peut recevoir de l'information directement de son avatar et de son identité rishi. L'ouverture d'un canal de communication n'est pas une incarnation biologique complète de la quatrième densité, mais représente un niveau de conscience transcendantal.

Il est important de noter que l'interaction avec l'avatar, en utilisant des techniques spécifiques, est régulée par l'avatar lui-même. Il est responsable et veille à ne pas surcharger le corps en énergie. Quelle que soit la qualité de la communication et la stabilité de la connexion, nous recevrons autant d'énergie que cela sera bénéfique et sans danger à ce stade de notre évolution, et en fonction de la capacité de la planète.

L'identité de l'avatar représente la véritable Conscience Krystique.

L'évolution spirituelle personnelle est le processus progressif d'expansion de la personnalité pour incarner des identités dans les niveaux supérieurs. Cela signifie que notre identité spirituelle intègre notre conscience divine, et les deux fusionnent. L'intégration d'une identité supérieure modifie progressivement la nature de notre forme biologique. Par conséquent, la transformation physique et l'évolution spirituelle sont indissociables.

Initialement, la consolidation de l'ensemble de l'identité humaine était possible dans une seule vie, car la forme humaine était éternelle et la mort physique n'existait pas. Au lieu de s'éteindre, les êtres humains ascensionnaient dans des univers harmoniques supérieurs avec leur corps physique, par le biais de la transmutation des atomes.

Cependant, en raison de distorsions néfastes dans le champ morphogénétique de la Terre, intentionnellement causées par d'autres races stellaires[47], ce processus a été interrompu artificiellement il y a plus de 5.5 millions d'années.[48] Dès lors, la vie humaine se déroule à travers une série de réincarnations consécutives, ce qui n'est pas un phénomène naturel pour les êtres de la lignée humaine originelle.

Néanmoins, grâce aux techniques Kathara et à l'approfondissement des connaissances sur la dynamique morphogénétique et le génome cristallin de la matrice silicate, chacun peut progressivement retrouver les magnifiques potentialités du corps humain et reprendre le chemin naturel de l'évolution krystique.

L'un des aspects clés du Kathara est qu'il s'agit d'un système de connaissances sacrées qui réconcilie le matériel et le spirituel. Grâce à la physique Partiki, détaillée dans les trois premiers niveaux de l'enseignement, nous pouvons comprendre et décrire la structure, les lois et la mathématique de la création divine. Le monde spirituel n'est plus simplement un concept abstrait, mais une réalité structurée en dimensions concrètes. Le Kathara met à disposition des techniques pour travailler avec ces dimensions de manière sécurisée.

Chaque niveau spirituel (dimension) possède sa propre matière subtile. En tant que composante d'un système multidimensionnel, le corps (la matière) incarne également une manifestation spirituelle avec toutes ses propriétés originelles respectives. Si nous considérons notre corps comme impur et limité, nous nous privons de la possibilité de découvrir sa vocation divine et de comprendre les potentialités inscrites dans notre ADN, pour ensuite les optimiser. Selon le Kathara, le corps humain est considéré comme un microcosme doté de sa propre grille Kathara, qui est en interaction constante avec le macrocosme. Notre corps est sacré, tout comme nos corps subtils et l'Absolu, car tout est fait de la même substance divine qui forme une conscience unifiée. Cette ancienne connaissance est l'héritage de toute l'humanité, sa responsabilité et son pouvoir. Des siècles d'emprise, de suppression et de distorsion ont conduit à une situation où les gens ont perdu de vue leur origine et leur but, et ne voient plus la beauté de leur manifestation krystique. Parallèlement, un modèle de comportement autodestructeur a été imposé aux peuples, les poussant à chercher le divin à l'extérieur d'eux-mêmes, plutôt que de considérer qu'il réside à l'intérieur. Dans

---

47 Voir plus dans le chapitre 5 et les références correspondantes
48 Ibid.

le système Kathara, l'âme n'est pas présentée comme un concept nébuleux, mais comme un phénomène physique tangible avec sa propre structure subtile qui peut être explorée et analysée. Cependant, l'âme n'est qu'une composante de l'identité spirituelle de l'homme qui est beaucoup plus vaste et complexe que nous ne pouvons l'imaginer.

En connaissant la structure multidimensionnelle de l'être humain, il est naturel de ressentir à la fois une grande estime de soi et un respect profond pour les autres. Cette attitude est fondamentalement différente du sentiment d'impuissance et d'infériorité qui se traduit souvent par la vénération de divinités et la déification d'objets extérieurs dans l'espoir d'obtenir miséricorde et salut. Lorsque l'être humain prend conscience de son propre potentiel, de sa capacité à apprendre et à aimer, il peut se fixer pour objectif de les développer et de faire des choix éclairés pour mieux intégrer ces vertus en lui-même. En approfondissant la relation avec ses parties multidimensionnelles, chacun peut ressentir dans quelle mesure et par quels moyens il peut pleinement exprimer son potentiel spirituel.

Les cinq univers harmoniques recèlent une richesse de concepts permettant de discerner les mécanismes de la création et de notre lien avec la Source. Lorsque nous entamons l'inclusion de nos parties supérieures, notre conscience s'élargit et nous accédons au savoir qu'elles détiennent.

Il est crucial de reconnaître qu'à ces niveaux supérieurs, nous disposons déjà de cette vision élargie du monde. Les efforts que nous devons faire dans le premier univers harmonique sont destinés à nous rappeler ces connaissances, pour les mettre en œuvre dans notre contexte actuel.

Tableau des univers harmoniques et leurs caractéristiques			
Univers Harmonique (niveau de densité)	Dimensions	Type de matière bio-physique	Identité
Premier	1er, 2e, 3e	Biologie à base de carbone	**Personne incarnée**
Deuxième	4e, 5e, 6e	Biologie semi-éthé-rique, à base de sili-cium-carbone	**Âme** Constituée de 12 per-sonnes incarnées
Troisième	7e, 8e, 9e	Biologie éthérique, à base de silicium	**Sur-âme** Constituée de 12 âmes
Quatrième	10e, 11e, 12e	La matière biologique est une pré-matière hydro plasmique, « lu-mière liquide »	**Avatar** Constitué de 12 sur-âmes
Cinquième	13e, 14e, 15e	La matière biologique est une antématière, « rayonnement de lumière »	**Rishi** Constitué de 12 avatars

Dans notre passé pré-ancien, les connaissances massives concernant les capacités décrites ci-dessus, ainsi que la possibilité de les mettre en œuvre, ont été progressivement retirées aux humains, entraînant d'abord une altération des champs géomagnétiques de la Terre, puis de l'ADN.[49]

Il n'est pas fortuit que les scientifiques qui étudient le génome humain aujourd'hui concluent que la grande majorité de ce dernier (plus de 95 %) est composé d'ADN « non codant », également appelé « ADN résiduel », dans lequel les protéines ne sont pas codées de manière ordonnée et dont le but n'est pas clair. Des détails concernant les dommages causés au génome humain et les tentatives de manipulation visant à le présenter comme animal ou associé à l'ADN des anunnaki, sont révélés dans le livre « Voyageurs. Les secrets d'Amenti »[50], ainsi que dans les séries de conférences d'Ashayana.[51]

---

49 Dance for Joy, Disk 3, 2003
50 Traduction personnelle de l'anglais ''Voyagers. The secrets of Amenti''
51 The Evolutionary Path of Human Consciousness. Secrets of the Melchizedek's and Guardian races, 1999; Dance for Love, disk1, 2002

À la suite d'une interférence électromagnétique néfaste sur Terre, causée par des extraterrestres usurpateurs [52] aux intentions non-krystiques, la mémoire des humains a été endommagée au point de perdre la connaissance de leur origine et de leur talent.

De plus, pour empêcher les humains d'utiliser pleinement leurs capacités en tant qu'êtres krystiques, dont l'ADN permet l'accès à la 12e dimension Maharata, ils ont été conditionnés de se détourner de leur corps physique, le déprécier, et vivre dans la peur de la survie et dans des luttes perpétuelles pour la domination.

Le contrôle de l'humanité, en tant que race krystique dotée de capacités et de pouvoirs exceptionnels, a été un moyen de nuire à la Terre et d'introduire des « fréquences inversées » dans son noyau. Cette manipulation a altéré le bouclier racial de l'humanité, entraînant à son tour une modification de la biologie de chaque individu sur la planète. Il est intéressant de noter que même la Bible conserve des informations selon lesquelles nos ancêtres vivaient plus longtemps que les humains d'aujourd'hui.[53]

Afin de parvenir à un contrôle global sur l'humanité, la mémoire des individus concernant leurs véritables capacités a été effacée, en manipulant leurs champs géomagnétiques, ce qui a entraîné des dommages persistants au modèle de l'ADN humain. De plus, on leur a imposé un sentiment de culpabilité par rapport à leur corps physique, pour les empêcher de se rappeler les techniques qu'ils maîtrisaient autrefois pour interagir avec la Terre et l'ensemble du bouclier humain racial. Certaines de ces techniques sont à la fois très simples à mémoriser et très puissantes, ce qui leur permettrait de restaurer les codes endommagés du modèle d'ADN.

Cependant, le processus d'éveil massif des talents humains et la restauration progressive de leurs potentiels d'ADN sont désormais largement engagés, à la suite des impacts énergétiques que la Terre a subis au cours des deux dernières décennies. Le cycle d'activation stellaire de la planète, avec toutes ses particularités, le fonctionnement des différents systèmes de portails, ainsi que les défis et les solutions qui les caractérisent, sont présentés en détail par les Gardiens dans de nombreux ateliers et guides pratiques.[54]

---

52 Voyagers. The sleeping abductee, 2002, p.50; Voyagers. The secrets of Amenti, 2003 pp.310-422. Dance for life manual, 2002 pp.146-156

53 La Bible, Livre de la Genèse, Chapitre 5

54 Résumé de l'atelier de décembre 2012, Workshop by E'Asha Ashayana,

De nos jours, la plupart des gens considèrent la prononciation des mots comme une chose banale, sans grande incidence. Sous-estimer et méconnaître le pouvoir de la parole conduit à ignorer les connexions énergétiques qu'elle engendre. Cela vaut autant pour les mots bienveillants que pour les malédictions proférées à l'encontre d'une personne, d'un groupe ou d'une situation particulière. Le fait d'avoir oublié le pouvoir des mots et de les utiliser à la légère nous expose aux conséquences et aux effets énergétiques qui en découlent.

Un exemple typique de sous-estimation du pouvoir des mots est la prestation de serment et l'initiation aux différentes organisations. Très souvent, les motifs qui poussent les gens à prononcer des vœux ou à recevoir une initiation sont liés à la recherche d'inclusion sociale, à l'amélioration de leurs conditions professionnelles ou simplement parce que c'est une pratique courante. Considérer ces actes, à travers la conscience tridimensionnelle, comme une formalité qui est nécessaire pour obtenir un avantage social ou une approbation, ne signifie pas qu'ils n'ont pas d'impact sur les dimensions supérieures. En réalité, les initiations et la prestation de serment au sein de diverses organisations ne sont pas une formalité du point de vue énergétique. Elles créent des liens karmiques pour l'ensemble de notre identité multidimensionnelle. À la suite d'une initiation, des activations énergétiques sont déclenchées dans les biochamps de l'adepte, provoquant des changements dans sa vie actuelle, ainsi que dans les incarnations parallèles de son âme, de sa sur-âme et de son avatar. Cela signifie que des promesses déclarées dans le passé à une tribu, une nation, un ordre ou une église peuvent avoir un impact significatif (bénéfique ou négatif) pour une personne dans le présent, sans qu'elle en soit consciente. Le Kathara fournit des outils permettant de savoir si l'on est lié à un tel groupe, ainsi que des techniques qui aident à rompre un lien karmique s'il n'est pas conforme à la mission de l'avatar krystique, ou de le renforcer en cas d'effet positif sur le développement spirituel.[55] En accomplissant ces actes, nous ouvrons nos biochamps et permettons à un programme énergétique d'y pénétrer pour nous influencer à partir de l'entité collective respective (l'égrégore). Pour cette raison, il est essentiel de savoir avec quoi nous nous relions, et

2013; Voyagers, The secrets of Amenti, 2003; Dance for freedom, part 2 disk 4 Workshop,2002; The Kethradon awakening, Disk 1, 2005

55 Flame body activation and shadow body healing, technique 18 – Beta Hova scan, page.61-66

quel est l'effet que cette connexion aura sur notre âme, notre sur-âme et notre avatar.

La prise de conscience de l'impact de l'initiation permet à la personne de faire un choix lucide d'adhérer ou non à une communauté particulière et à ses valeurs. Si cette information n'est pas communiquée au préalable à la personne, il s'agit d'une forme de manipulation et de non-respect de son droit d'exercer son libre arbitre. Dans presque toutes les publications d'Ashayana et de l'Alliance des Gardiens, on trouve une brève introduction dédiée à l'Ordre d'Émeraude, aux différents niveaux d'ordination et de leur effet sur la bioénergie de l'initié. Les Enseignements de la Liberté précisent que l'initiation et ses différents niveaux correspondent à des transmissions électromagnétiques et scalaires très spécifiques envers le corps, le système de chakras et les champs morphogénétiques de l'initié qui accepte de les recevoir. L'adepte commence à construire progressivement son propre merkaba, le véhicule de déplacement inter-dimensionnel, composé de sons et de lumière. En conclusion, l'adhésion à l'ordre krystique n'est pas un engagement envers un être céleste ou un devoir envers une organisation, mais une promesse envers soi-même, y compris envers ses identités supérieures. Les dénominations des niveaux d'initiation de l'Ordre d'Émeraude ne visent pas à établir une hiérarchie, mais à indiquer l'étape de développement du véhicule Merkaba, ainsi que l'expansion de la conscience, les capacités de guérison et l'accès aux fréquences qui en suivent. Ainsi, l'initié sera en mesure de définir son propre chemin et son propre rythme de développement, et d'en prendre la responsabilité.

Il serait utile de prendre le temps de nous poser des questions qui nous aideront à mieux comprendre notre comportement, et à choisir consciemment les communautés et les idées qui nous conviennent. Voici quelques exemples:

1. Connais-je suffisamment bien l'organisation ou la communauté à laquelle je déclare être affilié(e) ?

2. Les représentants de ce groupe peuvent-ils m'expliquer clairement l'effet de l'initiation et les idéaux de leur communauté ?

3. Mon appartenance à une organisation a-t-elle un prix et me laisse-t-elle la liberté d'exercer ma volonté ? Ou bien, suis-je censé(e) obéir aux ordres de mes supérieurs sans avoir le droit de les contester ou de poser des questions ?

4. Ai-je suffisamment d'informations sur cet ange/saint que je prie

? Ai-je besoin de prier un ange plutôt que de me tourner directement vers Dieu ou vers mon Moi supérieur ?

5. Y a-t-il quelque chose qui me préoccupe dans le comportement ou l'attitude de cet être ?

6. D'où vient l'information que cette entité me fournie ? Y a-t-il quelque chose qui me dérange dans cette information ? Est-elle cohérente ?

7. Le fait qu'une organisation religieuse soit populaire signifie-t-il qu'elle défend des vérités spirituelles ? Quel est l'héritage historique de cette organisation, et comment s'est-elle comportée à l'égard des minorités et des dissidents qui ne partagent pas ses croyances ? Comment a-t-elle traité les personnes et les communautés qui s'écartaient de la doctrine officielle ? Quelle est sa structure organisationnelle ? Ses membres appliquent-ils les principes qu'ils prêchent ou s'agit-il de déclarations hypocrites ?

8. Le fait qu'une hypothèse soit populaire, signifie-t-il qu'elle est correcte ? Quelles en sont les preuves, et me semblent-elles suffisantes pour que je puisse me faire une opinion personnelle éclairée *sur la question ?*

Élargir nos idées sur le pouvoir des mots et la création d'un lien énergétique par le biais d'un serment ou d'une initiation, qui consiste à ouvrir notre biochamp et à accepter un certain programme énergétique, nous aide à mieux comprendre les différentes coutumes, tant dans le passé que dans le présent. Très souvent, les chercheurs spécialisés dans les cultures anciennes utilisent des approches restreintes pour appréhender le mode de fonctionnement de nos ancêtres. C'est tout à fait normal, car il est difficile de chercher quelque chose dont on ignore l'existence, et il est impossible de comprendre quelque chose que l'on ne veut pas trouver. Avec le temps, il a été constaté que certaines de ces cultures possédaient des connaissances sur notre système solaire et même sur notre galaxie qui se sont révélées parfaitement exactes.

Déclarer qu'un phénomène est « inexplicable » est un trait commun aux communautés qui adoptent une approche restreinte dans leur quête de connaissances. Il existe également des autorités qui insistent à ce que certaines connaissances ne deviennent pas généralement acceptées, car les informations qu'elles fournissent sont susceptibles de remettre en question la perception commune de l'histoire des peuples et de l'origine de l'humanité.

La connaissance de la structure multidimensionnelle de l'homme et de l'univers nous permet également de mieux comprendre le phénomène de contact avec les êtres d'autres dimensions, qu'ils soient qualifiés d'anges ou d'extraterrestres.

Dans la plupart des cas, lorsqu'un véritable contact est établi avec une entité, il s'agit d'une partie de notre propre identité multidimensionnelle. Par exemple, la sur-âme d'un individu peut apparaître à travers l'une de ses vies antérieures, dans un but précis, pour communiquer un message. Nos identités supérieures, situées dans les univers harmoniques plus élevés, dépendent de l'existence de leurs incarnations sur Terre, et notamment des choix que nous faisons, et des connexions énergétiques que nous créons. Nous sommes étroitement liés à ces identités, et les décisions que nous prenons chaque jour les affectent directement. C'est un peu comme les expériences douloureuses de l'enfance qui laissent des marques indélébiles sur l'adulte que nous sommes devenus, et il est nécessaire de prendre soin de l'enfant qui est en nous. Le contact avec notre passé est plus immédiat que nous ne le pensons, et peut être considéré comme un voyage à travers le temps, destiné à apporter de la paix et de l'amour pour cicatriser les blessures du passé. Les univers harmoniques représentent des espaces temporels distincts. Par conséquent, le contact s'effectue à partir d'une ligne temporelle correspondate, c'est-à-dire d'un futur probable, mais aussi d'un passé potentiel.

Il est également important de noter qu'une identité supérieure n'est pas toujours une personne morale respectueuse de la loi de l'Unité et les principes krystiques. Parfois, il peut y avoir un conflit entre l'âme et la sur-âme, entre la sur-âme et l'avatar, et entre l'avatar (s'il n'est pas de la 12e dimension) et son identité rishi. Le fait qu'un ange ou un extraterrestre entre en contact avec une personne ne signifie pas automatiquement qu'il a de bonnes intentions et que toutes ses instructions doivent être suivies. Pour cette raison, établir une relation avec son avatar krystique, en activant le bouclier Maharique, garantit une communication plus sécurisée et avec des êtres bienveillants.

CHAPITRE 4

La signification sociale du Kathara et des Enseignements de la Liberté

Les connaissances sacrées sur la relation entre le microcosme et le macrocosme sont souvent associées au mysticisme, à une représentation fragmentaire de l'information, et aux messages codés qui les rendent difficiles à comprendre. Beaucoup de personnes estiment que ce type de savoir n'est destiné qu'aux représentants des écoles spirituelles et des ordres religieux. Il existe une barrière psychologique qui freine l'envie de se familiariser avec ces connaissances, de les appréhender progressivement et de les mettre en pratique. Cet obstacle mental résulte probablement de plusieurs facteurs, dont certains seront examinés dasn les pragraphes qui vont suivre.

Tout d'abord, l'histoire générale nous apprend que les connaissances sacrées n'étaient pas accessibles à tous. Elles ont été soigneusement préservées pour éviter qu'elles ne soient utilisées à mauvais escient. Cependant, certains individus et collectifs cherchaient à accéder à ces informations précieuses afin de manipuler la nature et les êtres humains. Lorsqu'ils identifiaient des êtres détenant de tels savoirs, ils les menaçaient, et les torturaient pour les obliger à les partager. Pour cette raison, l'information a été dissimulée et n'a pas fait l'objet d'une éducation et d'une diffusion plus large. Les écoles et les ordres qui servaient la loi de l'Unité[56] transmettaient leurs connaissances en secret. Il est important de noter que l'orientation krystique, qui est une expression de la véritable nature divine, n'est pas une caractéristique de tous les enseignements mystiques. Lorsque des communautés malveillantes accédaient à des notions sacrées, telles que la structure de l'univers, ou la localisation et le fonctionnement des portes des étoiles, elles s'en servaient pour y infiltrer une version modifiée dans les traditions religieuses de l'époque. Les textes sacrés n'ont été modifiés que partiellement, pour que les vrais messages puissent trouver un écho

---

56 Pour plus d'informations sur la loi de l'Unité, voir chapitre 10

auprès des gens, tandis que les faux les conduisent à la confusion et à l'erreur. Grâce à leur autorité, les élites religieuses et politiques ont réussi à asservir le peuple, à le manipuler et à le persuader d'emprunter de chemins spirituels illusoires, voire des voies d'autodestruction. La deuxième raison qui rend difficile l'entrée plus massive des connaissances originelles sacrées dans la culture de la société moderne est que, cette culture est conditionnée par des dogmes qui ne fournissent pas de réponses claires et ne stimulent pas la réflexion. Afin qu'un changement positif se produise, il faudrait une masse critique de personnes se posant des questions existentielles et qui ne se satisferont pas de réponses toutes faites, typiques pour les mouvements spirituels traditionnels, le New Age et la science. Ces personnes seraient prêtes à faire un pas en avant pour apprécier l'intégralité des Enseignements de la Liberté et leur application dans le système Kathara.

L'un des éléments les plus essentiels de la manifestation des vraies valeurs krystiques, telles qu'elles sont observées dans les Enseignements de la Liberté, est l'égalité des sexes. Il s'agit d'accorder autant de respect et d'importance spirituelle au principe masculin qu'au principe féminin.

En premier lieu, cela signifie que l'obstacle qui empêche les femmes d'accéder à des postes dans les communautés d'églises et les ordres religieux est dicté par une attitude patriarcale égoïste qui sème la discorde et n'est pas conforme à la loi de l'Unité. D'ailleurs, le même déséquilibre est observé dans les cultures et les traditions religieuses de type matriarcal, où l'archétype féminin domine de manière excessive sur l'archétype masculin.

Il conviendrait de se demander ce qui se cache derrière ces restrictions et si nous devrions les accepter sans remettre en question leur légitimité.

Pour que la vérité d'une connaissance parvienne à une personne ou à un groupe de personnes, elle doit être expliquée de manière claire et compréhensible, sans être banalisée. Ensuite, pour que cette connaissance demeure vivante, elle doit être intégrée dans le système de valeurs de ceux qui la comprennent, et qui s'approprient les principes contenus dans ses messages. L'adoption de concepts spirituels se produit très souvent avant même que l'on soit conscient de l'existence d'une tradition vers laquelle on est attiré. Il s'agit d'une synchronisation entre la vibration de nos pensées et celle des valeurs transmises par la nouvelle connaissance qui nous intéresse. Par ailleurs, le processus d'intégration de l'information est profondément lié à sa mise en pratique dans la société, qui commence par quelques individus qui ne se connaissent pas, puis se répand progressivement à travers des groupes plus larges, jusqu'à devenir des valeurs courantes et communément acceptées. Le concept des droits de l'Homme a connu un destin similaire dans le droit international, où il s'est progressivement imposé comme un principe fondamental après la Seconde Guerre mondiale. Cette évolution a été rendue possible par un changement de mentalité profond dans la société. Après la guerre, un nombre croissant d'individus a commencé à considérer la dignité humaine comme une valeur fondamentale, alors qu'auparavant, la mort de personnes d'un État ennemi ou d'une autre ethnie était souvent considérée comme inévitable ou nécessaire.

Avant de décider d'intégrer une valeur, il est opportun de découvrir comment elle se concrétise dans la pratique et d'examiner soigneusement si l'on apprécie toutes ses expressions. Après avoir effectué cet exercice mental et avoir ressenti au fond de nous-mêmes les expressions de nos croyances, nous sommes capables de faire un choix libre et conscient de défendre ou non certains principes donnés.

Les Enseignements de la Liberté pourraient contribuer à une révolution dans les méthodes de recherche et d'expérimentation scientifiques. Par exemple, ils contiennent des informations sur la physique quantique et la conscience des particules, qui représentent un lien direct entre matière et conscience. À l'heure actuelle, les expérimentations menées avec des technologies holographiques qui déforment la lumière de manière non-naturelle provoquent des dégâts catastrophiques à l'intégrité des champs morphogénétiques, dont il a été question dans les chapitres précédents.[57] Une fois que nous avons compris l'existence de nos identités supérieures, leur structure bioénergétique, et leur emplacement, il serait logique de se demander ce qu'elles sont en train de vivre en ce moment et s'il est important d'entrer en contact avec elles. L'Alliance des Gardiens apporte une réponse à ces questions, car il est important de savoir que nos identités supérieures s'intéressent fortement à notre incarnation actuelle. Nous sommes nés et nous existons à une époque d'ouverture des portails stellaires. De plus, nous assistons à une évacuation krystique de l'ensemble de notre système Véca. Les événements contemporains se distinguent par une ampleur et une intensité inédite pour notre matrice temporelle, et laisseront une

---

57 E'Asha Ashayana, Revelations of Ra: The pillar of power and the Nandradon awakening, 2004, disk 2

empreinte pour des éons à venir. Il est essentiel de répondre à l'appel intérieur de notre âme, notre sur-âme et notre avatar, de les écouter et d'élargir notre perception par rapport à qui nous sommes réellement. Chaque décision que nous prenons, qu'elle concerne la vie personnelle, professionnelle, nos loisirs, ou nos voyages, a une incidence sur notre ADN, et par conséquent, sur nos identités supérieures. Pour cette raison, la prédisposition intuitive à écouter notre Moi supérieur est d'une importance primordiale vis-à-vis des expériences que nous allons acquérir à l'avenir.

Un exemple très courant qui confirme l'intérêt que nos identités multidimensionnelles portent à notre égard est l'orchestration de réunions dans les dimensions supérieures, où notre participation est également requise. Chacun d'entre nous est formé et reçoit des missions à des niveaux plus élevés, mais dans la plupart des cas, nous n'en avons aucun souvenir. Très souvent, notre attention est focalisée sur les tâches quotidiennes, tandis que nos identités supérieures souhaitent que nous évoluions pour les intégrer plus complètement dans notre modèle d'ADN et ainsi activer nos potentiels génétiques. Lorsque nous ressentons le besoin de méditer, ou faire la sieste au milieu de la journée, il est probable que notre conscience est en train de se déplacer vers les niveaux supérieurs. Ce passage conduit vers une intégration progressive de fréquences plus élevées et à l'activation harmonieuse de l'ADN. Il est donc crucial d'observer nos pensées, ainsi que les sentiments que nous éprouvons envers les gens, les animaux, les plantes, les créatures extraterrestres, ou nos amis, nos ennemis, etc. Dans la culture occidentale moderne, la plupart des gens se considèrent inséparables de leur corps jusqu'à la mort. Mais cela n'a pas toujours été le cas. Dans ses conférences, Ashayana explique qu'il existait à une certaine époque des civilisations au sein desquelles les êtres humains étaient capables d'endormir leur corps, parfois pendant plusieurs mois afin d'accomplir une mission. Ils arrivaient à projeter leur conscience dans le corps de l'une de leurs identités multidimensionnelles, qui, parfois, pouvait se trouver sur une autre planète.[58]

Les informations issues des Enseignements de la Liberté élargissent aussi considérablement nos connaissances, non seulement en physique, mais aussi en géographie et en astronomie, en fournissant des explications sur la structure et l'organisation de notre matrice temporelle à 15 dimensions, y compris sur les niveaux supérieurs de la

58 E'Asha Ashayana, Doorways through time, 2009, disk 3

Création. L'accès à des informations telles que des cartes multidimensionnelles de l'espace à vaste échelle, des traits communs relatifs au développement de toutes ses parties, des caractéristiques propres aux différentes dimensions et niveaux, représente une richesse immense. Il s'agit non seulement de connaissances théoriques, mais également de notions applicables dans la pratique.[59] Grâce à ces notions, il est également possible de déterminer la localisation des différentes races dans le cosmos. Le monde spirituel, ou pour certains - le monde extraterrestre, commence à prendre forme, avec des limites réelles et des emplacements précis pour chacune de ses différentes parties. Ainsi, nous pouvons également approfondir notre compréhension de la relation et la fonction de la Terre par rapport au reste de la création. L'enseignement traditionnel contemporain en géographie comprend également une introduction aux cartes et une explication de la localisation d'un pays, des ressources minérales d'un territoire et d'autres indicateurs de base. Lorsque les Enseignements de la Liberté font référence à des cartes multidimensionnelles de l'espace et à des caractéristiques clés des lieux concernés, il est important de garder à l'esprit que la création est considérée comme un champ unifié. Il existe donc la possibilité, sous certaines conditions, qu'une personne ou un autre être puisse se déplacer d'un endroit à un autre en utilisant sa pensée et les connaissances relatives à la maîtrise des champs merkaba. En d'autres termes, ces informations ne sont pas simplement une culture générale supplémentaire sur l'emplacement spatio-temporel de chaque civilisation et des êtres qui la composent, mais elles contiennent également les conditions préalables pour accéder à ces endroits.

La connaissance d'un événement particulier, d'une race donnée ou d'une localisation exacte d'un système stellaire indiqué sur la carte multidimensionnelle de l'univers, ouvre la porte à une possibilité réelle de contact avec ces êtres, ces lieux et ces périodes. Cependant, il est nécessaire de maîtriser les méthodes sécurisées du Kathara pour projeter notre conscience, notre corps plasmique et, pour certains praticiens, même le corps physique. La liberté prend un nouveau sens, et les limites du possible deviennent de plus en plus franchissables. Il est alors important de connaître les principes krystiques d'amour en respectant les autres et leur droit à l'existence, et après avoir atteint un certain niveau d'évolution individuelle, nous serons en mesure de conquérir la

---

59 E'Asha Ashayana, The science of spirituality of creation - manual, 2003, pp. 22-24

liberté. Dès lors, nous aurons le pouvoir de choisir et de contrôler les réalités temporelles dans lesquelles nous existons. Nous serons même capables de passer à d'autres époques, en prenant soin de ne pas interférer dans la communauté en question, et de ne pas l'influencer.

Au sens figuré du terme, cette connaissance englobe désormais non seulement la localisation géographique, mais également le billet d'avion et les conditions d'obtention d'un visa pour un territoire donné. La physique moderne a démontré que le temps et l'espace sont incontestablement liés, que chaque moment passé et futur est situé sur des coordonnées précises et que le voyage dans le temps est une possibilité théorique. Le Kathara et les Enseignements de la Liberté nous offrent une compréhension concrète de ce modèle, en révélant la relation profonde entre le temps et l'espace, et en démontrant la capacité potentielle de l'homme à se déplacer dans l'espace-temps. Lors de l'atelier « Doorways through Time » de 2009, Ashayana présente des informations provenant de l'Alliance des Gardiens sur la structure et le nombre de réalités probables.[60]

De même que l'âme n'est pas un concept abstrait, mais qu'elle possède sa propre structure physique et son positionnement, les probabilités qui existent et peuvent être vécues sont définissables et comparables. Dans cette conférence, ainsi que dans bien d'autres, nous découvrons des informations sur les codes de notre corps qui influencent notre déplacement dans le temps et la probabilité que nous vivons à un moment donné. L'un de ces codes nommé « Stalía » joue un rôle crucial dans ce processus. En apprenant à l'activer, nous pouvons progressivement prendre le contrôle de notre position sur la carte des probabilités temporelles et la modifier à notre convenance. En outre, Ashayana révèle une autre information importante sur cette thématique : le cristal Ékousha, également connu sous le nom de Graine de Lotus, qui fait partie de notre anatomie subtile. Ce cristal joue un rôle crucial dans la régulation des codes génétiques temporels dans l'ADN de toutes les espèces biologiques.[61] L'une de ses fonctions les plus importantes est de stocker des enregistrements de chaque aspect de l'existence, sous forme de cryptage vibratoire, incluant chaque événement, pensée, émotion et probabilité temporelle potentielle ou vécue. En effet, tout ce qui est issu de la création possède un cristal Ékousha, qui contient l'histoire de son évolution et de ses expériences. Nous provenons d'un cris-

---

60 Doorways through time, 2009, disk 1
61 Kethradon awakening, 2005, manual & disk 1

tal Ékousha commun et nous sommes incarnés dans des niveaux (des marches) dimensionnels inférieurs, tout en conservant les liens avec tous les niveaux que nous avons traversés.

Les Conseils Magistraux d'Adoné et d'Eiyané qui font partie de l'Alliance des Gardiens, indiquent que, suite à l'exercice de son libre arbitre, l'être humain, ainsi que la planète, le système solaire, la galaxie, le système Véca, et le système Ecka, pourraient rompre définitivement le lien avec leur cristal Ékousha, et perdre ainsi la mémoire de leur origine et de l'affinité avec leurs identités supérieures.[62] Nous ne pouvons pas être en dehors de la Source, néanmoins nous pouvons perdre la conscience de notre lien avec elle.

Contrairement à la conception moderne qui réduit l'homme à une simple graine perdue dans l'univers, les Enseignements de la Liberté considèrent que l'homme et tout le reste sont des manifestations individuelles de l'Unité, indéniablement liées, et partageant une source commune, l'Absolu. Lorsque l'homme prend conscience de sa relation incontestable et unique avec la Source, il n'a plus besoin d'intermédiaires pour communiquer avec elle. Il est personnellement responsable de cultiver et de préserver cette relation. Cela signifie qu'il ne se soumettra pas à une autorité religieuse ou autre. Au contraire, s'il en apprécie les mérites, il exprimera son respect et sa gratitude de la même manière qu'une manifestation divine le ferait à une autre. Une institution religieuse qui valorise l'égalité krystique de tous les êtres, n'encouragera jamais la servilité, la flatterie ou la dévotion inconditionnelle.

Les Enseignements de la Liberté défendent l'égalité entre les êtres de toutes les dimensions, basée sur le respect de soi et des autres personnes en tant que manifestations divines uniques et de valeur égale. Cette approche reconnaît que chaque être est une expression unique de la Source divine et mérite d'être traité avec dignité et respect. En étant localisés dans le premier univers harmonique, nous comprenons que chacun d'entre nous possède des parties dans les dimensions supérieures. Cela signifie que nous sommes tous égaux et que personne n'est plus important que l'autre. Les anges, les êtres humains et toutes les autres formes de vie sont des expressions uniques de la Source divine et méritent d'être traités avec respect et dignité. Les traditions religieuses qui élèvent certaines entités au rang de culte et exigent la soumission et l'adoration créent une distance entre nous et notre avatar krystique personnel, ainsi qu'entre nous et la Source. Les adeptes

---

62 Kethradon awakening manual, 2005, p.15

Adashi et les enseignants Eieyani ne se comportent pas de manière hautaine et n'exigent pas la soumission ni l'adoration. Au contraire, ils encouragent les gens à reconnaître leur propre force intérieure et à prendre la responsabilité de leur développement spirituel. Le fait d'élever quelqu'un au rang de culte et de lui obéir aveuglément est un refus de reconnaître sa propre valeur personnelle, et une tentative de se détourner du devoir lié à son cheminement spirituel. Les Gardiens n'encouragent pas ce comportement.

Imaginez qu'un avatar krystique souhaiterait aider l'humanité en révélant les talents uniques dont chacun dispose et en diffusant le message que tout le monde peut devenir comme lui, voire plus encore, en travaillant sur son propre développement. Rien ne nuirait plus à sa mission que si une organisation décide de l'élever au rang de culte et se prétend médiateur entre lui et les autres. Rien ne pourrait plus entraver sa mission que si cette même organisation cache les connaissances et les techniques qu'il a laissées derrière lui, notamment celles permettant aux gens d'intégrer **leur** propre avatar krystique. Les Enseignements de la Liberté dévoilent le pouvoir du son et proposent une approche différente de l'utilisation des mots, qui se distingue de celle des prières ou des mantras traditionnels. La perception commune de la prière consiste à s'adresser à un être extérieur, qui peut se faire passer pour Dieu ou pour un ange, en espérant que son pouvoir soit appliqué pour résoudre un problème particulier. En adoptant cette attitude, on refuse de reconnaître son pouvoir intérieur et on devient dépendant des faveurs de forces extérieures.

Dans les Enseignements de la Liberté, il convient de s'adresser à Dieu et à son avatar krystique avec politesse et respect, en sollicitant la co-création. La prière doit stimuler la créativité et offrir une vision plus large et élevée de la situation.

Les tonalités et les symboles utilisés dans le système Kathara sont considérés comme des êtres conscients. Le travail avec eux doit être respectueux et paisible.

Le son exerce un impact considérable sur chaque individu. A ce titre, les fréquences sonores peuvent être utilisées à la fois pour influencer positivement et négativement. Par exemple, les armes les plus puissantes sont les technologies sonores, appelées technologies photo-soniques qui ont la capacité de dématérialiser les objets ciblés. Chacune de nos pensées représente un modèle spécifique d'ondes scalaires et de fréquences sonores, que le champ morphogénétique, y compris notre corps, perçoit comme des programmes qui nous affectent directement. Du point de vue des champs morphogénétiques, ce que nous considérons comme des mots ordinaires sont en effet des programmes qui déterminent le mode de fonctionnement des objets. Si nous avons appris à penser que nous ne pouvons pas contrôler nos molécules d'ADN, nous mettons en place un programme qui nous empêche d'influencer la gestion de nos codes génétiques. Les pensées sont des entités très puissantes et leur utilisation appropriée est essentielle pour atteindre les résultats souhaités dans l'évolution spirituelle d'un individu.[63] De nombreuses traditions religieuses et le New Age, considèrent le mental et le corps comme des obstacles au développement spirituel. Dans les religions traditionnelles, il est couramment admis que le corps est fautif et sale, et que l'homme est un pécheur. Le New Age défend également l'idée que le mental est distinct de la spiritualité et qu'il n'est donc pas nécessaire d'apprendre sa structure, son emplacement, sa fonction, ni la connexion systémique entre les éléments qui le composent. Cependant, le Kathara et les Enseignements de la Liberté accordent une importance égale tant au corps mental qu'au corps physique, qui doivent être en interaction harmonieuse avec les autres corps subtils de l'homme. Si nous négligeons le mental et les notions essentielles telles que le nombre, l'emplacement et les particularités des chakras, les centres Kathara, les boucliers, la carte multidimensionnelle de l'univers, l'origine des races et leur histoire pré-ancienne, il sera très difficile d'atteindre les résultats souhaités. Le corps mental est une passerelle entre les corps subtils et le corps éthérique d'un être humain. Il est donc nécessaire de posséder une compréhension conceptuelle du savoir spirituel, et puis d'être capable de l'expliquer à soi-même pour le mettre en pratique de manière efficace.

Toutes les techniques de méditation présentées dans le Kathara requièrent un effort initial de visualisation. Après un certain temps d'application régulière, le corps et l'esprit s'adaptent et les techniques deviennent beaucoup plus faciles à maîtriser.

Les Enseignements de la Liberté ne conçoivent pas la prière comme un appel à l'aide désespéré, mais comme un outil puissant de co-création avec l'Absolu, l'avatar krystique, les races krystiques ou tout autre être avec lequel nous entrons en contact en prononçant des tonalités bien choisies.

La communication multidimensionnelle qu'une personne établit avec des races krystiques d'autres dimensions, avec lesquelles elle

---

63 E'Asha Ashayana, Engaging the God languages, 2005, p.24

partage une histoire commune, ressemble à une conversation entre de vieux amis, dont on ne se souvient pas. Les bons amis construisent leur relation sur une base de confiance, de respect, d'honnêteté et d'égalité. Les deux parties peuvent partager leurs expériences, leurs connaissances et leurs perspectives, et demander des conseils ou de l'aide. Les représentants des races krystiques considèrent chaque individu comme une manifestation divine unique et ne chercheront pas à résoudre vos problèmes à votre place. Au lieu de cela, ils vous aideront en vous fournissant des conseils, des suggestions et des techniques pour vous permettre de trouver vos propres solutions. Cette approche est similaire au principe qui consiste à enseigner à quelqu'un l'art de la pêche, plutôt que de lui fournir du poisson déjà préparé, ce qui le rendrait dépendant de votre aide et l'inciterait à vous considérer comme la seule source de subsistance. En effet, s'il s'habitue à recevoir du poisson de vous, il commencera à vous voir comme un moyen de secours, et il perdra ainsi son autonomie. L'égalité, la responsabilité individuelle et le choix personnel de participer à la communication avec un être multidimensionnel sont des caractéristiques essentielles de ce type de relation.

Dans de nombreux cercles du New Age et parmi les ufologues, on observe une tendance à la soumission chez la plupart des personnes qui sont en contact avec des anges ou des extraterrestres. Certaines races déchues aux intentions égoïstes, qui sont souvent au service de leurs propres intérêts, exploitent la naïveté et la vulnérabilité de ces individus. Ils les font croire qu'ils sont spéciaux et utiles, ce qui les amène à développer une attitude de dépendance et d'obéissance inconditionnelle. Lors de contacts avec des représentants de ces races, il est fréquent que ceux-ci ne répondent pas aux questions posées ou qu'ils ne respectent pas le droit du contacté de mettre fin à la communication s'il le souhaite. Ils manipulent leurs adeptes en ne leur fournissant que des informations partielles et incomplètes, ce qui empêche une compréhension claire de la situation. En revanche, les races krystiques traitent les personnes avec respect et dignité, sans créer de sentiment de supériorité ni de narcissisme. Dans ces contacts, la pratique habituelle est de s'intéresser à l'autre avec empathie et de l'aborder avec réserve et prudence. Si l'être en question a des intentions krystiques, il respectera nécessairement la vigilence et les limites de la personne. La communication avec les êtres krystiques est souvent accompagnée d'humour et d'une attitude chaleureuse qui met la personne à l'aise. Ils savent que les anges ne sont pas plus importants que les êtres humains, et ils le font comprendre dès le début de la prise de contact.

De plus, la mission de reconstruction krystique de la Terre et de restauration de son potentiel d'ascension ne peut être accomplie sans la présence d'êtres humains et d'indigos sur la planète qui détiennent des codes d'ADN appropriés, ainsi que la connaissance, ou tout au moins le sens intuitif, pour les utiliser. En conséquence, les habitants de la Terre et les races krystiques engagées dans le drame de notre matrice temporelle forment une équipe où chaque membre joue un rôle clé qui a été choisi librement. Sans la présence d'une équipe terrestre composée à la fois d'humains et d'indigos, le templar de la Terre ne pourrait pas être activé en sécurité. En outre, le récepteur de la Rivière de Krystal ne pourrait pas être connecté à la planète, et le complexe de cathédrales AL-Hum-Bhra n'aurait pas été mis en marche.

Le défi principal des humains, des indigos et des illuminati est qu'à leur incarnation sur Terre, ils perdent tout souvenir de leur propre origine, de la mission qu'ils ont choisie d'accomplir, et des personnes auxquelles ils sont associés.

Cette perte de mémoire est due aux dégâts que les boucliers de la Terre ont subis, qui bloquent l'intégration des fréquences supérieures provenant de notre identité multidimensionnelle et la communication à plusieurs niveaux. Beaucoup de personnes ont le sentiment que des événements spectaculaires et historiques se déroulent, mais il est très difficile de savoir exactement de quoi il s'agit, notamment si l'on ne renforce pas le lien avec son avatar krystique, avec sa sur-âme et avec son âme.

Nous nous interrogeons souvent sur la pertinence de chercher à en savoir plus sur nos vies antérieures ou futures. Est-ce que cela est sans danger ? Ou bien est-ce que nous avons le droit de chercher à accéder à ces informations ? Nous pouvons avoir l'impression que si elles ne sont pas accessibles, il vaut mieux ne pas les forcer, pour éviter de perturber notre équilibre intérieur.

L'oubli de nos vies parallèles n'est pas un état naturel pour l'homme, mais une privation imposée, puisque nous sommes nés sur une planète qui a subi des mutations, affectant ainsi toutes ses espèces biologiques. Dans le chapitre sept de ce livre, il est expliqué que le processus d'activation de l'ADN est lié à des périodes particulières qui devraient permettre l'intégration progressive des parties supérieures de notre être. Dans le processus naturel du développement, lorsqu'une personne intègre son âme, elle peut désormais accéder à la mémoire collective de ses onze autres personnalités qui la composent, ainsi qu'à leurs expériences. Pour cette raison, si un être humain cherche à connaître ses incarnations parallèles et qu'il ressent un fort besoin intérieur de le faire, l'utilisation des techniques sécurisées Kathara peut l'aider à la prendre conscience de ses autres vies et intégrer les expériences qui en découlent. La prochaine question logique qui se pose est donc la suivante: ce que je vois et ce que je ressens, est-ce vraiment moi-même ? Quel comportement adopter face à cette vie passée ou future ? Il est essentiel de garder à l'esprit que la personne que nous étions alors a évolué dans un contexte culturel différent, avec ses propres forces et faiblesses. Les choix qu'elle fait, les intentions qu'elle nourrit et les valeurs qu'elle défend sont le résultat de son parcours personnel et de son évolution. La réprobation ou la glorification d'une vie antérieure nous empêcheraient de comprendre la signification d'une incarnation donnée et la relation qu'elle entretient avec notre vie actuelle. Nous sommes libres de choisir de ne pas répéter les erreurs du passé. La meilleure façon de le faire est de connaître en détail les circonstances dans lesquelles elles ont été commises. Il est important de souligner qu'il n'est pas nécessaire de payer le karma accumulé à travers d'autres incarnations en revivant les mêmes circonstances traumatisantes. Le Kathara explique notamment comment purifier les empreintes miasmiques, qui représentent des programmes déclenchant certaines circonstances de déséquilibres provenant du passé ou de l'avenir. Chaque incarnation est un réservoir de connaissances et d'expériences que nous avons amoncelées et qui peuvent servir de soutien, d'inspiration et de réflexion.

Les Enseignements de la Liberté révèlent que nous ne sommes pas seuls dans l'univers, que nous ne l'avons jamais été et que nous ne le serons jamais. Ils existent des relations complexes entre les différentes races. Par ailleurs, le rôle de l'humanité est d'aider à restaurer les potentiels krystiques de la Terre et de toutes les espèces biologiques qui l'habitent et qui lui rendent visite. Ces connaissances révèlent une perspective anthropologique différente et montrent le lien des peuples de la Terre avec les autres collectivités stellaires. Lorsque nous percevons l'homme comme un être qui n'est pas au sommet de l'échelle de l'évolution, mais qui a aussi un grand potentiel d'évolution bio-spirituelle, nous commençons progressivement à développer un respect envers les plantes et les animaux, et nous ne les considérons plus comme de simples ressources à exploiter. Chaque planète et chaque système solaire constituent des êtres vivants dont le niveau d'évolution de la conscience est bien plus élevé que celui des humains. Les Enseignements de la Liberté nous révèlent comment apprendre à ressentir, à interagir et à communiquer avec toute forme de vie au sein de l'univers.

La connaissance sur l'existence de visiteurs extraterrestres sur Terre fait évoluer notre perception sur la religion et la mythologie. En effet, nous pouvons mieux comprendre nos ancêtres qui, très souvent, ne décrivaient pas de simples phénomènes naturels, mais documentaient des événements historiques réels de visites d'extraterrestres. Certains de ces visiteurs étaient des êtres krystiques bienveillants, tandis que d'autres étaient des représentants de races déchues. Les Enseignements de la Liberté proposent une image plus complète des religions sur Terre et révèlent des faits qui ne sont pas agréables à accepter pour la plupart des adeptes. Il est notamment important de comprendre que tous les anciens textes et toutes les traditions religieuses ont été altérés de manière incompatible avec l'esprit des messages initiaux afin de soumettre et de manipuler les autres. Si quelqu'un est prêt à suivre aveuglément des instructions qui vont à l'encontre de l'humanité, les Enseignements de la Liberté ne lui seront d'aucune utilité. Il existe une différence importante entre la soumission aveugle à une religion et la résonnance intérieure profonde qui émerge de l'authenticité et de la justesse inhérente à ses messages. Pour cette raison, l'on peut choisir d'être d'accord avec eux, tout en restant capable de discerner les valeurs qui conviennent le mieux à chacun. Les Enseignements de la Liberté s'adressent aux êtres qui sont à la fois chercheurs spirituels, visionnaires et créatifs, mais qui sont également rationnels, capables d'évaluer l'information et de la mettre en pratique lorsqu'ils l'ont comprise.

Dans tous les guides et conférences d'Ashayana, il est souligné que les systèmes Kathara et Tantriara, dans leur forme actuelle sur Terre, ne peuvent être ni démontrés ni contestés, tout comme les autres enseignements traditionnels et le courant New Age. Pour cette raison ils doivent être considérés comme une cosmogonie offerte à la société en tant que perspectives inspirantes qui incite à une recherche théorique approfondie. Le Kathara et le Tantriara proposent une approche détaillée, systématique et holistique, notamment pour les personnes intéressées par des techniques de guérison holistique et la compréhension de la dynamique énergétique entre les organismes. Ces enseignements contiennent et émanent le niveau de fréquences le plus élevé qui n'ait jamais atteint la Terre. La révélation de l'existence de 15 chakras primaires, et non seulement de 7, est essentielle pour comprendre l'anatomie subtile de l'être humain. En outre, elle explique comment chaque chakra fonctionne et comment il peut être utilisé à la fois comme vecteur d'énergie et comme porte d'accès à une dimension spécifique. Elle inclue également des connaissances sur les courants Merkaba et comment activer les corps subtils qui nous composent.

Les Enseignements de la Liberté s'adressent à chaque être humain, ainsi qu'aux représentants des races Indigo et Illuminati. Ces renseignements donnent l'opportunité à chacun, indépendamment de son origine et de ses liens avec les races stellaires, la possibilité de faire un choix personnel quant à la façon dont il souhaite vivre sa vie.

Lorsque nous comprenons comment la grille Kathara fonctionne dans notre corps et dans le templar de la Terre, le système solaire, la galaxie, les systèmes Véca, et Eckasha, etc, nous commençons à nous considérer comme une partie intégrante de ces systèmes et des processus qui se déroulent à toutes les échelles.

Chaque être biologique tend à vibrer à des fréquences spécifiques. En fonction de l'énergie qu'il choisit de laisser passer à travers lui, il influence la réalité qui l'entoure. Toute personne qui a une connaissance, même sommaire, des Enseignements de la Liberté, et qui adopte et applique leurs principes et méthodes, devient consciemment un porteur de lumière krystique. Ainsi elle commence à prendre part au grand drame dans lequel l'humanité a été impliquée et le sera encore pendant les 900 prochaines années. Le but de ces enseignements est d'élucider la structure et la mécanique de la création, de montrer les conséquences lorsque les énergies sont mélangées de manière non-naturelle, et d'enrichir notre perception pour mieux ressentir la connexion à la Source divine. Le Kathara et le Tantriara accordent une importance primordiale au rôle des différents arts en tant que manifestations sacrées de la créativité en association avec l'Absolu. Par exemple, la danse et tous les mouvements du corps, des mains et des pieds, créent des formes énergétiques. Lorsque l'on apprend à les maîtriser consciemment, en comprenant leur signification symbolique, on peut transformer la danse en un rituel de communication avec l'Absolu. Le savoir-faire sur la mécanique Merkaba et la capacité de contrôler les courants énergétiques qui permettent de se déplacer dans l'espace-temps et de canaliser des énergies krystiques spécifiques est expliqué en détail dans les quatre premiers niveaux du Kathara.

L'un des aspects les plus importants des Enseignements de la Liberté, y compris dans leur présentation publique, réside dans le fait qu'aucune information n'est épargnée sur l'histoire, sur les luttes religieuses, ni sur les véritables objectifs politiques de certains collectifs. Pour la majorité des gens, cette information peut paraitre à première vue effrayante, car dans la plupart des courants New Age les problèmes sont escamotés. Cependant, très souvent, ceux qui agissent de manière subversive et manipulatrice sont présentés comme des sauveurs et des anges-gardiens, alors qu'ils ne le sont pas. Dans les Enseignements de la Liberté, la grille Kathara est présentée comme une structure krystique authentique, contrairement à d'autres représentations de l'Arbre de Vie, qui ont été dénaturées. L'utilisation des champs merkaba dans des proportions non krystiques entraînent le blocage de l'Atome-Graine qui se trouve au point Azuré de notre corps, ce qui, relie la structure multidimensionnelle de l'être humain à un système fermé. Si une personne choisie sciemment ce destin, sa volonté est respectée. Néanmoins, lorsque la chute dans un trou noir est présentée comme une ascension, il s'agit d'une manipulation déloyale qu'Ashayana et l'Alliance des Gardiens ont pour obligation de dénoncer. Seul un choix éclairé et informé est vraiment libre. La présentation de ces informations vise à sensibiliser les adeptes de ces enseignements et de ces êtres, plutôt que de les attaquer. C'est pour cette raison que certains ateliers approfondissent le rôle des races et des structures intergalactiques dans le spectre cosmique multidimensionnel, ainsi que les conséquences de l'application des différentes mécaniques Merkaba.

La présentation de ces informations, ainsi que les relations historiques complexes entre les humains, les anunnaki, les draconiens et les indigos, a également pour objectif de mettre en lumière la présence de plusieurs races sur Terre, incarnées dans un corps humain et montrer à quels collectifs stellaires elles sont associées. Nous venons tous de quelque part et sommes liés à des familles stellaires qui existent sur plusieurs niveaux interdimensionnels. Pour ceux qui ont un codage indigo prononcé, il est probable que ces informations seront beaucoup plus faciles à admettre que pour d'autres. Pour ces derniers, de tels sujets peuvent paraître éloignés et même effrayants. Cette remarque n'a pas pour but d'élever un groupe de personnes au rang d'élite, mais de fournir une explication sur la raison pour laquelle certains individus comprennent plus facilement ces concepts que d'autres. Le conformisme n'est pas soutenu par les êtres krystiques, puisqu'il contredit le principe selon lequel nous sommes tous des manifestations divines.

L'élitisme et la distinction sociale sont des caractéristiques intrinsèques des civilisations déchues qui ont laissé une marque indélébile sur la formation d'une culture de division, qui continue de se manifester aujourd'hui dans toutes les sociétés sur Terre.

Nous sommes tous égaux en importance et en signification, mais nous nous trouvons à des stades différents de notre évolution et avons des rôles distincts à jouer. Chacun de nous a choisi une mission et un rôle spécifiques à remplir. Quelle que soit notre origine, nous avons tous le pouvoir de décider comment nous voulons vivre et quels principes nous voulons suivre. L'intégration des Enseignements de la Liberté dans une société entraînera inévitablement une nouvelle forme de relations entre les individus, une nouvelle façon de se connecter à la Terre et à tous les êtres vivants. Cela signifie que les sociétés qui adopteront les principes krystiques naturels transformeront profondément leurs systèmes socio-économiques et politiques pour être conformes à la loi de l'Unité.

CHAPITRE 5

L'histoire pré-ancienne de l'humanité

Les Enseignements de la Liberté accordent une importance capitale à l'histoire de l'humanité et à ses interactions avec les races stellaires qui résident sur Terre et dans l'ensemble de l'univers.

Il est légitime de nous interroger sur la question suivante : pourquoi est-il si important pour une communauté de connaître sa véritable histoire ? En effet, l'histoire d'un peuple représente la manifestation concrète de son programme karmique. Ceux qui la maîtrisent sont conscients des défis à long terme que doit relever un collectif donné, ainsi que des obstacles à surmonter, et des faiblesses à dépasser. L'histoire d'un peuple recèle ses erreurs et ses triomphes, ses moments de crise, mais aussi ses moments de gloire. Elle représente à la fois la richesse, l'appui et le repère pour l'évolution d'une communauté.

Le désir de manipuler l'histoire repose sur l'envie de dominer un groupe, de l'opprimer et de l'asservir mentalement. L'expression que « l'histoire est écrite par les vainqueurs » n'est pas apparue par hasard. Il est de connaissance générale que lorsqu'une nation conquiert une autre, la première prend aussitôt des mesures pour déformer les événements de manière que les générations de la nation soumise n'aient plus la possibilité de comprendre en profondeur les causes de leur défaite. Cela les empêche de résoudre le nœud karmique qui les entoure et de gagner leur liberté.

La suppression de la mémoire d'un peuple concernant ses origines est une mesure monstrueuse qui inflige une blessure profonde. C'est comme un bandeau sur les yeux qui l'empêche de poursuivre sa voie et accomplir les tâches qui lui incombent. Cependant, la modification de l'histoire peut causer une peine encore plus grave et traumatisante. Ainsi, un peuple risque de s'approprier le passé de ses esclavagistes, en oubliant sa culture et en effaçant sa propre identité, au point de détruire sa raison d'être.

Il est regrettable que de telles déviations ont eu lieu et continuent de l'être, laissant de nombreuses personnes avec le sentiment d'appartenir à un passé qui n'est pas véritablement le leur. Des générations entières ont été conditionnées pour adhérer à des actes qui n'ont pas été commis par leurs ancêtres, mais par leurs oppresseurs.

L'histoire est aussi une passerelle envers nous-mêmes. Concrètement, le fait de la connaitre crée un lien énergétique avec nos incarnations dans d'autres époques. Comme nous l'avons vu au chapitre 3, la structure multidimensionnelle de l'homme se compose de 1 728 personnalités incarnées simultanément à des moments historiques différents. Cela implique que nous sommes liés de manière karmique à ces personnalités, qui continuent d'exister **aujourd'hui**, et qu'elles influencent notre vie, tout comme nos expériences affectent la leur. Les choix que nous faisons dans cette incarnation sont décisifs pour toutes nos vies passées et futures, puisque nous sommes au cœur de l'un des plus grands nœuds karmiques, non seulement de notre planète, mais aussi de notre système solaire et la galaxie toute entière. Dès lors, l'histoire est toujours vivante, ce qui signifie qu'il est primordial de savoir si nous nous sommes connectés à la bonne époque et si nous disposons d'informations exactes sur les véritables évènements, et sur les circonstances et la manière dont ils se sont déroulés.

La répartition des incarnations d'un être multidimensionnel n'est pas aléatoire. Elle est en réalité régie par un processus mathématique précis qui détermine la naissance d'une personne à un moment donné de l'histoire. Cependant, ce schéma n'est pas immuable ni obligatoire. Il dépend de la volonté de chacun, car nous vivons dans une matrice temporelle au sein de laquelle le respect du libre arbitre est une règle fondamentale. Les paragraphes qui suivent proposent un aperçu du système d'organisation des vies individuelles à travers les différentes périodes temporelles.

À mesure que l'on remonte dans le temps, l'histoire prend une importance cruciale pour notre psyché et pour notre façon de percevoir le monde qui nous entoure, ainsi que notre rôle dedans. En revanche, il devient de plus en plus difficile de discerner les véritables événements qui se sont produits. Ce n'est pas un hasard si tous les livres sacrés ne représentent rien d'autre qu'une histoire qui est arrivée, ou que l'on fait passer pour être arrivée, à un groupe de personnes dans le passé.

En effet, il existe une raison bien précise qui explique pourquoi la découverte de l'histoire pré-ancienne de l'humanité, ainsi que celle des autres races stellaires, de la Terre, du système solaire, de la galaxie et de notre univers ne se fait que maintenant, à notre époque. Depuis l'an

2000, des informations de haute fréquence provenant de niveaux supérieurs de cosncience affluent sur la Terre et sont devenues accessibles à tous. L'humanité se trouve à la croisée de son passé, de son présent et de son avenir lointain. Les évènements qui vont suivre à partir de maintenant auront un impact décisif sur le cours de l'évolution de l'humanité tout entière et sur les chemins que chaque être décidera d'emprunter au cours des prochains milliards d'années.

La diffusion de ces informations par le porte-parole de l'Alliance des Gardiens et des Conseils des Maîtres d'AL-Hum-Bhra, E'Asha Ashayana, vise à offrir la possibilité de prendre une décision éclairée dans ce moment crucial. Il est important de souligner ici que l'ampleur de ce drame ne doit en aucun cas être interprétée comme une incitation à la peur, au désespoir, ou encore moins au suicide. Au contraire, le corps humain s'avère le meilleur moyen pour surmonter les mutations de l'ADN. Au fait, ce n'est pas l'ego mais l'âme, la sur-âme ou l'avatar qui détermine le moment et le lieu du départ du corps, et personne n'en est averti d'avance. Si le karma d'une personne, d'une famille, d'une nation, d'une race, ou d'une planète commence à se délier soudainement, cela signifie que des événements bouleversants vont survenir. Lorsque cela arrive, des traumatismes et des douleurs psychologiques peuvent émerger, conduisant à des voies destructrices et à des généralisations erronées. Il suffit de se rappeler les leçons de notre récent passé tragique, lors de la Seconde Guerre mondiale, lorsque les peuples d'Europe n'ont pas réussi à comprendre les causes et à guérir les plaies de la Première. Chaque guerre inflige une blessure profonde à l'humanité tout entière. Chaque oppression et asservissement d'un peuple ou d'un groupe de personnes a des réplications néfastes pour nous tous. Cependant, l'expansion de la conscience nous rend de plus en plus sensibles aux problèmes d'autrui.

Des informations approfondies sur les origines et les caractéristiques génétiques de certains groupes de personnes et de peuples ont été soigneusement gardées secrètes pendant des milliers d'années. Sachant que le fonctionnement de codes d'ADN spécifiques aurait une incidence directe sur l'activation des portails stellaires du templar de la Terre, il devient plus facile d'expliquer l'acte monstrueux que constitue le génocide à l'encontre d'un peuple ou d'une race entière. Les phénomènes criminels aussi inhumains tels que le racisme ou le génocide, ne sont pas dus à une haine aveugle envers un groupe racial ou ethnique particulier, mais à des actions délibérées ayant pour but d'exterminer des potentiels génétiques pour entraver l'évolution de la Terre et de l'humanité. Il existe une raison profonde, mystique et pourtant logique à cette aversion. Pour la comprendre et l'adresser, il est nécessaire de connaître l'histoire et les relations entre les différentes races stellaires, ainsi que leurs motivations pour interagir avec les habitants de la Terre. En outre, il est nécessaire de connaître les fonctions des codes génétiques de chaque peuple, ainsi que le mode opératoire du templar de la Terre. De cette manière, nous pourrons percevoir les vraies raisons derrière les conflits qui se déroulent depuis l'Antiquité jusqu'à nos jours, plutôt que de nous concentrer sur les opportunités favorisant de nouvelles attitudes agressives les uns envers les autres. Lorsqu'une seule personne active les potentiels de son ADN, ceux-ci deviennent disponibles pour tous, car ils sont envoyés dans le noyau de la Terre et distribués dans le bouclier racial qui nous relie. Il convient de noter, par ailleurs, que certains êtres et collectifs utilisent les biochamps des humains à des fins d'observation, de collecte d'informations et d'accès à des centres énergétiques de la Terre.

En raison des particularités de la génétique humaine, il est évident que le racisme n'est pas fondé sur une hostilité aveugle. De même, l'humanisme et la tolérance ethnique ne sont pas une vertu absolue. L'amour et le respect du droit à l'existence de tout être vivant sont des attitudes krystiques qui reconnaissent la signification et la divinité de chaque personne, et de chaque plante, animal ou extraterrestre. La préservation et le développement culturel d'une tribu ou d'un peuple sur Terre ont très souvent des implications pour la conservation des codes d'ADN d'autres races stellaires dans l'univers. À titre d'exemple, ces codes peuvent se révéler indispensables pour activer certains points du réseau énergétique de la Terre, même après de nombreuses années d'inactivité. Notre capacité à intégrer les événements en profondeur et à chercher en nous-mêmes les raisons pour lesquelles nous nous trouvons dans un contexte historique en particulier, est essentielle pour comprendre et délier un nœud karmique, et optimiser notre évolution.

Le développement spirituel d'un individu ou d'un groupe de personnes passe par la connaissance de l'histoire et par l'intégration des leçons qui n'ont pas été tirées à une époque donnée.

Lorsque nous commençons à comprendre la nature du temps et son lien intrinsèque avec l'espace, il devient évident que l'histoire est toujours vivante. Davantage encore, si certaines conditions sont réunies et à l'aide de connaissances précises, elle peut même être modifiée. Les thématiques concernant l'histoire de l'humanité et la mission sacrée des êtres humains en tant que gardiens du templar de la Terre et du templar de la galaxie sont abordées par E'Asha Ashayana dans les livres et les ateliers suivants :

Livres

Voyagers - The secrets of Amenti, 2002

Dance for life manual, 2002

12 tribes transcripts, 2007

Ateliers

Amenti Series-1 Classes. Keylontic science explained, 1998

Awakening the Flame of Orion, 2000

Holy grail quest, 2000

The Lemurian and Atlantian Legacies, 2001

Forbidden Testaments of Revelation, 2003

Dance for Joy I (First HeTharO), 2003

L'Origine de l'humanité

Ashayana partage les informations des plaques Dora Téhoura, qui indiquent que la race Humaine, également connue sous le nom de Turaneusiam, a été créée il y a 560 millions d'années dans le 2e univers harmonique sur la planète Tara.[64] Il s'agit de la 5e porte stellaire galactique de notre système, qui correspond à la Terre, dans sa version au sein de la 2e densité de notre matrice temporelle à 15 dimensions.

Les Turaneusiam ont été conçus pour aider à surmonter les blocages génétiques des races stellaires avancées, pour être les gardiens de Tara et jouir d'un contact intergalactique et inter-dimensionnel ouvert avec de nombreuses autres civilisations.[65] Pendant environ 10 millions d'années, les humains de Tara vivaient en harmonie et évoluaient avec succès. Peu à peu, ils ont commencé à s'unir avec des êtres dont les codes génétiques étaient incompatibles avec les leurs. Cet acte à l'encontre de la nature a eu des conséquences dévastatrices sur le gênome et les champs bioénergétiques des Turaneusiam, leur fermant progressivement l'accès aux dimensions supérieures et réduisant leurs capacités intellectuelles. Ainsi, les humains ont développé

---

64 E'Asha Ashayana, Voyagers 2 - Secrets of Amenti, Granite Publishing, 2002, p.2-9

65 E'Asha Ashayana, Voyagers: Sleeping abductee I, Wild Flower Press, 2002, pp.39-42

un comportement de plus en plus primitif, agressif et dominateur envers d'autres espèces.

A la suite de la destruction de Tara il y a 550 millions d'années, le Soleil et les planètes de notre système solaire ont subi des transformations considérables. Leurs champs morphogénétiques se sont accordés à une étoile préexistante dans le 1er univers harmonique. Cela signifie que les planètes de notre système solaire n'ont pas évolué naturellement dans le 1er univers harmonique, mais en raison de ce cataclysme, elles y sont descendues à partir du 2e univers harmonique. Ainsi, les âmes des Turaneusiams ont été contraintes de s'incarner dans des corps du premier univers harmonique, et cela s'est produit sur Terre.

Les 12 tribus

En raison des problèmes survenus sur Tara, les créateurs des Turaneusiam ont décidé de lancer une nouvelle expérience qui consistait à installer l'humanité sur Terre. Cette fois-ci, l'expérience s'est déroulée plus lentement, car il fallait diviser l'empreinte génétique en 12 sous-empreintes. Chacune de ces sous-empreintes a été utilisée pour concevoir une sous-espèce distincte de Turaneusiam. Ainsi, un total de 12 groupes a été formé, chacun ayant comme fonction de stimuler la biogénération d'une partie de l'ADN humain. Ces collectifs sont décrits dans les plaques Dora Téhoura et présentés par Ashayana comme « les 12 tribus ». Chaque tribu possédait son propre nom et suffixe, qui constituaient des appellations tonales des programmes génétiques contenus dans le modèle d'ADN correspondant.[66] La pronociation de ses tonalités par les descendants respectifs déclenchait l'activation de leur modèle d'ADN et l'émergence progressive de leur mémoire raciale collective. Ensuite, ils commençaient à se rappeler de la mission de leur tribu, et de celle de la race Humaine dans son ensemble. Cette activation se poursuivait par des rituels de tables rondes, auxquels la légende du roi Arthur fait allusion.

Les noms et les suffixed des 12 tribus sont indiqués dans les livres d'Ashayana « Voyagers. Secrets of Amenti » et « Master Templar mechanics, first level ». Chacune des tribus a été établie à proximité d'un portail stellaire et d'une zone marquée par le templar de la Terre. Par exemple, la première tribu a été installée à proximité du premier portail stellaire et de la première zone marquée par le templar, la

---

66 E'Asha Ashayana, Master Templar mechanics, level 1, 2001, p.8

78

dixième tribu - autour de la dixième porte des étoiles, dixième zone marquée par le templar, et ainsi de suite.

Les noms des tribus sont les suivants :

1er tribu: Izoutou Ishou - Our

2e tribu : Maahali Broué – El

3e tribu : Amekasan Etour – Do

4e tribu : Nouagou Hali – Ka

5e tribu : Yonatu Etila – Ehou

6e tribu: Ramyana Shridveda – Um

7e tribu: Makhata Agra – Ohé

8e tribu: Tchiya Zoun Zan La Young – Om

9e tribu: Yu-houn Zouhou Zen – Ki

10e tribu : Maha Houta – Khou

11e tribu : Zephar Douhoun Atour – Da

12e tribu : Araya Zourta – Ra

A présent, tous les humains possèdent l'empreinte génétique de chacune des tribus, y compris les codes inversés des anunnaki et des draconiens. Pour cette raison, l'utilisation de la combinaison des noms de la douzième et de la première tribu, notamment « **Araya Zourta Ra, Izoutou Ishou Our** », constitue un chant sacré qui permet d'activer l'ensemble du bouclier racial humain, quel que soit l'origine tribale de l'individu. L'utilisation de ce « psonn », ou chant sacré, est essentielle pour activer l'ADN et pour travailler ultérieurement avec la mécanique Merkaba.

Cependant, les 12 sous-empreintes, correspondant aux 12 brins d'ADN humain et permettant l'accès vers chacune des 12 dimensions, étaient polarisées. Cela signifie que les 12 tribus devaient affronter la dualité et les altérations accumulées au sein de leurs codes génétiques. Lorsqu'une tribu surmontait les blocages, elle était prête à se lier avec une autre tribu qui aurait accompli la même chose. De cette manière, le code génétique humain pouvait être purifié des éléments altérés issus de mutations animales et extraterrestres imprévues. Le plan de l'évolution humaine, ayant pour but de restaurer l'éclat de la matrice silicate du génome humain[67] aurait besoin de plusieurs centaines de milliers d'années pour s'accomplir.

Dans la première partie de l'ouvrage « Voyageurs », Ashayana dévoile l'interprétation symbolique de l'histoire d'Adam et Ève figurant

---

67 E'Asha Ashayana, Voyagers: Sleeping abductee I, Wild Flower Press,2002, pp.39-42

dans la Bible. En effet, ce récit sur l'origine de l'homme met en exergue la polarisation des sous-empreintes de l'ADN humain, qui a conduit à la formation de 12 brins répartis en 12 tribus. La suggestion erronée que le sexe masculin est supérieur au sexe féminin, qui est encore d'actualité aujourd'hui, est le résultat d'une distorsion profonde de la culture humaine. Cette détérioration a entraîné des relations sociales déséquilibrées, telles que l'agressivité, le comportement irrespectueux, ainsi que les accusations de péché. Le maintien de cette interprétation déformée vise à stimuler le conflit intérieur, qui se reflète également dans les 12 empreintes d'ADN humain. Cela a mené vers une évolution collective incomplète et vers des affrontements incessants entre les peuples. La première partie du livre « Voyageurs » révèle que, tout au long de l'histoire, des groupes particuliers de races stellaires entraient en contact avec les différentes cultures humaines sur Terre pour influencer leur développement. Selon Ashayana et l'Alliance des Gardiens, la théorie des anciens astronautes est assez exacte.[68]

L'installation initiale des humains s'est effectuée sur la Terre Parallèle,[69] il y a 250 millions d'années. Notre Terre aurait dû être peuplée peu de temps après. Néanmoins, une invasion soudaine de la Terre Parallèle par des races déchues, a pris l'Alliance des Gardiens par surprise, reportant ainsi l'installation de 225 millions d'années. Cette longue période d'inoccupation de la Terre était due au fait que l'invasion de ces êtres déchus aurait interféré avec la mission de restauration des potentiels krystiques de la Terre et du templar de l'ensemble de notre système Véca.

L'histoire de l'humanité sur Terre est marquée par trois vagues d'installation de la race Humaine Angélique. Actuellement, nous sommes dans la troisième et dernière vague.[70]

Le premier peuplement s'étale de 25 millions d'années avant J.-C. jusqu'à 5,5 millions d'années avant J.-C. C'est à cette époque que l'humanité a été anéantie suite à un conflit cataclysmique entre les races des univers harmoniques supérieurs. Cette période est référenciée dans les plaques Dora Téhoura sous le nom de « Guerres élec-

---

68 Ibid.

69 Pour en savoir plus sur la Terre Parallèle, consultez l'atelier «Holy grail quest», 2000, disque 3

70 Voyagers 2 - Secrets of Amenti, Granite Publishing, 2002, pp.9-70 71
Voyagers 2

triques ».[71] Elle est également évoquée dans les traditions de nombreuses tribus, comme les Hopis d'Amérique du Nord, qui l'appellent dans leurs légendes « Kuskurza -Troisième Monde ». Pour en savoir plus sur ce premier peuplement et sur sa fin désastreuse, vous pouvez consultez le livre « Voyageurs. Les secrets d'Amenti ». Le deuxième peuplement de la Terre s'est déroulé entre 3,7 millions et 846 000 avant J.-C. Il a pris fin à la suite d'une guerre mondiale connue sous le nom de « Guerre de mille ans » dans les plaques Dora Téhoura. Cette période apparait dans les légendes d'un grand nombre de tribus en tant que « Quatrième Monde ».

Le troisième peuplement, auquel nous appartenons, est la dernière tentative pour accomplir la mission de la race Humaine. Il débute en 798 000 av. J.-C. avec le premier cycle de la lignée claustrale humaine angélique de Palaida-Urtite.[72] Le troisième peuplement s'étale à travers quatre cycles temporels d'évolution interdépendants sur le plan karmique, qui accueillent les identités de notre âme, de notre sur-âme et de notre avatar. La plupart des réincarnations des habitants de la Terre s'exerce dans les cadres spatio-temporels suivants :

1. Le premier cycle s'étale entre 798 000 av. J.-C et 208 216 av. J.-C.

2. Le deuxième cycle s'étale entre 208 100 av. J.-C. et 75 000 av. J.-C.

3. Le troisième cycle s'étale de 73 000 av. J.-C. et se poursuit dans le futur.

4. Le quatrième cycle commence en 71 000 av. J.-C. et se poursuit dans le futur.

Selon Ashayana, dans chacun de ces quatre cycles, les humains sont chargés de reconstituer une certaine quantité de fréquences multidimensionnelles dans la grille de la Terre. Pour cette raison, chaque période de l'histoire revêt une importance particulière pour l'accomplissement de la tâche sacrée de l'humanité, qui est de restaurer les potentiels krystiques de la planète. Dans ce contexte, l'objectif principal de ce livre est d'orienter le lecteur vers les sources qui contiennent des informations provenant des Enseignements de la Liberté. Il vise à les présenter de manière synthétique et aussi précise que possible,

---

71 Voyagers 2 - Secrets of Amenti, Granite Publishing, 2002, pp.9-26; Secrets of Lemuria & the ancient Eieyani, audio disk 5

72 Voyagers 2 - Secrets of Amenti, Granite Publishing, 2002, pp.290-293 & pp.328-333

afin d'orienter les futures recherches de ceux qui en ressentent un désir spirituel profond.

Derrière chaque évènement historique se cachent des raisons spécifiques et un contexte sous-jacent. Les Enseignements de la Liberté offrent une perspective globale sur l'histoire de notre matrice temporelle dont la création remonte à 950 milliards d'années. Ils retracent les origines de toutes les races de l'univers pour arriver aux trois races Fondatrices : Elohay-Elohime, Séraphay-Séraphime et Braharama. Selon les plaques Dora Téhoura, notre univers est bien plus ancien que les 13,7 milliards d'années supposées.[73] Cependant, le présent livre ne se propose pas de détailler l'histoire des races stellaires. Les sources citées en notes de bas de page, permettront au lecteur de se familiariser avec leur localisation, leur type, leur origine et leurs relations réciproques. Comme mentionné plus haut, l'origine de la lignée humaine angélique dans l'univers remonte à 560 millions d'années. Son berceau se trouve sur une planète appelée Tara, située dans le deuxième univers harmonique (4e, 5e et 6e dimensions).[74] Les humains ont été créés par les Oraphimes pour promouvoir la paix dans l'univers, et en particulier pour mettre fin à la guerre entre les races déchues Omicron-Draconiennes et Annu-Elohime. En nous appuyant sur un nombre d'icônes et de mythes, nous pouvons percevoir et ressentir la résonance de ce conflit qui ne reflète pas un comportement krystique, mais une lutte pour conquérir le vaste territoire de notre système Ecka-Véca. La guerre entre ces races remonte à 250 milliards d'années et s'étend à tous les niveaux jusqu'à la 12e dimension krystique. Les humains ont été voués à devenir gardiens du templar de l'univers et à accompagner les races Azurites dans la reconstitution de la paix au sein de la galaxie. Le but ultime était d'aider tous les êtres déchus à retrouver leur potentiel d'ascension et à cesser les affrotements, en apprenant à vivre en harmonie selon les principes krystiques et la loi de l'Unité.

Comme nous l'avons évoqué précédemment, le nom de la race Humaine Angélique de Tara est Turaneusiam. En langue anuhazi cela signifie « Enfants des êtres lumineux ».[75] Il est important de noter ici que la lignée génétique humaine **n'est pas et n'a jamais été** issue des

---

73 E'Asha Ashayana, Voyagers 2, Secrets of Amenti, Granite Publishing, pp.261-310, 2002; E'Asha Ashayana.Dance for life manual, 2002

74 E'Asha Ashayana, Dance for life manual, 2002 p.131

75 Traduction de "Children of the Lighted ones", E'Asha Ashayana, Voyagers: Sleeping abductee I, Wild Flower Press,2002, p.165

anunnaki. Les humains ont été créés sous une forme génétiquement améliorée, qui avait la capacité de permettre aux consciences de nombreuses races stellaires de naître et de restaurer leur potentiel d'ascension. Cette caractéristique avait rendu la génétique de la lignée humaine angélique très attractive pour de nombreuses races déchues. Les humains étaient vulnérables aux attaques extérieures, mais également aux interférences internes orchestrées par des membres de races qui avaient l'opportunité de naître dans des corps humains ou d'influencer les champs bioénergétiques des humains à distance. Les anunnaki figurent parmi les lignées génétiques qui ont besoin et qui aspirent à entreprendre la voie de la biorégénération, c'est-à-dire le retour aux fréquences krystiques. Cependant, pendant des millions d'années, ils ont trahi l'humanité et les races Indigo à des tournants décisifs de l'évolution, comme l'attestent les conférences d'Ashayana.[76] Le dernier acte déloyal de la part des races Anunnaki remonte en septembre 2000, date à laquelle ils ont rompu les accords formels de Pléiades-Sirius et le Traité d'Altaïr, conclus en 1992. La majorité des anunnaki s'est associée avec les races Draconiennes déchues au sein d'une alliance connue sous le nom de Résistance Usurpatrice Unie.[77] Cette coalition d'êtres déchus a déclaré la guerre aux races Gardiennes, y compris aux humains indigo.[78] En 2005, les légions Anunnaki, qui se proclamaient avec arrogance « maîtres de l'univers », ont découvert que des groupes d'êtres déchus du système Ékasha-É parallèle, avec lesquels ils s'étaient alliés contre les Gardiens, avaient l'intention de les assimiler. A la suite de ces évènements, ils ont de nouveau sollicité l'aide des races krystiques.[79]

Au fil de l'histoire, le projet krystique visant à aider l'humanité et les divers collectifs stellaires à retrouver leurs potentiels d'ascension s'est heurté à des problèmes et à des complications catastrophiques.

Les ateliers d'Ashayana et des Gardiens dévoilent clairement[80] que la race Humaine avait perdu ses capacités, ou plutôt qu'elles lui ont été retirées, en raison d'interférences électromagnétiques négatives et

---

76 The Lemurian & Atlantian Legacies, 2001

77 Traduction de l'anglais ''United Intruder Resistance''

78 E'Asha Ashayana, workshop - "The Arthurian Roundtables - Nibiruian Checkerboard Mutation", 2001, disk 1

79 Pour plus de détails sur ce tableau politique dynamique et multidimensionnel, voir l'atelier «Whispers of the Rasha ReishA, Revelations of the Unspoken Ones, the HaahTUrs and the HUB» 2005

80 Keylontic Science explained, 1998; The Lemurian & Atlantian Legacies, 2001

intentionnelles. Ces actes avaient pour but d'altérer l'ADN biologique des humains afin de compromettre leur mission.

Pendant des centaines de milliers d'années, l'humanité s'est retrouvée déconnectée de ses racines, de ses origines et de ses grandes qualités. Cela a été accompli en endommageant le génome humain afin de bloquer la capacité des gens à percevoir les dimensions supérieures. Ainsi, de nombreux collectifs d'extraterrestres aux agendas variés ont cherché à se présenter comme des dieux aux humains vulnérables, à démontrer leur supériorité technologique et scientifique, et à les convaincre qu'ils sont leurs ancêtres, en déformant ainsi leur histoire. L'une des contre-vérités manipulatrices les plus populaires sur les origines des humains est que ceux-ci seraient les descendants des races Anunnaki, et qu'ils auraient été créés pour exploiter de l'or. Cette information n'est pas historiquement exacte, comme le révèlent les conférences et les livres d'Ashayana.[81] À une époque où les humains possédaient une mémoire collective de leur origine et de leur passé, ils ont accepté d'accompagner une partie des races Anunnaki dans le rétablissement de leur potentiel krystique. Cela a conduit à l'émergence des Cro-Magnon, il y a plus de 250 000 ans, dont on retrouve les squelettes aujourd'hui. Ces créatures possédaient le matériel génétique de quatre espèces biologiques distinctes, dont celui de l'homme, des Anunnaki et de deux espèces de singes.

Pendant des dizaines de milliers d'années, ces espèces ont été améliorées génétiquement jusqu'à ce qu'elles puissent procréer avec les humains. Cette compatibilité a rendu les humains vulnérables, notamment lorsque des races extraterrestres des dimensions supérieures ont commencé à inciter les races Léviathan - des lignées génétiques de Cro-Magnon améliorées, à capturer les femmes humaines et à éliminer les hommes. Les générations qui ont suivi avaient une génétique hybride qui a progressivement transformé la culture humaine originelle, caractérisée par l'abondance, la paix et l'égalité en une culture léviathane, fondée sur la restriction, la domination et la subordination par la division.

Ainsi, la race Humaine a été transformée de gardienne du Templar de la Terre, destinée à guérir une multitude de civilisations et rétablir leurs potentiels krystiques, en une race asservie, utilisée comme ressource pour l'extraction de l'or, de main d'œuvre et de matériel génétique. Toutefois, ces temps touchent à leur fin ! Il convient de noter

---

81 The Lemurian & Atlantian Legacies, 2001, disk 4

ici que les Enseignements de la Liberté soulignent que l'humanité est issue de races extraterrestres, mais que tous ceux qui prétendent être nos ancêtres ne le sont pas en réalité.[82]

Lorsque nous parlons de la race Humaine, aujourd'hui, nous devons nous rappeler que les êtres humains sont des représentants de plusieurs races stellaires, combinées en une multitude de formes génétiques et incarnées dans des corps humains. En effet, chaque personne est issue d'une famille stellaire qui lui est propre. Parallèlement aux races stellaires qui manipulent le génome et l'évolution des humains d'une façon négative, il existe des races qui aident à la biorégénération de l'ADN humain et à la restauration de ses potentiels. Ces races bienveillantes sont appelées « races krystiques ». Lorsqu'un individu est conscient de cette lutte et de la manière dont elle se déroule, il peut prendre position et contribuer consciemment à une biorégénération et à un développement spirituel plus efficace et harmonieux. Dans l'histoire de chaque civilisation, il existe des tournants décisifs qui orientent le cours de son développement vers l'ascension ou vers la chute. Il s'agit d'événements clés qui déterminent quel type de pouvoir prédomine sur Terre, quels idéaux et quelles valeurs sont divulgués parmi les peuples.

L'un de ces événements marquant de notre histoire pré-ancienne échappe encore à l'archéologie moderne et constitue une partie obscure du subconscient collectif de l'humanité. Cet épisode est enregistré dans les plaques Dora Téhoura comme la « Chute de Brenway », et s'est produit au cours du dernier cycle complet d'activation stellaire du templar de la Terre, en 208 216 avant J.-C. Le drame entourant ce cycle est relaté en détail par E'Asha Ashayana. Les informations proviennent à la fois des plaques Dora Téhoura et de ses souvenirs personnels d'incarnation à cette époque. Le lecteur pourra trouver plus d'informations dans les ateliers et livres suivants :

Ateliers:

Egyptian lectures- awakening the flame of Orion - March 2000, Egypt, disk 1&2

The Lemurian & Atlantian Legacies - April 2001, New York, disk 4

Secrets of Lemuria & the ancient Eieyani - May 2001, Hawaii

Cosmic Clock Reset - October 2003, Phoenix, disk 1&2

Elemental Commands, Cellular Secrets. Aurora Potential Glass towers, crystal canyons and the aurora force - May 2006

---

82 Pour en savoir plus sur les origines de l'homme, voir le guide Dance for life, pp.131-156

Livres:

Voyagers 1 - The sleeping abductees, Wild Flower Press, 2002
Voyagers 2 - Secrets of Amenti, Granite Publishing, 2002

Après leur création, les douze plaques Dora Téhoura avec leurs douze boucliers ont été confiées à l'humanité, et plus particulièrement à la lignée Urtite de la race Humaine en 246 000 avant Jésus-Christ. A cette époque, les Maharajis de Sirius B ont offert la possibilité aux races de la Terre d'adhérer au Traité d'Émeraude[83] et de rétablir la paix entre elles.

À partir de ce moment, les humains ont été acceptés comme gardiens conjoints du Templar galactique, aux côtés des races Azurite de Sirius B.

Les humains angéliques de la Terre à cette époque utilisaient des fréquences mahariques et étaient « bréthériens » - ils se chargeaient de l'énergie de l'atmosphère, ainsi que de la lumière du soleil, et ne consommaient pas de plantes ni d'animaux. Ils pratiquaient des rituels de « salutations »,[84] le matin et le soir, afin de recharger leurs spirales énergétiques Merkaba. Ces techniques sont à nouveau disponibles aujourd'hui, et leur utilisation correcte contribue à rétablir la rotation naturelle de nos champs Merkaba respectifs.[85]

Les corps des humains angéliques étaient plus légers que ceux des humains d'aujourd'hui. Leur anatomie était également très différente, puisqu'ils n'avaient pas besoin de se nourrir d'autres organismes. La civilisation humaine était pacifique, constituée de gens chaleureux et bienveillants envers tous. Grâce à l'accès aux fréquences Maharata, les humains pouvaient ressentir et éprouver en permanence la connexion sacrée les reliant à leur tribu, à leur entourage, ainsi qu'à la nature et à tous les organismes. Il s'agissait d'une communauté égalitaire vivant dans l'abondance et l'harmonie. Les connaissances du templar personnel de l'être humain, de la Terre, de la galaxie et de l'univers, étaient accessibles à tous. Les humains non seulement comprenaient l'existence de civilisations habitant dans d'autres dimensions et d'autres espaces, mais ils pouvaient également entrer en contact avec elles, et ils le faisaient à différentes occasions.

Les douze plaques Dora Téhoura étaient conservées dans des cités-temples réparties sur l'ensemble du globe terrestre, notamment

---

83 Plus sur le Traité d'Emeraude, voir Voyagers 2-Secrets of Amenti, Granite Publishing, 2002, pp.247-275
84 Traduction personnelle de l'anglais ''salutation''
85 Master Templar Mechanics - Level 1, p.10

dans les régions qui correspondent aujourd'hui à l'Égypte, au Pérou, à la Chine et à la Floride aux États-Unis. La plupart des temples de l'époque avaient la forme de grandes pyramides à degrés. A l'intérieur, il y avait des salles remplies de grands cristaux qui servaient à la collecte, au stockage et à la transmission d'énergie, à la communication et à bien d'autres usages.[86] A cette époque, la Terre était peuplée non seulement par les douze tribus d'humains angéliques, mais également par les anunnaki, qui observaient avec intérêt le développement de l'expérience génétique menée avec les Néandertaliens. Par ailleurs, les Nephedimes, issus d'un croisement entre les humains et des représentants des races Omicron-Draconiennes, avaient établi leur présence sur le territoire depuis des millénaires. Les nephedimes ressemblaient à des humains, car ils avaient conservé les brins d'ADN 1, 2 et 3 dans leur état pur. Toutefois, tous les autres brins étaient inversés, tandis que les brins 8 et 12 avaient été désactivés pour constituer une matrice d'ADN à 10 codes. En brisant la voie d'accès à la 12ᵉ dimension, ils ne pouvaient plus accéder à l'énergie krystique Maharata. Par conséquent, il leur était difficile de ressentir la profonde connexion avec les autres, que les humains faisaient l'expérience naturellement. De plus, la déconnexion du brin 8 avait endommagé un centre très important de leur grille d'ADN, celui de la Monade. Cette anomalie avait rendu le processus de leur biorégénération encore plus complexe. Puisque les nephedimes ont été créés avec des brins d'ADN inversés mais à des fréquences supérieures, ils étaient fortement influençables par des entités négatives du 2ᵉ, 3ᵉ et 4ᵉ univers harmoniques. Ils étaient donc très vulnérables aux interférences nuisibles provenant des dimensions plus élevées. Cette fragilité a été exploitée pour saboter l'évolution des humains, bloquer leur potentiel génétique et entraver leur accès au templar de la Terre.

Quelques décennies avant le déclenchement du cycle d'activation stellaire, les collectifs omicron-draconiens ont déclaré leur intention de retourner à la lumière et guérir les distorsions de leur modèle d'ADN. L'Alliance des Gardiens a authorisé leur retour, puisque chaque race doit avoir la possibilité de vivre en paix avec les autres et de récupérer les potentiels krystiques qu'elle avait niés dans le passé.

Cependant, les véritables motivations des omicron-draconiens étaient de se rapprocher de la civilisation humaine lors de la période d'activation stellaire et d'infiltrer la culture humaine.

---

86 Egyptian lectures- awakening the flame of Orion, March 2000, Egypt, disk 2

Ils ont bénéficié d'une chance de biorégénérer leur génétique lorsqu'un petit collectif de néphédimes a été admis dans les temples de guérison de Brenway. À cette époque, Brenway était l'une des villes principales, située sur le territoire qui correspond aujourd'hui à Sarasota, en Floride, Etats-Unis. Plus tard, cette région a été appelée Brouah-Atlantide. Le site de Brenway a toujours abrité de grandes cités-temples, car il représente la deuxième porte des étoiles, également le centre Grual du templar planétaire - le point de contrôle de tous les boucliers énergétiques de la Terre.

Brenway était la cible de prédilection des représentants de nombreuses races déchues, et c'est également là que se trouvaient les principaux temples de guérison. Seul quelques nephedimes sélectionnés ont été autorisés d'y entrer. Une fois admis dans la ville, ils se montraient modestes et gracieux pour se faire accepter par les habitants et gagner leur confiance. Peu après, ils ont lancé une campagne pour promouvoir l'unité raciale et encourager le mariage entre des humains et des nephedimes. Les humains, sympathiques envers ces êtres, souhaitaient aider à leur évolution. Néanmoins, ils refusaient d'admettre que les nephedimes avaient de grands problèmes avec leurs champs bioénergétiques et étaient exposés à des influences nocives. La campagne en faveur de l'unité raciale a attiré de nombreuses personnes qui ne soupçonnaient pas que les nephedimes pouvaient être utilisés comme moyen d'infiltrer la culture humaine et de prendre le contrôle du templar terrestre. La propagande sur l'unité, qui n'était pas fondée sur le respect de la liberté d'autrui, a réussi à diviser les peuples. Certains ressentaient une proximité émotionnelle envers les nephedimes et désiraient s'unir à eux.

L'Alliance des Gardiens n'a pas interdit ces mariages, mais a mis en garde les humains que les contacts interraciaux avec des êtres associés à une matrice inversée non-krystique pourraient avoir des conséquences très nuisibles. Par exemple, lors d'un rapport sexuel, les biochamps s'ouvrent naturellement pour permettre un échange intensif de codes d'ADN entre les deux partenaires. Ainsi, les nephedimes pouvaient affecter négativement les humains, notamment si ces derniers n'activent pas au préalable leur bouclier Maharique, porteur de fréquence de la 12ᵉ dimension krystique. Finalement, les mariages entre des humains et des nephedimes ont été autorisés sous certaines conditions. Un protocole spécial a été mis en place pour ces couples mixtes. Il était important que les humains épousant des nephedimes renforcent leurs biochamps et activent obligatoirement leur bouclier Maharique, surtout avant chaque rapport sexuel. De cette manière, les codes provenant des programmes inversés des néphedimes pourraient être neutralisés. En outre, pour qu'un mariage mixte puisse avoir lieu, les nephedimes devaient accepter de suivre la voie de la biorégénération et atteindre un certain niveau de purification génétique. Cette condition a été introduite afin de protéger les deux parties à la fois. Peu à peu, les humains et les nephedimes ont commencé à s'unir. Dans de rares cas, ils avaient des enfants qui ne pouvaient pas vivre longtemps.

Cependant, les mariages mixtes ont réussi à contaminer et à déformer la génétique des humains sur Terre, endommageant ainsi leurs programmes d'ADN. Souvent les nephedimes suppliaient leurs partenaires sexuels de ne pas activer leur bouclier Maharique, prétendant que la fréquence était trop élevée et les dérangeait. Ils savaient que lorsque le bouclier Maharique est activé, les fréquences krystiques anéantissaient les fréquences inversées, ce qui réduisait l'interférence, et les programmes d'ADN négatifs ne pouvaient pas affecter les humains aussi fortement.

Ainsi, à travers des contacts sexuels imprudents et des biochamps vulnérables, les nephedimes ont réussi à rendre les humains sensibles aux influences négatives des races déchues Omicron-Draconiennes des dimensions supérieures.

La plupart des gens ont cessé d'activer leur bouclier Maharique, et les programmes d'ADN inversés ont réussi à affecter leur capital génétique. Cette incursion a eu d'implications importantes pour les événements qui ont suivi. En 208 216 av. J.-C., les grilles terrestres fonctionnaient avec des pulsations à 12 codes. Les fréquences Mahariques pouvaient être reçues et intégrées à la fois par les humains et par la planète. La période de déclenchement du cycle d'activation stellaire venait tout juste de commencer. Le moment était venu pour les membres des 12 tribus de procéder aux « rituels de tables rondes ».[87] Lors de ces sessions, l'énergie Maharata est dirigée vers le noyau de la Terre pour que le processus d'infusion des fréquences lors de l'ouverture des portails stellaires se déroule de manière fluide et harmonieuse. Cependant, beaucoup de participants aux rituels de tables rondes avaient conclu des mariages mixtes avec des nephedimes et avaient pris la décision imprudente d'arrêter de se charger quotidiennement en fréquences mahariques. Or, ni les humains ni les oraphimes ne se ren-

---

87 E'Asha Ashayana, Workshop - "The Arthurian Roundtables - Nibiruian Checkerboard Mutation", Ireland, 2001

daient compte du nombre de codes endommagés qui s'étaient infiltrés dans la génétique des humains à travers les nephedimes. Lorsque les rituels ont débuté, des programmes remplis de codes inversés ont été injectés dans la Terre, ce qui fait que les réseaux planétaires ont commencé à émettre des pulsations au codage inversé de la dixième dimension, au lieu du code krystique Maharata attendu. Cet évènement pouvait avoir des conséquences catastrophiques pour le templar de l'ensemble de la galaxie dont la Terre fait partie. Le cycle d'activation stellaire a dû être interrompu d'urgence, même si une inversion des pôles était déjà en cours. Lorsque la Terre avait commencé à émettre des pulsations chargées en fréquences inversées de la dixième dimension, une équipe d'oraphimes est apparue instantanément sur la planète pour arrêter les tables rondes et purifier les grilles de la Terre.

L'objectif des races Omicron s'est alors révélé. Il est devenu évident qu'elles ne souhaitaient pas respecter le Traité d'Emeraude et suivre la voie de la biorégénération. Mais il était trop tard pour empêcher leur intervention. Les omicrons ont incité les nephedimes à détruire les humains. Les membres des 12 tribus ont pris la fuite pour échapper aux nephedimes, et beaucoup d'entre eux ont trouvé refuge dans la cité-temple fortifiée de Brenway. Les nephedimes qui ne poursuivaient pas les humains ont également été autorisés à entrer dans la ville. Néanmoins, certains d'entre eux n'étaient pas sincères et avaient pour but d'exécuter le plan des omicron-draconiens, visant à prendre le contrôle sur le Templar et à éradiquer l'humanité. La cité de Brenway s'est retrouvée assiégée par une armée de centaines de milliers de nephedimes. Toutefois, même avec une armée si nombreuse, ils n'auraient pas pu conquérir cette ville aussi bien protégée, sans l'aide de l'intérieur.

Un soir, l'un des nephedimes résidant à Brenway a ouvert les portes, permettant ainsi à ses congénères d'envahir et de ravager la ville. Cette brèche aurait permis aux nephedimes d'accéder au Grual, d'où ils auraient pu conquérir d'autres dimensions et infliger des dégâts encore plus colossaux. Les oraphimes ont été obligés de fermer ce portail stellaire majeur, bien qu'ils sachent que cet acte en provoquerait une inversion brusque des pôles de la planète. De toute manière, cette inversion était inévitable, puisque le cycle d'activation stellaire était sur le point d'être interrompu et la Terre avait déjà perdu ses fréquences Maharata. Des évacuations massives ont commencé, tant pour les humains que pour les autres races adhérant au Traité d'Emeraude et à la loi de l'Unité. L'équipe d'oraphimes qui était restée pour sceller le

Grual n'a pas pu être évacuée. Ils ont réussi à fermer le portail, mais se sont retrouvés piégés dans le temple assiégé par les nephedimes.

L'Alliance des Gardiens a pris la décision de détruire ses sanctuaires, car ils étaient déjà envahis et risquaient d'être utilisés à des fins malveillantes. La technologie de cristal qui s'y trouvait à l'intérieur était susceptible de causer des dommages catastrophiques si elle tombait entre de mauvaises mains. Les Maharajis de Sirius B ont envoyé des vaisseaux spatiaux pour détruire leurs propres temples par des attaques aériennes, dans le but de prévenir une telle éventualité.

Ainsi, les oraphimes qui n'ont pas pu être évacués sont rentrés dans des cycles de réincarnation sur Terre, donnant naissance à des **lignées Maji Royales du Graal**, les ancêtres de tous les enfants indigo, du passé jusqu'à aujourd'hui.

Désormais, il n'était plus possible pour les humains et les oraphimes de puiser les fréquences krystiques Maharata de l'intérieur de la Terre et de se charger en énergie par la lumière. Néanmoins, les souvenirs d'un passé glorieux et grandiose sont toujours présents et continuent d'exister dans leur sang et dans leur mémoire génétique, qui commence à s'éveiller à notre époque. Lorsque la Terre s'est mise à pulser avec un code inversé de la dixième dimension, les humains ne pouvaient plus être respiriens se nourrissant de l'énergie de l'air et du soleil. Il fallait procéder à des changements, à la fois génétiques et anatomiques, qui ont été effectuées dans les dimensions supérieures afin de leur permettre de s'installer à nouveau sur Terre. Pendant ce temps, la planète a été gouvernée par les nephedimes, tandis que les humains qui ont survécu se sont installés dans des tunnels souterrains.

Ainsi, après un peu plus d'une centaine d'années, en 208 100 avant J.-C. le deuxième cycle de peuplement humain de la lignée génétique claustrale Urtite a débuté. Mais les conditions de son développement étaient déjà considérablement plus difficiles.

Il convient de préciser que le problème des mariages mixtes et des relations sexuelles entre les nephedimes et les humains ne relève pas d'un préjugé racial, mais d'un conflit de fréquences. Les humains s'étaient attachés à ces êtres et avaient ignoré les protocoles destinés à les protéger. Si les biochamps humains ne sont pas renforcés par les fréquences mahariques, le contact avec les nephedimes peut entrainer la chute de la race Humaine et de l'ensemble de la Terre.

Pour l'humanité, l'époque de l'innocence avait pris fin, laissant place à une période difficile de lutte pour la survie au milieu de races cruelles et dominatrices qui se livraient à des guerres et qui n'avaient plus accès à leur potentiel krystique. Les représentants de ces races déchues ont commencé à s'accoupler avec les humains, rendant leur descendance hybrides de plus en plus semblable aux représentants de la race Humaine. En dominant la culture, ils ont fortement imposé leurs valeurs de cupidité, de trahison, de cruauté et de conflits perpetuels. Ces attitudes étaient possibles puisqu'une partie de leurs identités multidimensionnelles supérieures vivaient également dans des systèmes limités, fondés sur le principe de la « survie du plus apte », et dans lesquels l'énergie était restreinte.

La véritable histoire des humains leur a été progressivement retirée. Elle a été remplacée par celle des races déchues qui ont imposé leur passé, leurs croyances et leurs dieux, notamment les anges déchus, en éliminant ceux qui refusaient de l'accepter. Les humains ont été soumis à des humiliations renforcées par les complexes d'infériorité génétique de la part de leurs esclavagistes.

Aujourd'hui, les plages blanches de Sarasota contiennent encore des vestiges de cristaux détruits qui nous rappellent cette époque.

Ce drame n'est pas une simple légende destinée à nous divertir ou à nous enseigner des leçons de morale. Il s'agit d'événements historiques qui ont laissé une marque profonde chez ceux qui en ont été affectés. Ces incidents revêtent un enjeu crucial aujourd'hui, puisque le nœud karmique collectf est sur le point de se dénouer. Depuis janvier 2000, et après plus de 210 000 ans après la tragédie de Brenway, les conditions propices au retour des fréquences Maharata sur Terre se sont de nouveau réunies. Notre planète a basculé dans un nouveau cycle d'activation stellaire. Dès lors, la bataille pour les portails de la Terre et pour son templar s'est intensifiée, prenant des proportions inédites dans l'ensemble de notre galaxie.

Tous les acteurs principaux de l'époque de Brenway sont réincarnés aujourd'hui, qu'ils soient humains, nephedimes ou oraphimes (indigo). Il reste à voir si les erreurs du passé ont été comprises, et si les leçons appropriées en ont été tirées. Les choix qu'ils feront, les choix que chacun d'entre nous fera, influenceront grandement le cours de notre évolution, car nous sommes actuellement dans le dernier cycle d'activation et d'évacuation stellaire de la Terre, sous la supervision des races krystiques de la Rivière de Krystal. Afin d'obtenir plus d'informations sur la situation actuelle et les sources correspondantes, voir chapitre onze.

L'une des plus grandes révélations apportées par les plaques Dora Téhoura est cette vue d'ensemble qui nous permet de comprendre que toutes les périodes et tous les événements historiques sont profondément entrelacés, et font partie d'un tableau plus vaste qui commence désormais à se dévoiler.

Par exemple, il existe un lien direct entre deux objets réels qui ont une forte présence énergétique dans la conscience collective. Il s'agit de l'Arche d'Alliance, évoquée dans l'Ancien Testament de la Bible, et de l'épée Excalibur du roi Arthur, devenue populaire grâce à la légende. Cette affirmation peut sembler incroyable, voire inadmissible, puisque la légende du roi Arthur est perçue comme un conte romantique. Il semblerait absurde de l'associer à un texte aussi rigoureux que l'Ancien Testament. Pourtant, même si les archéologues avaient entre les mains ces deux objets, pourraient-ils connaître la vérité sur ces deux périodes historiques ? L'analyse scientifique, si précise soit-elle, ne suffirait pas à restituer intégralement les relations complexes entre les personnages historiques, ni à comprendre immédiatement les particularités intrinsèques des circonstances qui les concernent. Par exemple, il est difficile de deviner le sujet d'une conversation entre deux personnes dans un restaurant en observant uniquement les verres et les assiettes sur leur table. De même, nous ne pouvons pas connaître les détails sur des périodes historiques données, même en ayant toutes les reliques de ces époques sous les yeux. Nous connaissons l'histoire à travers les mots prononcés et écrits par certaines personnes. Les objets ne représentent que des preuves allusives qui valident la transmission respective du contexte. Le véritable pouvoir se cache derrière l'énergie des mots. Si l'histoire reflète des événements réels, les gens en ressentent la vérité en profondeur et n'ont pas besoin de preuves extérieures, de croyances ou de foi aveugle. En effet, les preuves apparaissent le plus souvent lorsque la vérité des faits qu'elles confirment est déjà admise.

Ces objets partagent une caractéristique commune - les deux ont été spécialement conçus pour protéger l'un des artefacts les plus importants, connu sous le nom de « Houlette ».[88]

De fait, l'un des psaumes les plus populaires de l'Ancien Testament de la Bible, notamment le 23:4, évoque une houlette et un bâton : *«Quand je marche dans la vallée de l'ombre de la mort, je ne crains aucun mal, car Tu es avec moi. Ta Houlette et ton Bâton me rassurent.»*

---

88 Traduction personnelle de l'anglais ''staff''

L'une des interprétations de la houlette, dont la Bible fait allusion, suggère qu'il s'agirait d'un bâton d'or d'origine extraterrestre mesurant environ 8 cm de long.[89] Il est intéressant de noter que l'Arche d'Alliance était un coffret en or conçu pour abriter deux objets permettant d'ouvrir des portails donnant accès à la Terre Intérieure : une houlette et un bâton.[90] Ces objets sacrés ont été confiés aux races Maji Indigo de la Terre par les races Gardiennes krystiques. Grace à eux, les humains indigo pouvaient ouvrir manuellement les portails menant vers la Terre Intérieure et maintenir le contact avec d'autres représentants des lignées du Graal, ainsi qu'avec des races krystiques des dimensions supérieures.[91]

La houlette et le bâton étaient des objets radioactifs. Si une personne les tenait sans avoir la capacité d'activer certaines hautes fréquences dans son corps, elle courait le risque de se blesser gravement jusqu'au point de périr. Pour cette raison, il était nécessaire de placer ces deux outils dans un coffre spécial afin de limiter les émissions radioactives et réduire les effets nocifs sur ceux qui s'en approcheraient. Cette arche a été créée après la chute de l'Atlantide et portait le nom d'Arche d'Alliance. Dans sa version initiale il s'agissait d'un coffret en or spécialement conçu pour contenir ces objets sans émettre de fortes radiations. La houlette et le bâton détiennent un pouvoir immense, encore aujourd'hui. De nombreuses races Illuminati ont tenté de s'en emparer au fil de l'histoire. Ces artefacts ont changé de propriétaire à plusieurs reprises, appartenant à des royaumes et des ordres divers selon les époques. Ainsi, l'arche a été conservée en Égypte et dans d'autres régions d'Afrique, puis en Israël, en Inde, et en Angleterre, avant d'atteindre l'Irlande, où elle se trouve **actuellement,** [92] selon Ashayana. Au même titre que les 12 plaques Dora Téhoura et leurs 12 boucliers métalliques, la houlette et le bâton perdraient leur programme d'ouverture de portails vers la Terre Intérieure s'ils devaient être enlevés de notre planète. Pour cette raison, ils étaient conservés sur Terre, cachés jusqu'à ce que les collectifs indigo relancent l'activation du templar terrestre.

---

89 E'Asha Ashayana, Voyagers 2 - Secrets of Amenti, Granite Publishing, 2002, p.74
90 Traduction personnelle de l'anglais ''staff and rod''
91 E'Asha Ashayana, Workshop - "The Arthurian Roundtables - Nibiruian Checkerboard Mutation", Disk 2, July 2001, Ireland
92 E'Asha Ashayana, workshop - "The Arthurian Roundtables - Nibiruian Checkerboard Mutation", 2001, Disk 2

CHAPITRE 6

Les races Indigo

Lorsqu'il s'agit de remonter aux sources de l'humanité et de son histoire pré-ancienne, il est nécessaire de clarifier ce que sont les races Indigo et de comprendre leur rôle dans le cours de l'évolution et les processus qui se déroulent sur Terre. Le concept d'enfants indigo a connu un succès considérable depuis les années 1980. Néanmoins, très peu d'informations sont disponibles sur leur origine et les raisons pour lesquelles ces enfants sont nés en si grand nombre sur la planète, particulièrement au cours des dernières décennies. Les Enseignements de la Liberté apportent des éclaircissements plus complets, en faisant recours de manière systématique au templar de la Terre, au nettoyage des champs morphogénétiques, ainsi qu'à la prévention de conflits féroces et d'invasions de la part de prétendus sauveurs. Les principales sources d'information sont l'Alliance des Gardiens et son porte-parole, E'Asha Ashayana. Le matériel en question est présenté dans les ateliers suivants :

Architects of Light and Secrets of the Indigo Children (2000, New York)

Secrets of Lemuria and the Ancient Eieyani (2001, Kauai, Hawaii)

Forbidden Testaments of Revelation (2003, Dublin, Ireland)

Dance for Joy I- Paxos, Greece (2003, Paxos, Greece)

Kethradon awakening Starburst 13 & the Gifts of Rama (2005, India)

Des sources écrites sur les races Indigo peuvent être trouvées dans les livres et les manuels suivants :

Secrets of the Indigo Children – manual

Architects of Light – manual

Emerald Covenant Masters Templar Stewardship Initiative – manual

12 tribes Volume 1- manual, 2010

Voyagers 1 – The Sleeping Abductee

Voyagers 2 – The Secrets of Amenti

De nombreux chercheurs, travaillant sur le phénomène d'enfants indigo ont amplement décrit les caractéristiques permettant de les reconnaître, donc nous nous n'arrêterons pas là-dessus. Notre attention se portera plutôt sur les questions suivantes :

Les personnes indigo sont-elles toutes identiques ?

Pourquoi ces âmes ont choisi de s'incarner sur cette planète ?

Quel est leur nombre approximatif ?

Leur naissance sur Terre est-elle le fruit du hasard ? Et si ce n'est pas le cas, comment ce processus est-il organisé ?

Quels sont les différents types de personnes indigo et comment les distinguer ?

Quelle est leur mission et quelles sont les conséquences si elle n'est pas réalisée ?

Comment les personnes indigo accomplissent-elles leur mission sur Terre ?

L'appellation « enfants » ou « personnes indigo » provient de la couleur bleu foncé de leur aura. Cette particularité est liée au fait que ces êtres naissent avec le 5e et 6e brin d'ADN déjà activé, leur permettant d'accéder respectivement à la 5e et à la 6e dimension. Les fréquences de couleur correspondantes à ces dimensions sont notamment le bleu pour la cinquième, et l'indigo pour la sixième.

Dans de rares cas, les enfants indigo peuvent naître avec une pigmentation cutanée bleue naturelle, qui ne résulte pas d'un problème de circulation sanguine, mais il s'agit d'un signe distinctif de ces êtres. La couleur bleue peut persister jusqu'à trois mois après la naissance, avant de se normaliser et prendre la couleur de la peau des parents. Les indigos sont des représentants d'une nouvelle conscience. Ils sont des êtres incarnés dotés de modèles krystiques déjà intégrés, nécessaires à l'émergence de notre civilisation moderne qui traverse actuellement des changements d'une grande envergure. La question est de savoir si cette transformation s'effectuera de manière progressive et harmonieuse, ou au contraire, révolutionnaire et turbulente. Bien que les indigos soient considérés comme porteurs d'innovations radicales, ils sont également les héritiers de notre passé ancestral, comme cela a été déjà évoqué dans les chapitres précédents.

On les a conviés à venir ici, mais ils ont également choisi d'assumer leur rôle dans un drame d'une importance capitale pour l'univers tout entier, qui est brièvement abordé dans ce livre. La distinction entre les êtres indigo et les représentants de la lignée humaine angélique n'est pas arbitraire, ni conventionnelle. Elle s'exprime par l'appartenance à des collectifs distincts qui sont regroupés énergétiquement en forme de boucliers autour de la Terre. Toutes les espèces biologiques et toutes les races appartiennent à des entités communes appelées boucliers énergétiques, qui sont englobés dans le bouclier terrestre et interagissent avec lui. Si une activité énergétique quelconque s'effectue dans le bouclier terrestre, toutes les espèces en sont affectées. Les humains, par exemple, appartiennent au bouclier humain. Par conséquent, si une activité énergétique y est menée, elle entraînera des répercussions sur l'humanité dans son ensemble.

De même, les personnes indigo font partie du bouclier indigo, qu'elles en soient conscientes ou non. Leur bouclier collectif est situé au centre de celui des humains de la lignée angélique, ce qui explique le lien profond qui existe entre ces deux collectifs. Cela signifie concrètement que l'évolution du bouclier indigo et la façon dont il absorbe et transforme les fréquences de la planète, au cours des dernières décennies, influence le développement de la race Humaine et l'amélioration progressive de ses potentiels. La mission du peuple indigo et de son bouclier respectif est de recevoir des fréquences provenant des niveaux supérieurs à la 12e dimension, et de les mettre à disposition de la planète, des humains et à toutes les espèces vivantes. Afin de comprendre la nature des personnes indigo et les espaces spirituels (les dimensions) auxquels elles appartenaient avant de venir sur Terre, il est nécessaire de considérer l'univers dans toute son ampleur multidimensionnelle. Il est également essentiel de prendre en compte l'histoire pré-ancienne de l'humanité, ainsi que celle des races Indigo et Illuminati, tout en gardant à l'esprit les particularités de l'ADN des êtres humains et leur interaction avec la Terre.

Le modèle multidimensionnel de la réalité nous aide à comprendre que notre planète et notre univers visible occupent le premier niveau de densité de la matière, mais qu'il en existe bien d'autres. Il suffit de consulter les archives et les anciennes mythologies pour constater que toutes les civilisations indigènes retracent des contacts avec des êtres provenant d'autres mondes qui appartiennent à des dimensions supérieures. Qu'on les désigne sous le nom d'anges, de démons, de visiteurs ou de gardiens, cela importe peu. Ces êtres relèvent de la même catégorie que les visiteurs extraterrestres d'aujourd'hui. La plupart des religions présentent les anges comme des messagers de Dieu, donc plus importants que les humains, méritant un traitement spécial et une obéissance sans faille. Cependant, chacun d'entre nous peut se demander si un système religieux qui suggère une telle insignifiance de l'homme respecte le principe selon lequel nous sommes tous égaux et sommes des reflets de Dieu. Est-ce un tel système conforme à la loi originelle de l'Unité ? Afin de distinguer le peuple indigo de la race Humaine, il est nécessaire de préciser que l'histoire de l'humanité en tant que race Turaneusiam a débuté sur Tara il y a 560 millions d'années dans le deuxième univers harmonique (quatrième, cinquième et sixième dimensions), où la matière est semi-éthérique. De plus, la race Humaine a été implantée trois fois sur Terre par nos races Aînées,[93] comme nous l'avons vu dans les chapitres précédents.

L'empreinte du code de l'évolution humaine est celle de l'ADN à 12 brins, appelée « Matrice d'ADN du Soleil Diamant ». L'objectif de l'évolution à long terme des humains sur Terre est d'activer leur matrice d'ADN, d'assumer le rôle de gardiens du templar planétaire et galactique, et d'ascensionner en transformant leur corps physique en corps éternel.[94] Ainsi, le peuple Turaneusiam s'est établi sous forme de 12 tribus, comprenant 7 races originelles et 5 races claustrales. Chacune des races originelles était responsable du développement de l'un des 7 premiers brins d'ADN du Soleil Diamant, tandis que les races claustrales étaient responsables de la préservation des brins 8-12 du patrimoine génétique global.[95]

A l'heure actuelle, l'humanité se trouve dans le cycle de la 5e race originelle Aryenne, issue de la race claustrale Hibiru.

Cependant, au cours des 210 000 dernières années, la race Humaine a été soumise à des puissantes interférences négatives de la part de visiteurs d'autres mondes, qui ont entraîné la dégradation du potentiel de notre ADN. Pour cette raison, le peuple indigo a pour mission principale d'aider à la restauration génétique et spirituelle de l'humanité, et de réveiller les merveilleuses potentialités de la matrice d'ADN du Soleil Diamant.

Les humains indigo contemporains sont des êtres hybrides qui possèdent le patrimoine génétique des races Aînées de l'humanité, de la 7e race originelle, des races claustrales Melchizédek et Yunaseti, ainsi que de la lignée humaine angélique.[96]

---

93 E'Asha Ashayana, Architects of Light, Adashi MCEO, 2000, p.16
94 Ibid.
95 Ibid.
96 E'Asha Ashayana, Architects of Light, Adashi MCEO, 2000, p.16

Ils appartiennent à la race Oraphime, et leur objectif est d'accélérer l'évolution de notre civilisation, et de protéger la Terre et toutes ses espèces de conséquences désastreuses.

La matrice d'ADN des oraphimes est composée de plus de 12 brins, et leur permet d'accéder aux dimensions supérieures à la 12ᵉ, et donc à des fréquences extrêmement élevées. Chez les indigos, le nombre de brins d'ADN varie d'un individu à l'autre, allant de 24 à 48.

Il convient de rappeler que le nombre de brins d'ADN ne détermine pas la valeur ou l'importance d'une personne. Chacun se voit attribuer une tâche spirituelle unique à accomplir, et la responsabilité qui en découle. Nous sommes tous des manifestations individuelles de l'Absolu, et en tant que telles, nous sommes égaux et inestimables. Dans cette optique, les potentiels génétiques ne doivent pas être utilisés pour créer des divisions, ni pour justifier la suprématie, l'élitisme, le racisme ou la xénophobie. Le processus d'élévation des potentiels biologiques et spirituels est déjà en cours. A présent, certaines personnes indigo sont en train d'activer leurs potentiels génétiques jusqu'à 24 brins d'ADN.

Les animaux et les plantes appartiennent également à un bouclier spécifique qui défini leur programme de développement commun. De nombreuses études scientifiques confirment l'existence d'une unité collective, également connue sous le nom d'égrégore. Chaque influence sur ce bouclier exerce un impact sur l'ensemble des individus qui y sont associés. L'expérience célèbre du « syndrome des 100 singes », en est un bon exemple, démontrant que le développement d'une masse critique d'individus entraîne celui des autres membres d'une collectivité. Ce phénomène s'explique par leur interconnexion à travers un bouclier énergétique commun. Les Enseignements de la Liberté et le Kathara accordent une place centrale au fonctionnement des boucliers et proposent des méthodes que chaque individu puisse adopter pour apprendre à travailler avec eux. Leur maîtrise, ainsi que l'art de les purifier, de les charger et de les relier aux boucliers collectifs, représente la mise en pratique de la relation entre le microcosme et le macrocosme.

Le travail avec les boucliers est crucial, notamment dans le contexte actuel de changements considérables dus aux fréquences qui affluent sur la planète et sur toutes les espèces biologiques. Les énergies et les codes que possède un individu dans ses boucliers et sa matrice d'ADN déterminent comment son corps réagirait face à ces transformations. Le cycle d'activation stellaire et la métamorphose significative au niveau des énergies de la Terre représentent en soi un évènement majeur. Néanmoins, un phénomène encore plus crucial s'est produit en 2007, marqué par l'arrivée du cycle stellaire Kalé Hara, partie intégrante du Kalé Yuga, un cycle plus large qui s'étale à l'échelle de l'univers. Sa vocation est d'assurer l'alignement de notre planète avec des fréquences extrêmement élevées, ce qui aura un impact colossal sur la Terre et sur toute l'humanité.[97] Ashayana explique que le cycle Kalé Yuga, annoncé dans les anciens textes sanskrits, ainsi que dans le texte hindou du Mahabharata, se déroule au niveau planétaire et constitue une période critique pour la Terre. Cependant, les conflits qui se jouent depuis des éons entre les races krystiques et les collectifs déchus ont pris une telle ampleur que le cycle Kalé Yuga de la Terre a dû être synchronisé avec celui de l'intégralité de notre système solaire, puis, avec celui de la galaxie et, finalement, avec celui de l'univers tout entier. Sans l'intervention des races krystiques, y compris le renfort des âmes indigo supplémentaires sur Terre, la race Humaine et toutes les espèces biologiques, à l'exception de quelques bactéries et virus, auraient disparu en l'espace d'une cinquantaine d'années.[98]

Dans les temps anciens, avant que le patrimoine génétique des humains ne soit endommagé et la connexion à leurs identités multidimensionnelles ne soit rompue, les humains savaient comment utiliser leurs boucliers et interagir avec ceux de la Terre. Grâce à un travail conscient, chaque individu pouvait se ressourcer en énergie, sans avoir à consommer de la nourriture. Les humains avaient la possibilité de se soigner, de communiquer télépathiquement et de ressentir de l'empathie pour l'ensemble de la collectivité. De plus, les boucliers connectaient les gens à leurs identités multidimensionnelles, ainsi qu'à leurs personnalités incarnées dans d'autres époques.

Lorsque les personnes appartenant au même bouclier se rencontrent et prennent conscience de l'existence d'autres personnes partageant les mêmes intérêts ou la même mission, leurs boucliers personnels se voient renforcés, permettant à l'énergie de circuler plus librement.

La connaissance du lien sacré entre l'homme et la Terre était universellement accessible, et son application conduisait à l'équilibre énergétique et à l'harmonie entre les gens et la nature.

---

97 Pour plus d'information, voir E'Asha Ashayana, Revelation of DhaLA - LUma", Phoenix, August, 2007, Disk 1
98 Ibid.

Les personnes indigo sont incarnées pour rappeler à tous l'importance de ce lien. En outre, les Enseignements de la Liberté sont offerts pour être exercés au bénéfice des humains, de la planète et de toutes les espèces biologiques.

À l'intérieur de chaque bouclier collectif, se trouvent d'autres boucliers plus petits, qui détiennent des codes à fonctions très spécifiques. L'un de ces boucliers collectifs, appellé Aquaférion, a joué un rôle central dans l'évolution de la Terre ces dernières années, notamment en prévenant des conséquences catastrophiques.[99] Des informations complètes sur l'Aquaférion peuvent être trouvées dans le premier guide consacré au rassemblement des Douze Tribus - « 12 tribes manual 1 », ainsi que dans la conférence d'août 2007 - « La révélation de Dalé Luma ». Le bouclier Aquaférion est situé au centre du grand bouclier indigo. Sa vocation est de capter les fréquences les plus élevées pour les répartir de manière équilibrée dans l'ensemble du bouclier indigo.

Au fil de l'histoire, les défis à surmonter par les peuples et le degré de dégradation ou d'amélioration de la génétique humaine, ont conduit à la formation de programmes d'ADN distincts chez les personnes et les différents collectifs stellaires qui se retrouvent incarnés sur Terre. Certains codes génétiques contenaient des programmes conçus pour restaurer les potentiels naturels des différentes races, qu'elles soient indigo, humaine et illuminati. Cette régénération a permis d'accéder à des fréquences plus élevées, de développer de plus grandes valeurs et de créer une civilisation plus prospère. Il n'est pas étonnant que, tout au long de l'histoire, on retrouve de nombreux exemples de tentatives de destruction de groupes entiers de personnes. Pour cette raison, les informations sur les lignées génétiques Maji, les véritables lignées du Graal, étaient strictement confidentielles. Mais, à notre époque, cette connaissance est rendue publique puisque de plus en plus de gens ont besoin de s'éveiller et de se rappeler leur mission personnelle. Pour certains, cela peut être un appel puissant, tandis que pour d'autres, ce sera une voix intérieure discrète. Toutefois, ceux qui répondent à cet appel éprouveront un sentiment de connexion et d'appartenance à quelque chose de collossal et surtout, très positif. En se laissant guider par ce sentiment, chacun pourra percevoir et choisir consciemment son chemin d'évolution spirituelle.

---

99 Plus d'information sur Aquaférion peut être trouvé dans le manuel ''12 tribus – Volume 1''

Afin d'expliquer brièvement le but du bouclier d'Aquaférion, il est utile de rappeler que notre galaxie la Voie lactée est issue de la galaxie M31-Andromède, également appelée Aquinos. De plus amples informations sur l'histoire de la Voie lactée et les défis auxquels elle est confrontée aujourd'hui sont disponibles dans les ateliers suivants : « Les mystères de la Voie lactée »[100], « Mécaniques d'ascension »[101] et « Portes à travers le temps ».[102] À l'heure actuelle, les scientifiques ont constaté que les deux galaxies ont approximativement le même poids et la même taille, Andromède étant légèrement plus grande et plus légère que la Voie lactée. La distance qui les sépare est d'environ 2,5 millions d'années-lumière. Toutefois, Andromède est en train de se rapprocher de la Voie lactée à une vitesse d'environ 300 kilomètres par seconde. Ce phénomène s'explique de la façon suivante : **actuellement, notre galaxie est en état d'effondrement irréversible dans un trou noir.** [103] **Pour cette raison, une évacuation massive est en cours sur Terre pour les habitants qui souhaitent poursuivre leur existence dans un système krystique et qui disposent d'un codage krystique suffisant**. Il est important de souligner que cette information n'est pas destinée à susciter la peur. Au contraire, elle a pour vocation d'apporter un certain réconfort et d'inciter à la concentration, particulièrement les personnes qui ressentent le vrai cryptage derrière ce message. Les faits sont tels qu'ils sont, mais il existe beaucoup de choses positives que chacun puisse faire pour soi-même, pour son entourage et pour toute la vie qui nous entoure. Il ne faut pas oublier que la science soutient la thèse que la Voie lactée est sur le point de disparaître et que tout ce qu'elle contient sera englouti par un trou noir situé dans son centre.

En tenant compte des informations actuelles, il devient clair que tout le monde ne suivra pas le même chemin. Ceux qui restent ici, que ce soit par choix ou par incapacité de partir, doivent savoir qu'ils ont été et seront toujours une partie importante de la Source, et qu'ils sont aimés et respectés. Pour ces derniers, il y aura un retour sous forme de poussières d'étoiles, lorsque leur conscience ne pourra plus se réincarner faute d'énergie suffisante.

Sans doute, une grande partie des gens pourrait, à la rigueur, admettre que l'humanité est apparue il y a 560 millions d'années et qu'elle

---

100   "The Milky Way mysteries" workshop- Amsterdam, 2007
101   "Ascension mechanics", project Camelot productions on youtube, 2010
102   "Doorways through time,"2009
103   "The Milky Way mysteries" workshop- Amsterdam, 2007

s'est installée sur Terre il y a 25 millions d'années. Toutefois, pourquoi devrions-nous nous soucier de l'histoire de la galaxie, et en quoi cela nous concerne-t-il ? Lorsque l'Alliance des Gardiens retrace l'historique d'une période en expliquant les relations et les drames entre les différentes races, ce n'est pas uniquement pour enrichir notre culture générale, mais pour donner un sens à notre rôle dans le grand tableau. D'après les informations qu'ils nous dévoilent, il devient évident que ce tableau est en effet très vaste et que le drame se joue à plusieurs niveaux.

La vocation principale du bouclier Aquaférion est d'intervenir dans des situations de crise qui se déroulent au sein de la Voie lactée. Alors, il assiste l'ascension de tous les êtres qui possèdent un potentiel krystique suffisant, et qui ont l'intention de suivre le chemin d'évolution krystique. Si le bouclier Aquaférion n'avait pas réussi à intégrer les fréquences requises et à effectuer les transformations nécessaires sur le plan énergétique de la Terre, les races krystiques n'auraient pas été en mesure de poursuivre l'évacuation de la planète.

Il existe plusieurs boucliers Aquaférion dans notre galaxie, y compris dans notre système solaire et sur Terre. Ces boucliers font partie d'une très ancienne mission de sauvetage qui a commencé il y a des centaines de milliards d'années, et qui se poursuit encore aujourd'hui. Cette mission porte le nom de « Récepteur de la Rivière de Krystal ».[104]

La diffusion de codes d'ADN sur Terre est indispensable pour que les fréquences provenant des niveaux krystiques puissent être intégrées en douceur au cœur de la planète, sans provoquer de cataclysmes. Cette diffusion se produit lorsqu'un humain indigo active ses codes à un moment et à un endroit précis, et ceux-ci deviennent disponibles dans l'ensemble du bouclier indigo. Par exemple, récemment, les indigos dotés de codes nommés « Aurora » ont réussi à les activer et à les répartir sur l'ensemble de leur bouclier correspondant et de celui de la Terre.[105] Les codes se sont déployés progressivement dans le bouclier humain, devenant accessibles à tous. Cela signifie que les indigos sont les premiers à capter les fréquences des afflux énergétiques cosmiques, qu'elles soient harmoniques ou inversées. Ainsi, ils jouent un rôle clé dans le traitement et la diffusion des énergies à l'intérieur du noyau de la Terre, pour les rendre ensuite disponibles pour toute l'humanité.

---

104 Pour plus d'information sur la Rivière de Krystal, voir chapitre 11 et les références correspondantes
105 Sacred Sexuality & The Art of Divine Relationship - Divine Coupling Intimations, Explorations & Cosmic Connection, Virginia Beach, 2006, disk 1

Comme il a été mentionné précédemment, la matrice d'ADN d'une espèce biologique contient un programme spécifique qui lui permet d'accéder aux autres dimensions et de communiquer avec les parties supérieures de son identité, à savoir l'âme, la sur-âme, l'avatar, etc. Lorsque la matrice d'ADN du Soleil-Diamant fonctionnait selon son modèle naturel, les périodes d'intégration des identités supérieures des humains étaient bien définies. Par exemple, le 4e brin d'ADN s'activait vers l'âge de 12 ans, donnant lieu à l'intégration de l'âme d'une personne et l'expansion de sa perception dans le champ astral. Ce processus se poursuivait jusqu'à l'âge de 22 ans environ, lorsque les 5e et 6e brins d'ADN se réveillaient. Les 7e, 8e et 9e brins se déclenchaient entre l'âge de 22 et 33 ans, lorsque la personne était sur le chemin d'intégration de sa sur-âme. A partir de 33 ans, l'activation des 10e, 11e et 12e brins assuraient la fusion avec l'avatar krystique qui se poursuivait jusqu'à l'âge de 44 ans. En établissant un lien avec le niveau avatar, les humains étaient capables d'effectuer le processus de transmutation des atomes de leur corps physique, et donc de pouvoir ascensionner et descendre à volonté entre les différents niveaux de densité de la matière. Cela signifie qu'ils avaient la capacité de se déplacer librement avec leur corps physique sur l'ensemble des 12 dimensions.

La structure biologique originelle de l'être humain était conçue pour être éternelle. Avant 208 216 av. J.-C., la mort n'était pas un état naturel pour les civilisations humaines.

En effet, au cours des 210 000 dernières années, la matrice génétique humaine a subi une altération progressive. A présent, le 4e brin d'ADN est bloqué, ce que signifie que les humains ne peuvent plus intégrer pleinement leur âme. Ce blocage entraîne un déséquilibre biochimique qui abaisse les fréquences du corps et conduit à une détérioration progressive jusqu'à la mort. Cette mutation est également à l'origine des problèmes hormonaux et d'instabilité émotionnelle chez les adolescents.

À l'heure actuelle, les êtres humains naissent et vivent avec les trois premiers brins d'ADN activés, avec des débuts d'activation du quatrième.

Il existe une particularité remarquable dans le fonctionnement du patrimoine génétique des personnes indigo. Elles naissent avec les trois premiers brins, ainsi que le 5e et le 6e déjà activés. Le 4e brin s'active généralement vers l'âge de 12 ans, voire plus tard. Ensuite, les 5e et 6e brins, qui sont déjà activés, peuvent être mis en fonctionnement. Cela signifie que l'âme des enfants indigo doit s'intégrer entre leur naissance et l'âge de 12 ans.[106] Lorsque cela se produit, ils manifestent une connaissance intuitive et un sens aigu de soi et du monde qui dépassent largement les acquis du système d'éducation moderne.

Les structures sociales de notre époque ne sont pas conçues pour encourager une remise en question constructive de leurs lacunes qui favoriserait une potentielle amélioration de leur fonctionnement. Les autorités institutionnelles ne sont pas ouvertes à des arguments ni de mise en exergue des faiblesses de leur système. Ce modèle s'applique également à la famille, à l'environnement scolaire, aux universités, ainsi qu'aux organisations gouvernementales. Ainsi, les indigos éprouvent des difficultés à s'intégrer puisqu'ils vivent selon des principes moraux supérieurs à ceux qui leur sont proposés. Imaginez un instant que vous êtes injustement condamné pour un crime que vous n'avez pas commis, et que vous vous retrouvez en prison avec des détenus ayant commis des crimes très graves. Essayez d'imaginer les règles formelles et informelles qui y sont imposées. Est-ce que vous allez tenter de vous intégrer parmi eux et de suivre les lois qu'ils vous imposent ? Comment vous sentiriez-vous ? Et surtout, seriez-vous prêt à les inciter à changer en leur expliquant qu'il est possible de vivre autrement, avec des valeurs morales plus élevées ? Bien entendu, cela ne signifie pas que tous les enfants dotés de facultés psychiques avancées ont toujours raison et qu'il suit de les laisser sans éducation. Il est essentiel que l'école stimule leurs talents créatifs et authentiques, pour qu'ils puissent s'épanouir. Cette simple norme pédagogique est chère au cœur de tout parent et de tout éducateur aimant, et s'applique à tous.

Chaque embryon hérite les programmes d'ADN de ses parents. Lorsque ces programmes ont subi des mutations significatives, comme c'est le cas pour tous les humains sur Terre, le code génétique de l'embryon et son champ morphogénétique en sont également affectés. En outre, les fréquences que l'embryon doit suporter peuvent parfois s'avérer trop puissantes, ce qui explique pourquoi les problèmes hormonaux des indigos se manifestent souvent dès l'enfance.

Il est possible de surmonter les mutations de la matrice d'ADN, tant pour les humains que pour les races Indigo et Illuminati en utilisant simplement quelques techniques Kathara pour améliorer en douceur notre potentiel d'intégration de fréquences provenant des niveaux de notre avatar krystique. Quelques méthodes de base sont présentées

---

106   E'Asha Ashayana, Architects of Light, Adashi MCEO, 2000, p.30

dans le dernier chapitre de ce livre, et peuvent être trouvées en détails dans le manuel Kathara niveau 1.[107]

La naissance de personnes indigo n'est pas aléatoire et n'affecte pas des générations entières, comme nous suggèrent certaines publications. Les indigos naissent en grand nombre, toujours avant un cycle d'activation stellaire du templar de la Terre.[108] La tentative la plus récente de mener un tel cycle a eu lieu en 22 326 av. J.-C., et a échoué, en se terminant par une impasse entre les pouvoirs adhérant aux principes krystiques et leur opposition.[109] Cependant, la résolution de ce conflit est en train de s'effectuer de nos jours. Pour en savoir plus sur ce drame, ainsi que pour consulter des sources supplémentaires, veuillez consulter le chapitre onze de ce livre.

Avant la naissance d'un oraphime (personne indigo), les parents identifiés comme étant génétiquement aptes doivent conclure un contrat au niveau de leur âme. Il s'agit d'individus qui sont inconsciemment attirés l'un vers l'autre par le biais de leurs âmes ou leurs identités supérieures. L'origine de leur attirance subconsciente réside dans le sentiment d'amour et la sensation de lien spécial que les deux parents éprouvent. Il s'agit de contrats Palaidoriens régis aux niveaux de l'avatar, 5ᵉ univers harmonique, 13ᵉ, 14ᵉ et 15ᵉ dimensions.[110] Ces contrats sont conclus au niveau des âmes des parents et leur offrent la possibilité d'optimiser leur potentiel génétique et d'accélérer leur évolution.

La naissance de chaque enfant indigo est un processus complexe qui nécessite la synchronisation de plusieurs circonstances au niveau des dimensions supérieures. Il est essentiel d'abord d'évaluer la vibration et les codes que la planète requiert, les programmes karmiques de l'entité indigo et de ses parents, la quantité de fréquences que le fœtus peut supporter, et d'autres facteurs similaires. De plus, le processus se déroule selon le libre arbitre des âmes des parents, qui peuvent décider d'accepter ou de refuser leur contrat. Jusqu'au 30 août 1998, les contrats Palaidoriens étaient accessibles aux parents considérés comme aptes à accueillir des enfants indigo.[111]À partir de cette date, des liens

---

107   E'Asha Ashayana, Kathara bio-spiritual healing system manual, level 1, 2000

108   Traduction personnelle de l'anglais ''Stelar activation cycle''

109   Plus sur la période de 22,326, voir E'Asha Ashayana. Voyagers The Secrets of Amenti, 2003p.372; E'Asha Ashaya-na. Dance for life manual, 2002 p.154

110   Plus, sur les contrats Palaidoriens, voir E'Asha Ashayana, Voyagers 2, Secrets of Amenti, Granite Publishing, pp 194-198, 2002

111   E'Asha Ashayana, Voyagers 2, Secrets of Amenti, Granite Publishing, p.196, 2002

d'âme, ainsi que des améliorations génétiques ont été mis en place pour les parents, afin d'augmenter les chances du fœtus d'intégrer avec succès les fréquences provenant des dimensions supérieures.

Il existe différentes catégorisations d'individus indigo, car l'un des critères de distinction les plus déterminants est la quantité de brins d'ADN présents dans leur code génétique. En fonction de ce critère, on distingue trois types d'indigo, qui sont présentés ci-dessous.

Indigo de type 1

Ce type de personnes indigo détient les codes d'accès vers les dimensions les plus élevées. Ces enfants naissent très rarement sur Terre. Leur naissance doit être méticuleusement planifiée, car la capacité de notre planète à accueillir ce type de hautes fréquences provenant des champs originels de son et de lumière, est limitée. La plupart de ces indigos sont nés dans les années 1960 et 1970, et leur nombre devrait atteindre plusieurs milliers d'ici 2017. Dans la plupart des cas, ils apparaissent en groupes et les parents, ainsi que le lieu de naissance sont soigneusement sélectionnés à l'avance.

La mission principale des indigos de type 1 est d'aider la purification des grilles de la Terre et à les réapprovisionner en fréquences qui faciliteront le bon déroulement du cycle d'activation stellaire. La présence de hautes fréquences sur Terre est une condition indispensable à l'ouverture des portails respectifs de manière progressive et équilibrée.

Un autre aspect important de leur mission est d'aider tous les organismes de la planète à vivre en harmonie.

Ces indigos manifestent des capacités psychiques avancées et des possibilités d'établir un contact avec des êtres d'autres dimensions, dès leur enfance. Pour cette raison, il est important pour eux d'apprendre à protéger soigneusement leurs biochamps en utilisant des techniques de visualisation et de méditation appropriées.

Une caractéristique distinctive des personnes indigo de type 1 est la succession de contrats et changement d'identité.[112] Cela signifie que l'âme entame le processus de développement embryonnaire et vit dans le corps jusqu'à un certain âge. Ensuite, un changement d'identité, planifié et librement coordonnée, se produit - l'avatar d'une nouvelle

---

112 Traduction personnelle de l'anglais "walk-in contract and switching the identity"

personne prend la place de la précédente. Ces indigos peuvent alors évoluer jusqu'au niveau d'adepte rishi.

Ce processus est délicat, et s'il n'est pas réalisé à temps ou s'il est entravé, l'avatar risque de rester bloqué et de ne pas accomplir sa mission. Il est donc nécessaire d'être informé sur l'hygiène requise au bon fonctionnement des champs bioénergétiques, sur la nature multidimensionnelle de l'homme, ainsi que sur les techniques de visualisation qui aident à intégrer plus complètement l'avatar krystique et l'identité rishi.

Lorsque cet évènement se produit, il est très probable qu'il sera accompagné d'un changement brusque dans les intérêts de la personne, puisqu'une nouvelle identité émerge, avec ses propres aspirations et tâches à accomplir.

Indigo de type 2

Les personnes indigo de ce type possèdent une matrice d'ADN composée de 24 à 30 brins. Il existe plusieurs centaines de milliers d'indigos de cette catégorie sur Terre. Au fil de leur développement biologique, ils sont capables d'élargir leur conscience jusqu'au niveau d'adepte rishi, dépassant ainsi les fréquences de l'avatar krystique chez les humains. La mission principale des indigos de type 2 consiste à élargir la conscience des êtres humains sur leur propre potentiel, leurs talents et leur héritage historique, ainsi qu'à restaurer l'éclat de la matrice d'ADN du Soleil Diamant, propre aux humains. Les capacités psychiques avancées et les contacts avec des êtres de dimensions supérieures sont également des traits distinctifs de ce type d'indigo. Il ne s'agit pas d'un pouvoir surnaturel, mais d'une qualité innée qui devrait être bien expliquée à tous les enfants, pour qu'ils ne soient pas traumatisés.

En outre, les indigos de type 2 assistent les indigos de type 1 dans leur travail énergétique avec les grilles et les boucliers de la Terre.

Afin d'accomplir leur mission inhérente de préservation et de purification énergétique des territoires clés de la planète, les indigos de type 1 et 2 doivent acquérir des connaissances précises sur l'activation du Merkaba krystique naturel des différents niveaux d'univers harmoniques, et de connaître la grille Kathara et ses rapports avec les dimensions spatio-temporelles, les boucliers planétaires et l'être humain. Il est également essentiel de savoir travailler convenablement avec les codes Véca, Ecka, Eckasha et d'autres. Cette connaissance, rendue publique pour la première fois depuis des millénaires, est disponible à notre époque puisqu'elle est nécessaire à tous, y compris aux collectifs indigo et illuminati. Des explications détaillées sur ce sujet sont disponibles dans le manuel Kathara - Niveau 1.

Indigo de type 3

Ce type d'indigos est le plus répandu sur Terre et il est prévu que des millions de personnes soient incarnées sous cette forme. La caractéristique la plus marquante de ces individus est qu'ils font partie du programme hybride Oraphime-Nephilime. Cela signifie que ces indigos possèdent deux avatars en parallèle, l'un étant oraphime, doté de 24 brins d'ADN, et l'autre, nephilime, avec 11 brins d'ADN, dont le programme a été inversé.

Les nephilimes sont une race de géants dont le code génétique est issu d'un croisement entre les anunnaki et les humains du deuxième peuplement de la Terre. Leur présence sur notre planète a été interdite, car lorsque le code génétique des anunnaki avec un programme d'ADN inversé est prédominant, ils deviennent une menace pour les humains et pour les autres collectifs.[113] Avant la naissance d'une personne indigo de type 3, l'avatar néphilime accepte de se placer sous le contrôle et la direction de l'avatar oraphime. Cela signifie que les indigos de type 3 ont comme mission principale d'aider la biogénération de l'avatar néphilime pour qu'il puisse intégrer son avatar krystique et acquérir la capacité d'éprouver des sentiments tels que l'amour et la compassion. Cette tâche est complexe mais d'une grande utilité à la fois pour les néphilimes et pour les humains, ainsi que pour le rétablissement du modèle d'ADN de la lignée génétique des anunnaki.

L'existence d'un indigo de type 3 est souvent accompagnée de conflits internes et de comportements extrêmement polarisés, reflétant l'interaction tumultueuse entre l'avatar oraphime et l'avatar nephilime qui cohabitent au sein de l'individu. Il en résulte une dualité intérieure, où l'ange et le démon semblent se disputer l'âme de la personne. Seul le libre arbitre et la capacité de maintenir un champ bioénergétique pur peuvent déterminer laquelle des deux forces prévaudra dans la vie de l'individu. L'un des principaux défis auxquels les indigos de cette

---

113 Pour plus d'information sur les nephilimes, voir le manuel Dance for life, 2002, pp.15

catégorie doivent faire face, réside dans le fait que l'empreinte du nephilime est généralement activée en premier. Par conséquent, l'enfant commence à se comporter de manière agressive et insensible, essayant de tester les limites entre le bien et le mal. Pour ces enfants indigo, il est important de les aider à incorporer l'identité oraphime et à libérer la bonté qui est ancrée en eux. Une approche d'amour ferme et une définition claire des limites à ne pas dépasser dans l'exercice de leur libre arbitre peuvent leur aider de trouver de l'équilibre. Les techniques Kathara offrent un moyen de résoudre ces conflits intérieurs aigus et de purifier la matrice d'ADN en transformant le fonctionnement inversé en comportement naturel et krystique.

Lorsque l'âme nephilime parvient à se rebeller contre l'âme oraphime et à prendre le dessus, l'homme indigo se transforme en une entité Magenta.[114] Si cela se produit, le corps de l'homme passe sous le contrôle de l'âme néphilime, qui renonce à son potentiel krystique.

Les magentas sont les représentants de haut niveau des races déchues, dont le modèle d'ADN est fortement endommagé. Ils possèdent un codage indigo inversé et sont sous le contrôle d'une entité aux intentions non-krystiques.

Grâce à ces informations, nous prenons conscience que l'invasion de la Terre a toujours commencé de l'intérieur. Toutes les religions et traditions culturelles ont été fortement influencées pour altérer les messages krystiques contenus dans leurs manuscrits originels. Par le biais de fausses déclarations ou d'actions contradictoires, elles ont semé la discorde entre les communautés et ont déformé les textes sacrés. Si une personne souhaite se protéger de cette influence, il convient d'optimiser la relation avec son avatar krystique en utilisant les techniques Kathara et Tantriara d'activation du bouclier Maharique, présentées dans le chapitre douze.

Au premier abord, ces informations peuvent paraitre pesantes et susciter la crainte. Néanmoins, n'est-il pas préférable que l'on soit informé des conséquences désagréables, mais aussi des méthodes préventives, plutôt que de se voir épargner les avertissements, mais de tomber sous le contrôle insidieux d'un ange déchu qui s'infiltre dans nos biochamps pour nous manipuler ? En réalité, nous sommes au cœur du conflit le plus vaste qui ait jamais opposé les races krystiques et les races déchues, et la Terre en est l'un des points nodaux.

---

114 Pour plus d'informations sur les magentas, voir le guide Dance for life, 2002, pp.204-206

CHAPITRE 7

Activation de l'ADN

Depuis janvier 2000, des énergies chargées en fréquences variées, tant krystiques que non-krystiques, affluent vers le noyau de la Terre et les grilles souterraines. Le modèle d'ADN des êtres humains et de toutes les autres espèces biologiques est profondément lié à notre planète par le biais des boucliers collectifs. C'est ainsi que ces énergies nous influencent et déclenchent les programmes intégrés dans nos molécules génétiques.

Qu'est-ce que l'activation de l'ADN ?

Les recherches en biologie reflètent que les molécules d'acide désoxyribonucléique (ADN), contiennent des instructions nécessaires au développement de toutes les formes de vie. La double hélice spiralée cache des programmes qui déterminent le fonctionnement de nos cellules, de nos tissus et de nos organes. Des études révèlent que la plus grande partie du génome humain est composée d'ADN résiduel, dans lequel les protéines ne sont pas codées en séquence et dont la fonctionnalité échappe encore à la compréhension de la science contemporaine.

Les Enseignements de la Liberté nous apprennent que, dans les temps anciens, les molécules que nous appelons aujourd'hui de « l'ADN non-codant », ou encore, de « l'ADN résiduel » fonctionnaient en plein régime. Elles généraient des programmes supplémentaires dans la biologie des humains, leur offrant accès aux dimensions supérieures. Grâce au fonctionnement optimal et complet de la molécule d'ADN, les humains possédaient des facultés que nous qualifierions aujourd'hui de surnaturelles.

Par conséquent, l'activation de l'ADN déclenche un processus de recodage progressif du génome humain lui permettant de retrouver son état **naturel**. Les informations issues des plaques Dora Téhoura nous offrent une vision radicalement différente de l'évolution humaine, de notre essence, de l'origine de notre création et de l'importance des transformations à venir. La matrice d'ADN représente le socle sur lequel sont fondés les programmes génétiques de la race Humaine, et respectivement, des races Illuminati et Indigo. Percer les mystères entourant les origines génétiques est une démarche indispensable vers la connaissance de soi, que les Enseignements de la Liberté dévoilent dans les moindres détails.

Les potentiels et le mode opératoire des programmes d'ADN d'une espèce biologique déterminent les différentes dimensions qu'elle sera en mesure d'accéder. En tant que race krystique de par son origine, la race Humaine est dotée d'une capacité d'ascension jusqu'à la 12ᵉ dimension. Cela signifie que chaque personne ou entité incarnée dans un corps humain aura le potentiel de ressentir une connexion profonde à la Source et à l'amour qui en découle. Le lien avec la 12ᵉ dimension krystique procure le ressenti et la connaissance intuitive que tout et chacun fait partie intégrale de l'Absolu, et que nous ne sommes qu'un. Dans la 12ᵉ dimension la loi de l'Unité est pleinement comprise et éprouvée par tous.

Cependant, certaines races ont choisi de s'éloigner de leur conscience krystique. De ce fait, leurs valeurs, ainsi que toutes leurs actions et pensées sont marquées par des intentions cruelles de domination et de manipulation envers les autres. En revanche, si une race déchue décide de retrouver son lien avec la Source, elle peut toujours bénéficier du soutien respectif de la part des races krystiques qui sont prêtes à les accompagner dans leur rétablissement génétique et dans l'harmonisation des relations au sein de leurs collectifs et avec les autres en général.

Les Enseignements de la Liberté font partie d'un vaste réservoir de connaissances anciennes concernant les véritables finalités et processus de la biologie humaine et de l'évolution spirituelle. Ils ont été préservés dans nos cultures depuis l'époque pré-ancienne par l'intermédiaire d'un Groupe Spirituel secret, les Gardiens de la Flamme, issus de l'Ordre monastique d'Émeraude de Melchizédek,[115] et qui constitue une grande communauté de maîtres de la science spirituelle. En principe, les enseignements de l'Ordre d'Émeraude sont mis en lumière lors de périodes critiques afin d'aider l'humanité à évoluer vers une voie positive et plus épanouissante. Il est intéressant de noter que les instructions des Gardiens de la Flamme sont rendues publiques au-

---

115 E'Asha Ashayana, Tangible structure of the soul - manual

jourd'hui dans toute leur intégralité, pour la première fois depuis plus de 10 000 ans.[116]

Le concept d'évolution bio-spirituelle met en évidence la relation étroite entre l'ADN humain, la structure multidimentionnelle de l'identité (âme, sur-âme et avatar krystique) et le processus d'intégration spirituelle qui les relie.

Les différentes étapes qui sont nécessaires à la bio-régénération équilibrée, à la guérison du corps et à l'harmonisation psychique et krystique des attitudes humaines sont expliquées par Ashayana et par l'Alliance des Gardiens dans les ateliers de mai et décembre 2013. Ces étapes incluent des voyages méditatifs vers des temples de guérison magnifiques qui aident à éliminer la tension dans le cryptage familial d'une personne, et à libérer le karma ancestral et racial négatif accumulé depuis des éons. Il est essentiel de passer par un tel processus de régénération, puisque suite à l'activation des portails stellaires des niveaux Eckasha-É-A l'angoisse karmique provenant des temps très anciens émerge à la surface, réveillant ainsi d'anciens conflits inscrits profondément dans la psyché de certains collectifs, mais dont la plupart des gens ignore l'existence. Pour ces derniers, le ressenti de divergence irreconciliable et de haine envers d'autres communautés est palpable, mais la cause initiale n'est pas claire. Pour cette raison, l'activation du plasma krystique dans la structure subtile de l'homme constitue un moyen de se protéger et de ne pas se laisser entraîner dans le drame global d'intolérance irréductible et de disputes.

L'activation de l'ADN déclenchera un éveil massif des capacités naturelles de clairvoyance, offrant à chacun la possibilité de se découvrir et de mieux comprendre le monde qui l'entoure, ainsi que de mieux intégrer les identités multidimensionnelles de son Moi incarné. Ce que nous considérons aujourd'hui comme phénoménal deviendra demain une réalité tout à fait banale. Dorénavant, de plus en plus de personnes vont susciter en elles-mêmes ces capacités extraordinaires.

Lors d'une conférence de 2002 Ashayana présente brièvement le processus de retour du génome humain vers son état naturel et les métamorphoses qui en découlent, dans la mesure où cela sera possible pour une fraction de l'humanité. Par exemple, le nombre de nucléotides composant l'ADN, qui est actuellement au nombre de quatre, pourrait augmenter.[117] Le modèle de base de la molécule d'ADN et les

---

116 Ibid.
117 E'Asha Ashayana, Dance for love, 2002, disk 3

programmes qu'elle contient amplifieront leur potentiel inhérent. Une autre facette de ces transformations sera l'apparition de neutrons dans les atomes d'hydrogène, ce qui deviendra apparent dans les analyses ![118] Il s'agit d'une transfiguration fondamentale au niveau biochimique qui affectera toutes les espèces biologiques. Grâce à elle, les blocages qui empêchent le déroulement naturel des processus organiques sur la planète et dans notre corps se dissiperont progressivement.

Les métamorphoses seront très tangibles, mais elles s'enchaîneront graduellement. Étant donné que l'empreinte naturelle de la race Humaine forme un modèle de corps physique d'une taille moyenne entre trois et quatre mètres, il est probable que certaines personnes grandissent de plusieurs dizaines de centimètres en taille. Les os, les muscles et les organes sont également susceptibles d'accroître.

Des changements liés à notre perception de la réalité auront également lieu. En effet, ils se produisent déjà chez de nombreuses personnes. Imaginez que vous vous promenez dans une rue familière, et que soudainement, vous constatez que les immeubles ont changé de place. Quelques secondes plus tard, tout redevient comme avant, mais vous êtes perplexe et vous pourriez même craindre de perdre la raison. Du moins, il est probable que vous hésitiez à partager cette expérience avec autrui.

Ces évènements s'expliquent par la conjonction d'ondes temporelles qui provoque un changement brusque dans le rythme régulier de pulsation du corps humain, le faisant passer momentanément dans une autre réalité.[119] Comme nous l'avons évoqué précédemment, le temps est statique. C'est la conscience qui se déplace à travers des fractions de temps qui pulsent à des fréquences données. Dès que le taux de fréquence change, la réalité que nous expérimentons change également. Au cours de la dernière décennie sur Terre, nous observons une convergence accentuée de différentes lignes temporelles et de voies d'évolution. Il est donc possible qu'une personne fasse consciemment l'expérience de déplacement soudain des lignes temporelles de son environnement. Si cela se produit, il est préférable de rester calme, de se rappeler qu'il s'agit d'un phénomène très intéressant et passionnant, et puis, de ralentir sa respiration jusqu'à ce que la situation retourne à la normale. L'apparition ou la disparition d'objets est due à l'ouverture de sceaux énergétiques qui séparent les différents systèmes de probabili-

---

118 Dance for life, 2002, disk 3
119 Introduction to elements of Kathara 4, disk 6, 2005

té.[120] Ce phénomène est connu sous le nom d' « écoulement à travers une ligne temporelle ».[121]

Chaque objet se caractérise par une certaine fréquence vibratoire spécifique. Lorsqu'une modification soudaine de cette fréquence se produit, l'objet peut se déplacer dans une autre ligne d'existence et disparaître aux yeux de ceux qui restent sur la ligne temporelle précédente. Imaginons des véhicules circulant à des vitesses différentes sur une autoroute. Chaque changement de vitesse entraîne une modification de la fréquence vibratoire des voitures. Si l'un des véhicules se transforme en machine volante, cela représente un changement significatif dans son état, provoqué par l'augmentation considérable de son taux vibratoire. L'appareil disparaîtra du champ de vision des personnes qui resteront sur l'autoroute, mais continuera d'exister dans l'air, à une vitesse plus rapide. Cet exemple vise à illustrer l'ampleur des transformations qui sont en train de se produire aujourd'hui.

Notre perception du passé et du futur peut être assimilée à des feuilles de papier qui se superposent et créent un mouvement, à l'image des dessins animés de l'époque. Les acteurs de la première feuille font un choix collectif, souvent inconscient, sur ce qui sera projeté sur la feuille suivante - leur avenir. Nous participons donc tous ensemble à l'élaboration de notre propre destin et de la réalité dans laquelle nous souhaitons vivre. Plus nous comprenons ces processus, notre propre structure énergétique et les lois krystiques originelles de la Création, plus nous acquérons d'influence et de pouvoir pour déterminer notre avenir et celui des collectifs auxquels nous sommes liés, tels que la famille, la nation et l'appartenance raciale. Le lien qui nous unit à eux réside dans notre appartenance aux boucliers énergétiques collectifs.

Tout au long de la biorégénération de notre modèle d'ADN et de la restauration de son fonctionnement exhaustif, certaines personnes auront la possibilité d'activer leurs codes temporels. Elles pourront ainsi se déplacer aisément sur les lignes temporelles, dans le futur ou dans le passé, et accomplir des missions krystiques.[122] Les lecteurs souhaitant en savoir plus sur les mécanismes de fonctionnement des codes tempo-

---

120 Pour plus d'informations, voir E'Asha Ashayana, Doorways through time, 2009, disk 2
121 Traduction de l'anglais ''bleed through a timeline''
122 Cosmic Clock Reset, Phoenix, USA, 2003, disk 1; Waters of ElAisa - May 2013, disk 3; The kethradon awakening, 2005, disk 1

rels dans le modèle d'ADN sont invités à consulter les références dans les notes de bas de page de ce chapitre.

Il est important de noter que notre existence collective sur les mêmes lignes temporelles et le même cours d'évolution, fixée dans un rythme commun de passage d'une réalité temporelle à une autre (d'un jour à l'autre), n'est pas nécessairement constante. Les humains possèdent le potentiel, le don et la responsabilité de vivre avec une conscience multi-vectorielle, de disposer de plusieurs personnalités existant à des époques différentes, et de voyager à travers le temps.

Pour qu'un être puisse biorégénérer son ADN au point d'être capable de voyager dans le temps, il est nécessaire de comprendre le fonctionnement du cristal Eckousha, encore appelé *Graine de Lotus*, intégré dans notre modèle d'ADN. Ces informations sont présentées dans le premier disque de l'atelier « l'Éveil de Kethradon » de 2005.[123] D'autres informations importantes sur ces thématiques sont disponibles dans l'atelier « Portes à travers le temps » de 2009.[124] Dans ces conférences, Ashayana explique le rôle de « stalía de translocation » qui peut être appliqué dans un état de meditation profonde appelé « sahadi », et qui permet d'entamer un voyage dans le temps. Ces techniques peuvent être mises en grâce à des cartes de probabilité qui aident à déterminer la localisation de l'endroit où l'on souhaite se rendre.

Cette capacité représente l'aboutissement d'une grande liberté, qui implique également une grande responsabilité dans son exercice.

Imaginez un instant que vous ayez la capacité de voyager dans le temps et que vous puissiez vous déplacer dans une réalité passée ou future. Comment utiliseriez-vous ce pouvoir ? Seriez-vous intéressé(e) par l'impact que votre présence pourrait avoir sur les événements historiques ? Qu'aimeriez-vous découvrir ou simplement observer ? Souhaiteriez-vous retourner dans votre réalité d'origine ? Respecteriez-vous le droit des autres de façonner leur propre destin, ou tenteriez-vous d'influencer leurs décisions ? Tiendrez-vous compte des conseils procurés par les autorités régulatrices en charge de coordonner les déplacements temporels ?

Dans votre vie actuelle, comment vous sentiriez-vous si vous réalisiez que vous êtes ici, à cet endroit précis et à cette époque, parce que vous l'avez choisi, et que vous avez trouvé des parents disposant d'un capital génétique convenable pour vous accueillir ici ? Vous ressenti-

---

123 Kethradon awakening, 2005, disk 1
124 Doorways through time, 2009, disk 1

riez-vous une impulsion intérieure vous incitant à en savoir plus sur qui vous êtes et pourquoi vous êtes ici ? Seriez-vous curieux de connaître quelles sont les missions que vous avez accepté d'accomplir, mais dont vous ne vous souvenez pas, puisque la vie ici commence sans avoir accès à ces informations essentielles ? Si vous voyagez pour une mission et que vous perdez soudainement la possibilité de revenir en arrière pendant une longue période, et que vous oubliez le but initial de votre périple, vous aurez probablement deux tâches à accomplir : la première sera de trouver comment revenir « chez vous », et la seconde, de vous rappeler la raison pour laquelle vous avez entamé cette aventure.

Il est possible que votre destin attire l'attention de quelqu'un qui cherche à entrer en contact avec vous, peut-être une partie de votre identité multidimensionnelle. Cette entité est consciente de l'importance de l'époque où vous vivez et souhaite vous apporter son aide personnelle. Lorsqu'un être krystique vous offre son assistance, il s'agit souvent d'un partage de connaissances qui vous appartiennent déjà, mais dans une dimension supérieure, et qui peuvent vous aider à mieux comprendre vos origines et les possibilités qui s'offrent à vous dans la réalité que vous vivez aujourd'hui. Vous avez le droit de recevoir ces informations et la responsabilité de choisir comment les utiliser. Cela définira votre existence pour les éons à venir.

Notre façon de considérer ces changements et notre capacité de les percevoir positivement sont des conditions fondamentales pour la résilience mentale et pour l'intégration cohérente des évènements.

Cependant, il est important de faire la distinction entre la mutation génétique et l'activation de l'ADN. Comme nous le savons, la mutation des cellules est possible et se produit sous diverses influences provenant de l'environnement extérieur. L'exposition aux radiations en est un bon exemple. La mutation est une déformation physiologique inhabituelle, tandis que l'activation de l'ADN est une restauration organique du potentiel intrinsèque des cellules. La question est de savoir comment faire la différence entre un phénomène naturel et une mutation générale persistante. En réalité, le seul critère permettant de distinguer l'organique du non-organique est le modèle originel de l'ADN d'une espèce. Cette connaissance est imprégnée dans chacune des cellules du corps humain. Lorsque nous en prenons conscience, elle suscite en nous une réaction intérieure positive et un sens intuitif de vérité.

Le concept selon lequel la forme actuelle des molécules d'ADN n'est pas dans son état naturel, en raison d'actes intentionnels, est peu populaire dans les cercles scientifiques. Admettre cette hypothèse reviendrait à reconnaître l'existence d'actions délibérées menées par des forces extérieures pour provoquer des mutations chez les humains et les rendre soumis et manipulables.

Malgré l'histoire douloureuse et difficile de l'humanité sur Terre, il est préférable d'en tirer les leçons pour éviter de reproduire les mêmes erreurs sur le chemin de l'évolution humaine.

La science se développe en partant du principe que l'environnement qu'elle observe est naturel, et que les lois qui y régissent sont normales et universelles. Par exemple, en observant le comportement de la faune sur Terre, on constate que les prédateurs se nourrissent principalement d'animaux plus faibles, qui deviennent leurs proies. La communauté scientifique suppose qu'il s'agit d'une attitude traditionnelle chez les animaux, car elle ne connaît pas d'autres conditions d'existence. Cependant, l'interprétation correcte des interactions entre les animaux et leur lutte permanente pour subsister est liée au fait qu'ils évoluent dans un environnement qui les oblige à agir ainsi et qui stimule leurs instincts de survie.

Ce comportement de prédation ne serait pas nécessaire si les espèces pouvaient se procurer de l'énergie autrement que par la consommation d'autres êtres vivants. Il existe des milieux naturels, y compris sur la Terre Intérieure, au sein desquels les espèces biologiques ne développent pas de comportements de prédation pour survivre. Elles sont brétériennes et obtiennent leur énergie directement de la Source éternelle et inépuisable, dont nous faisons tous partie.

L'astronomie en est un autre exemple d'observation scientifique qui considère que l'état actuel de notre environnement est normal, simplement parce qu'il est tel que nous l'observons aujourd'hui. Ainsi, les astronomes considèrent le trou noir au centre de notre galaxie comme un phénomène habituel. Cependant, Ashayana et l'Alliance des Gardiens expliquent l'histoire de la séparation progressive de la Voie lactée et d'Andromède (M-31) dans une série de conférences.[125] Ils mettent en garde contre le fait que la présence d'un trou noir n'est pas naturelle et constitue un problème pour l'évolution krystique de notre galaxie.

De nombreux nouveaux enseignements ésotériques s'appuient sur des exemples de phénomènes naturels et présentent la géométrie « sacrée » comme un modèle organique. Les Enseignements de la Li-

---

125 E'Asha Ashayana, Ascension Mechanics workshop, project Camelot productions, 2010; The Milky Way mysteries - Amsterdam 2007

berté démontrent dans le moindre détail les proportions originelles et krystiques, ainsi que les ratios Merkaba, et la manière dont ils se transposent sur l'ensemble de la grille Kathara à 12 centres. En outre, une attention particulière est portée sur les énergies artificiellement déformées qui provoquent l'enfermement de la conscience, la séparant de ses parties supérieures. Cette perte de connexion la prédispose à arrêter son développement et la contraint de puiser de l'énergie des autres êtres vivants.

En résumé, les formes de conscience naturelles sont celles qui sont fondées sur la grille Kathara à 12 centres et qui ont le potentiel, *bloqué ou non*, de se procurer de l'énergie de façon illimitée à partir de la Source. Les formes de conscience artificielles, en revanche, sont constituées de grilles Kathara altérées, composées de 11, 10 ou 8 centres. Ces êtres sont éphémères et obligés de chercher de l'énergie chez les autres en les assimilant. Grâce à l'activation de l'ADN, une grande partie de l'humanité et de notre civilisation aura la possibilité de retrouver son état primordial, tant au niveau de la biologie physique qu'en termes d'attitude, de valeurs, de connaissances spirituelles, ainsi que de structures sociales et politiques.

Un autre symptôme considéré comme un signe d'activation de l'ADN est l'apparition de fortes pulsations cérébrales à différents endroits de la tête. Ces pulsations peuvent être liées à l'ouverture de nouveaux réseaux neurologiques à la suite du déclenchement de processus chimiques inhabituels dans l'organisme.

Au moment où ces lignes sont écrites, ces changements ne sont pas encore une réalité pour la plupart des gens et leur paraîtront probablement absurdes et fantaisistes. Cependant, il est important de rassurer ceux qui font l'expérience de ces transformations qu'il s'agit de phénomènes naturels, et qu'il est essentiel d'adopter une attitude d'ouverture et de curiosité à leur égard.

Ce niveau de métamorphose ne s'était pas produit sur Terre depuis des milliers d'années. L'humanité n'a donc pas de mémoire collective consciente pour admettre que cela est possible.

Imaginons un instant que ces phénomènes commencent à se manifester et que la majorité de la population ignore leurs causes. Il est préférable de disposer des informations nécessaires **avant** le début d'un évènement d'une telle ampleur pour que le changement soit vécu en toute quiétude, et sans crainte. Des bouleversements physiques aussi considérables peuvent provoquer du stress chez de nombreuses personnes, notamment si elles ne sont pas informées, et si elles n'adoptent pas une attitude positive vis-à-vis de ces processus méconnus jusqu'à présent.

Le rôle de l'individu et de la société sera décisif pour la restauration équilibrée de l'éclat de l'humanité entière. Pour optimiser la résilience psychologique collective, il est essentiel de privilégier une approche sereine et respectueuse, de faire preuve de curiosité et d'ouverture d'esprit face à cette nouvelle réalité, que l'on soit prêt à l'accueillir ou non. Pour relever ce défi, une telle attitude est nécessaire à la fois au niveau individuel et collectif, notamment dans l'élaboration des politiques à l'échelle nationale et internationale.

Si l'activation de l'ADN déclenche une métamorphose de la physiologie et de l'apparence des personnes, ainsi que l'épanouissement de leurs capacités psychiques, nous pouvons nous attendre à de sérieux bouleversements politiques, notamment si le mode de fonctionnement de notre société actuelle ne change pas. Ce sujet est partiellement abordé dans les bandes dessinées et les films de science-fiction, qui constituent un bon point de départ pour réfléchir à cette question. Lorsqu'une histoire est présentée dans le domaine du fantastique et de l'irréel, la plupart des gens la considère comme un divertissement, sans s'interroger en profondeur sur la question. En revanche, en transposant ce modèle dans la réalité, chacun peut se rendre compte de la complexité de la problématique et de son poids psychologique. Ce sujet exigerait un changement éminent dans notre attitude envers l'environnement et envers nous-mêmes.

En effet, il serait logique de se demander pourquoi le corps physique d'une personne change de manière générale et quels sont les facteurs qui déterminent la manière dont ces modifications se produisent. Il existe des raisons biologiques spécifiques qui expliquent ce phénomène. Pour comprendre pourquoi notre corps se transformerait de manière aussi radicale, nous devons connaître les facteurs qui déterminent son état actuel.

Comme souligné précédemment, la biologie humaine est le résultat des interactions des programmes d'ADN dans le génome humain qui dirigent le fonctionnement de toutes les cellules, les tissus et les organes de notre corps. Les Enseignements de la Liberté dévoilent que ces programmes n'utilisent pas leur plein potentiel et ne s'expriment pas de la façon dont ils ont été conçus initialement. L'activation de l'ADN permettra de réorganiser ces processus et de déclencher un changement dans la structure génétique de l'homme, entraînant le développement du pouvoir propre de notre corps physique et de tous nos corps subtils.

La prochaine étape importante pour comprendre la métamorphose est d'adopter une attitude de tolérance et d'acceptation envers les êtres qui ne sont pas d'origine humaine, mais qui ont eu la possibilité de s'incarner dans un corps humain. À première vue, ce sujet semblerait choquant et aberrant pour la plupart des gens, puisque nous sommes habitués à considérer par défaut que l'espèce humaine se compose de races différentes, mais que l'apparence de leurs représentants est immuable et ne change que très lentement. Le chapitre cinq de ce livre a déjà évoqué l'histoire des néphédimes, leur origine et leurs liens avec les collectifs draconiens issus des dimensions supérieures, caractérisés par des intentions négatives et des comportements aggresifs. Il est important de rappeler que les dimensions supérieures ne garantissent pas nécessairement de relations plus harmonieuses et d'intentions bienveillantes.

Il existe de nombreux autres exemples de représentants de races extraterrestres qui ont pu s'incarner dans un corps humain. Lorsqu'il s'agit d'êtres ayant perdu le lien avec leur identité krystique de la 12ᵉ dimension, la naissance dans un corps humain est le plus souvent liée au processus de biorégénération de leurs codes d'ADN, et respectivement de la race dont ils appartiennent. Pour cela, il doit obtenir l'autorisation des collectifs des dimensions supérieures responsables de la gestion des réincarnations sur Terre. La liberté de choix et la sincérité de ses intentions détermineront si cet être pourra achever la biorégénération et retrouver la lumière vivante. Les collectifs stellaires dont la génétique a été altérée possèdent également un avatar krystique. Pour eux, l'incarnation dans un corps humain représente une opportunité de libération du contrôle imposé par leurs maîtres des dimensions supérieures. Ces êtres sont aujourd'hui confrontés à une question fatidique qui est la suivante : doivent-ils rennoncer au désir de contrôle, crypté dans leurs programmes génétiques, pour adopter une attitude d'amour, de respect et de coopération ?

Au-delà des représentants des races nécessitant une biorégénération, il existe également des incarnations dans des corps humains de races supérieures à la 12ᵉ dimension, appelées indigo, dont le rôle et les raisons de venir sur Terre ont été abordés précédemment. Nous vivons aujourd'hui dans un monde où le corps humain représente une couverture pour de multiples races stellaires. Finalement, l'humanité, dans son état actuel, est très diversifiée et colorée. Etant donné que l'augmentation des fréquences qui déclenchent l'activation de l'ADN sur la planète affecte toutes les espèces, chaque être aura l'opportunité de retrouver la forme initiale inscrite dans son modèle d'ADN. Cela ne devrait pas générer de la peur, ni chez eux, ni chez les humains qui ne connaissent pas encore de tels phénomènes... ou en tout cas, pas pour l'instant. Les masques tombent et le spectacle arrive bientôt à sa fin !

Lorsqu'un individu travaille intentionnellement à purifier ses corps subtils et son code d'ADN, il contribue à purifier les corps subtils de tous les autres, même de ceux qui ignorent ces informations ou les trouvent trop étranges pour y prêter attention. Les changements qui en résultent sont dus au fait que tous les êtres humains sont reliés par un bouclier énergétique collectif, qui leur permet de s'influencer mutuellement.

Il est important de souligner que le travail conscient, mené à travers la visualisation et les techniques Kathara et Tantriara, affecte également nos proches biologiques.

En effet, ces techniques, associées aux fréquences Ileysa mises à disposition depuis 2013, nous aident à éliminer les blocages, permettant ainsi une activation de l'ADN plus fluide et moins douloureuse, au fur et à mesure que notre corps change de structure. Les fréquences Ileysa font partie du code cristallin du niveau Cosmeyas, appelé « Soleil-8 ». [126]

Grâce à quelques méthodes simples et rapides, qui ne demandent que dix minutes par jour, nous pouvons faciliter l'activation sécurisée de notre ADN et surmonter les blocages dans notre génétique.

L'activation de l'ADN est étroitement liée au développement spirituel et à l'intégration de fréquences plus élevées. Au fil du processus de collecte et de formation de brins d'ADN latents, nous commençons à intégrer dans notre champ énergétique personnel les fréquences provenant du champ morphogénétique unifié.[127] Cette activation entraine une expansion de la conscience chez la plupart des gens, qui peut déboucher sur le développement de capacités de clairvoyance et faire remonter à la surface des souvenirs d'incarnations parallèles, dans le passé ou dans le futur.

Cependant, les personnes élevées dans des traditions religieuses strictes qui refusent l'existence d'autres vies pourraient éprouver des

---

126 E'Asha Ashayana, Waters of Eleisa, 2013, disk
127 E'Asha Ashayana, Voyagers 2, Secrets of Amenti, 2002, p.156

difficultés à accepter ces hypothèses, notamment si des images d'incarnations d'autres époques commencent à surgir dans leur esprit. Il est important d'être conscient que ces images ne sont pas le signe d'une folie naissante ou d'une imagination compulsive, mais d'un processus essentiel qui peut et doit être géré de manière à ne pas nuire à notre vie actuelle, et qui, au contraire, pourra la soulager et enrichir. Ce phénomène représente l'intégration de nos identités multidimensionnelles des niveaux de l'âme, la sur-âme et l'avatar, et implique le nettoyage des accumulations karmiques que nous avons vécues, ou plus précisément, que nos autres parties vivent actuellement dans des réalités temporelles parallèles. En percevant le temps comme une série d'épisodes projetés simultanément, nous commençons à saisir le karma comme un fil énergétique qui relie une vie à l'autre.

Lorsque nous abordons le sujet sur les vies antérieures, il convient de préciser dans quelle mesure elles font partie de notre identité actuelle. Si nous adoptons une attitude critique envers l'une de nos incarnations dans une vie antérieure, nous risquons de nous laisser envahir par la culpabilité et l'impuissance, qui nous enfermeront dans le piège de l'auto-accusation. Cela ne contribuera pas à dénouer le nœud karmique et à nous libérer du chemin de déviation que notre âme a pu emprunter dans une autre vie. Il est toutefois important de ne pas négliger les erreurs et les éventuelles chutes spirituelles qui ont pu survenir. Chacun d'entre nous, aujourd'hui, est une personne distincte de celles de ses incarnations passées et futures. Cependant, nous sommes responsables d'apprendre les leçons et de comprendre les actes manqués à travers toutes nos incarnations, même si notre perspective et les circonstances ont changé.

Cela ressemble à la façon dont nous réagissons face à une situation à différentes étapes de notre vie. La manière dont nous répondons à une situation dans notre enfance n'est pas la même que lorsque nous sommes adolescents ou adultes. Pourtant, dans notre conscience, l'enfant fait partie de nous-mêmes, à un autre stade de développement.

L'activation de l'ADN entraîne une expansion de notre perception, non seulement en ce qui concerne les incarnations passées et futures, mais également le moment présent. En intégrant un plus grand nombre de brins d'ADN, notre conscience commence progressivement à percevoir et à communiquer avec celle du monde animal, végétal et minéral. Aujourd'hui, nous connaissons déjà plusieurs mystiques qui ont atteint ce niveau de sensibilité et qui sont capables d'échanges télépathiques avec les animaux. Grâce à l'activation massive de l'ADN, cette communication deviendra bientôt une pratique courante ! À l'instar des héros légendaires qui communiquent avec les éléments de la nature, les humains contemporains s'ouvriront de plus en plus à ce type d'échange. Cela n'est qu'une condition préalable pour de nombreux autres changements que nous observerons dans nos vies actuelles.

Lorsque nous entrons en contact avec quelqu'un, nous commençons à le percevoir comme un sujet, et non comme un objet. Il s'agit d'un mécanisme naturel d'interrelation entre deux personnes. A travers l'échange nous commençons à percevoir l'individualité de notre interlocuteur, ses traits de caractère, ses désirs, et ses angoisses. Il convient donc de construire une relation de respect et de compréhension avec lui.

Essayez d'imaginer un instant que tous les humains puissent communiquer directement avec les plantes et les animaux. Dans les conceptions modernes de la civilisation humaine, y compris dans les réglementations juridiques, la flore et la faune sont traitées comme des objets. La Terre elle-même est considérée comme une ressource, non comme un être vivant avec lequel nous entretenons une relation de symbiose. Le développement de la conscience écologique ne devrait pas se limiter à prolonger le temps d'utilisation des ressources de la planète, mais viser plutôt à atteindre un niveau où elles sont traitées comme des sujets dotés de leur propre individualité et de droits adaptés. Dans ce contexte, il est révélateur de découvrir que certaines espèces animales possèdent des capacités supérieures, telles que la guérison et la projection de la conscience dans d'autres dimensions.

En effet, les races gardiennes envoient des représentants sur Terre sous forme d'animaux, comme les Haatur et les Elohay qui se sont incarnés dans certaines espèces de félins.[128] De même, il existe des créatures marines qui contribuent également aux activations énergétiques de la planète.

Étant donné que les êtres humains ont encore besoin de se nourrir de l'énergie des plantes et des animaux, la construction d'une relation cohérente et respectueuse de leur droit à l'existence est un processus à poursuivre sur le long terme. Dans l'immédiat, il ne serait ni raisonnable ni possible d'arrêter de manger. Néanmoins, nous pouvons changer d'attitude à l'égard des autres êtres vivants et améliorer leur condition de vie pour leur propre bien, et non pour des motifs égocentriques.

---

128 Doorways through time, 2009, disk 1

La quasi-totalité de l'industrie alimentaire entretient des pratiques préjudiciables à la santé des animaux et des plantes, dans le but de les élever, les abattre, les découper, les emballer et les commercialiser rapidement. L'émergence d'une conscience plus élargie concernant la perception des autres organismes et la possibilité de communication télépathique exige une métamorphose profonde de notre rapport à la nature. Cette transformation, bien qu'elle puisse s'avérer douloureuse, est absolument inévitable et s'effectuera d'abord à l'échelle individuelle, avant de devenir universelle.

Les conférences d'Ashayana sur la structure de l'ADN mettent en évidence que l'un des plus graves problèmes que les humains ont causé aux autres espèces biologiques, est l'expérimentation sur le clonage. Les scientifiques modernes ne se rendent probablement pas compte que ces nouvelles formes génétiques dénaturées constituent un piège pour la conscience qui y pénètre, et qu'il lui est souvent impossible de poursuivre son évolution. Lorsque la science ne progresse pas dans le sens de l'unité spirituelle de toutes les particules (constat également établi par la physique quantique), et considère que les objets d'étude sont exploitables et substituables, les conséquences peuvent être catastrophiques pour la civilisation moderne.

De nombreuses personnes ont été victimes d'expérimentations génétiques et de traitements peu scrupuleux, pratiqués par des extraterrestres qui souhaitaient enrichir leur potentiel d'ADN.[129] Il semblerait que les humains ont rapidement reçu un retour karmique suite aux abus et aux mauvais traitements infligés aux plantes et aux animaux. L'invasion discrète d'extraterrestres connus sous le nom de Zetas ou « les petits gris » dans les années 1980 et 1990 a conduit à de multiples expérimentations génétiques appliquées tant aux humains qu'aux animaux. Cette page sombre de l'histoire récente est difficile à lire, mais elle mérite d'être considérée afin de démontrer le lien entre les événements.

L'activation de l'ADN est un processus qui affecte la planète entière et qui a des répercussions sur les caractéristiques physiques de toutes les espèces. La capacité de percevoir ses incarnations se manifeste par des expériences intérieures et très personnelles, que l'on peut choisir de partager ou non avec les autres. D'un autre côté, les transformations physiques du corps sont visibles et difficiles à dissimuler.

---

129 Pour plus d'informations sur le clonage et les races zeta, voir E'Asha Ashayana, Voyagers: Sleeping abductee I, Wild Flower Press,2002, 39- 49, ainsi que l'atelier Dance for Joy, 2003, disk 5

Au premier abord, l'idée de se réveiller un matin et de découvrir des changements significatifs dans notre corps paraît absurde.

Nous sommes habitués à penser que le corps peut évoluer en termes de croissance, de vieillissement ou de poids, mais il est plus rare d'observer des transformations au niveau de la couleur de peau, de l'apparition d'un sixième doigt ou d'une augmentation de taille d'un mètre et demi, par exemple. Beaucoup de gens seront terrifiés face à de telles transformations. Même s'ils les considéreraient comme un processus normal, imaginez l'attitude de leur entourage. Comment leurs proches, leurs collègues de travail, leurs camarades de classe réagiraient-ils ? Imaginez maintenant la réaction des journalistes et des autorités gouvernementales. Combien de temps cette question restera-t-elle confidentielle avant que les médias ne commencent à présenter ces êtres comme des monstres avec des anomalies, pour semer la peur et la méfiance dans l'opinion publique ? Si cela arrive vraiment, dans quelle mesure la loi protégerait-elle les droits de ces personnes ? Devraient-elles bénéficier des droits de l'homme si elles ne correspondent plus à l'image que la plupart des gens se font de l'être humain ? La réponse à cette question est affirmative. Les personnes qui sont les premières à subir ces métamorphoses devraient être soutenues, comprises et respectées à titre égal.

Cependant, sommes-nous, en tant que société et en tant qu'individus, prêts à accueillir des changements d'une telle envergure ? Nous ne le sommes certainement pas encore. Néanmoins, la stratégie de l'autruche qui cache sa tête dans le sable ne permettra pas d'éviter les conséquences et n'arrêtera pas les défis qui sont à venir. Des solutions existent, et elles ne sont pas si complexes que nous le pensons.

La condition la plus importante est que chaque personne assume la responsabilité de son intégrité intérieure et ne cède pas à la panique, qu'elle ne soit pas agressive envers elle-même et les autres, et qu'elle évalue avec discernement les informations qui lui parviennent. Il est essentiel de ne pas se laisser influencer par des autorités qui manquent d'arguments concrets pour justifier les thèses qu'elles imposent. Disposer d'informations fiables sur les événements qui nous arrivent est une condition indispensable pour garantir l'intégration psychologique cohérente des changements d'une telle ampleur. Toutefois, l'attitude de tolérance et d'ouverture d'esprit doit toujours être associée à un scepticisme constructif, et à une évaluation factuelle de l'information.

Sur le plan spirituel, il est essentiel de faire la disctinction entre une activation de l'ADN qui s'effectue avec une orientation krystique, en harmonie avec à la loi de l'Unité, et une activation qui se fait de manière non-krystique, selon le principe de « diviser et régner ». Par exemple, l'activation du troisième brin d'ADN, qui correspond au troisième chakra, au troisième centre de la grille Kathara, à la troisième dimension et au niveau du corps mental, se traduit par une capacité accrue de rationalisation, d'analyse, de compréhension et de formulation de concepts plus complexes. Si un individu est connecté à son Moi krystique et réfléchit à partir d'une position de cohésion avec toute forme de vie, ses pouvoirs intellectuels seront utilisés conformément à la loi de l'Unité et ses créations seront constructives. Dans le cas contraire, ses idées et sa créativité intellectuelle peuvent avoir des tendances destructrices et autoritaires. De même, l'activation de brins supérieurs, comme par exemple le quatrième brin d'ADN qui correspond au niveau astral, peut conduire à une plus grande intégration spirituelle et à la liberté, ou inversement, à la désintégration et à l'abus du pouvoir de l'esprit.

Le système Kathara propose des techniques basées sur le son et la lumière comme moyen d'interagir avec les brins d'ADN de manière inoffensive, éliminer les blocages génétiques et réparer les altérations. La technique de base permettant de stimuler l'activation de l'ADN et de se connecter à son avatar krystique s'appelle « Activation du bouclier Maharique. [130]

Comme indiqué plus haut, le processus de restauration de l'ADN est lié au déclenchement de divers programmes biologiques et de codes correspondants dans le corps humain. Ces codes se répandent dans les grilles terrestres à travers divers points de la planète. Ainsi, une personne peut être guidée par une forte impulsion intérieure de se rendre à un lieu, pour laisser certains codes à l'endroit où ils sont nécessaires, et au moment le plus approprié.

Un grand nombre de conférences[131] est dédié à la manière dont un individu peut transmettre des codes à son bouclier, et par là, aux réseaux de la planète. L'une de ces méthodes consiste à générer des vibrations à travers des rythmes de musique. Dans les temps anciens,

---

130 E'Asha Ashayana, Kathara bio-spiritual healing system manual, level 1, 2000, pp.131-13
131 The Milky Way mysteries, workshop- Amsterdam, 2007; Doorways through time, 2009

l'utilisation des instruments de percussion lors de l'accomplissement de rituels spirituels avait pour but d'engendrer des séquences spécifiques de vibrations et de les envoyer dans les grilles de la Terre.

Ces vibrations constituent des codes qui déterminent la ligne temporelle à laquelle une situation, un individu, un collectif ou l'ensemble de la planète sont attachés. Les connaissances sur l'utilisation des instruments de musique comme un moyen d'orienter l'avenir sont de nouveau disponibles pour ceux qui sont prêts à les recevoir, afin de se connecter à une ligne temporelle plus favorable et plus harmonieuse.

A l'époque, les instruments de percussion servaient à la guérison et à la restauration de l'énergie, notamment dans les cultures qui maîtrisaient le pouvoir du son et des séquences rythmiques. Pour ce faire, on créait des cercles de tambours. La personne à soigner était placée au milieu du cercle. Les autres participants jouaient du tambour à un rythme authentique, générant des fréquences à travers leur corps qui stimulaient le rétablissement de l'individu.[132]

Cependant, comme tout autre pouvoir, le codage des vibrations par le rythme peut également être utilisé à des fins intéressées. Dans le passé, des séquences rythmiques ciblées ont été utilisées par les armées pour influencer le cours des batailles.

Les danses sacrées qui impliquent des pas précis pour créer un rythme, partagent des finalités similaires.

Cependant, aux yeux de la science moderne, ces traditions et danses spirituelles semblent étranges et incompréhensibles. Leur rôle est considéré comme symbolique et vide de contenu. Souvent, les danceurs ne sont pas pleinement conscients de la signification et des effets de leurs mouvements. Ils agissent intuitivement, mais *guidés par leurs identités des univers harmoniques supérieurs*. Afin d'utiliser ces méthodes de manière efficace et obtenir des résultats concrets, il est nécessaire d'avoir une excellente connaissance des vecteurs temporels et de disposer d'un canal de connexion intact avec son avatar krystique, qui conduit le processus. En effet, la performance d'une danse sacrée et l'introduction d'un rythme particulier dans les grilles de la Terre sont des outils plus puissants que n'importe quelle armée sur la planète, et sont capables de provoquer ou d'empêcher l'occurrence d'un événement.

Depuis l'an 2000 qui a marqué le déclenchement du cycle d'activation stellaire, des rituels Merkaba accomplis à des moments

---

132 Doorways through time, 2009, disk 3

précis par les individus indigo, porteurs de codes d'ADN spécifiques, ont réussi à prévenir une nouvelle escalade des hostilités au Moyen-Orient.[133] Ce phénomène révèle l'immense puissance du son et du rythme. Le fait que ces affirmations paraissent absurdes à la majorité des gens, permet d'éviter que des contre-mesures ne soient prises pour compromettre les résultats énergétiques des danses sacrées.

L'activation de l'ADN modifiera profondément notre compréhension actuelle de sa structure moléculaire, qui est souvent considérée comme statique. L'opinion publique tend à opposer la biologie au libre arbitre, et la prédétermination innée à la liberté absolue. Certaines théories psychologiques considèrent la génétique comme une prédisposition fixe qui forme une partie du caractère de l'individu, et attribuent le reste à son environnement social.

Selon les Enseignements de la Liberté et le Kathara, la biologie et la prédétermination de l'ADN ne sont pas incompatibles avec le libre arbitre, et ne limitent pas l'influence de l'environnement social sur l'individu. Au contraire, notre entourage extérieur et nos choix libres influencent le modèle d'ADN et le fonctionnement des programmes génétiques. Cette vision est soutenue par les découvertes de la science moderne, qui montrent que les molécules d'ADN se transforment en fonction des changements dans les champs géomagnétiques de la Terre.

Par conséquent, lorsque nous adoptons de nouvelles intentions, nous modifions le mode de fonctionnement de notre biologie. Cette conclusion devrait souligner que nous sommes, en quelque sorte, responsables de notre réalité. En élargissant nos connaissances, nous pouvons faire des choix de plus en plus éclairés afin d'influencer la réalité, et cela se reflète dans notre modèle d'ADN.

Notre karma personnel, qui émerge actuellement, est lié à celui de notre nation et à celui de l'humanité. Nombre de nœuds karmiques hérités de notre passé ont été déjà nettoyés, mais d'autres restent à résoudre. Pouvons-nous être vraiment libres si nous ne connaissons pas la loi naturelle de l'interdépendance karmique ? Chaque être a le droit et l'opportunité de choisir les circonstances dans lesquelles il souhaite vivre et acquérir de l'expérience, sans être victime d'une influence quelconque dont il ne se doute même pas.

Le résultat final de l'activation de l'ADN d'une personne est la réalisation de ses talents innés. Cela signifie qu'un être qui atteint ce stade de développement n'a plus besoin d'une maison pour s'abriter

---

133 The Arthurian Roundtables - Nibiruian Checkerboard Mutation, 2001, Disk 2

puisqu'il peut disparaître et réapparaître à volonté entre les dimensions auxquelles il a accès. Une telle personne n'a plus besoin de chaleur ni de froid artificiel, car elle peut réguler la température de son corps par la puissance de la pensée. De même, elle n'a plus besoin de moyens de transport externes, puisqu'en activant son véhicule Merkaba elle peut se déplacer instantanément dans une autre partie de l'univers. Le pouvoir de matérialisation des objets par la pensée est une autre faculté cruciale de liberté et de créativité, liée à l'activation optimale de l'ADN des humains. Imaginez ce qui adviendrait de l'économie moderne fondée sur la rareté des biens si une seule de ces personnes existait ?

Supposons un instant que nous ayons atteint ce niveau optimal d'activation de notre ADN. Quels seraient alors nos besoins, et quelle serait la force motrice de notre vie ? La réponse sincère que chacun d'entre nous donnera pour lui-même révèlera notre véritable attitude face à la vie.

CHAPITRE 8

Le Templar de la Terre

L'histoire connue des différentes civilisations sur Terre fait référence à de nombreux sites sacrés qui ont servi de lieux de culte, souvent marqués par la présence de monuments et d'objets remarquables.

Ces édifices, leur emplacement et les rituels qui s'y déroulaient n'étaient pas choisis au hasard. Ils avaient des fonctions précises et servaient à des fins diverses.

De même que le corps humain, celui de la Terre est également construit sur la base de la grille Kathara et possède ses propres centres Kathara et chakras correspondants.

Les chakras de la Terre représentent des portes des étoiles, constituant un système de portails stellaires (*stargates*), tandis que les centres Kathara sont appelés « Zones marquées par le Templar ».[134] Il existe 12 principales portes des étoiles et 12 zones marquées par le Templar, soit un total de 24 centres majeurs de la Terre qui sont interconnectés et font partie du système énergétique multidimensionnel organique de la planète, nommé **Templar de la Terre.** De nombreux autres centres secondaires et tertiaires sont répartis sur la planète, mais le Templar est constitué de ces 24 points principaux qui assurent l'accès aux différentes dimensions lorsqu'ils sont activés.

Il y a des millions d'années, depuis l'époque du premier peuplement de la race Humaine Angélique, le Templar a été utilisé comme un système de base pour l'énergie, la communication et le transport. Tous les jours, un collectif de personnes connu sous le nom d'Équipe de sécurité du Templar, responsable de la gestion des flux d'énergie, activait ses spirales Merkaba pour recharger ainsi l'ensemble du système.[135] L'existence du Templar de la Terre était connue de tous. Les humains de cette époque entretenaient un lien sacré avec la planète et étaient capables d'utiliser ce système naturel librement.

---

134 Traduction personnelle de l'anglais „Templar cue site". Pour plus d'informations, voir Dance for life manual, 2002, pp.84-86
135 E'Asha Ashayana, Master Templar Mechanics Level 1, p.3, 2001

La gestion des portes des étoiles permettait de réguler le climat et les saisons en fonction des besoins. Certains portails assuraient le déplacement instantané d'un point à l'autre à l'échelle planétaire. De plus, les civilisations pré-anciennes se servaient du Templar pour entretenir le contact avec des collectifs d'autres dimensions et mondes stellaires.

En outre, les humains ont été destinés à devenir les gardiens du Templar de la galaxie. Il s'agissait d'une mission spirituelle de haute responsabilité, puisque la paix et la stabilité krystique de multiples systèmes au sein de la Voie lactée et d'Andromède en dépendait. La Terre est un élément essentiel de la structure galactique, car elle constitue la troisième porte des étoiles à cette échelle. Cela signifie que notre planète est le point d'entrée vers la troisième dimension et le premier univers harmonique.

Comme nous l'avons mentionné précédemment, la Terre est dans son dernier cycle d'activation des portails stellaires. Les informations fournies par Ashayana et l'Alliance des Gardiens sont essentielles pour comprendre quels sont les portails étant actuellement actifs, comment ils fonctionnent, où ils mènent, et quels changements énergétiques les concernant se produiront à l'avenir.

La connaissance du Templar a été convoitée par plusieurs puissances qui souhaitaient dominer la Terre et qui poursuivaient les artefacts associés au contrôle de ses portails. Les informations sacrées sur leur utilisation sont devenues le fil conducteur de l'histoire de l'humanité. Une grande partie des guerres et des luttes de territoire a été motivée par le désir des différentes organisations de prendre le contrôle sur un portail ou une zone marquée par le Templar. L'objectif était de s'en servir durant la période d'activation du cycle stellaire selon l'intérêt d'un groupe particulier. C'était le cas dans le passé, et cela continue de l'être aujourd'hui !

Ce livre n'a pas pour vocation de dévoiler les noms des ordres, des gouvernements, des partis politiques, des mouvements et des clans associés aux êtres multidimensionnels et leurs groupes. Ces informations sont en grande partie révélées par Ashayana, le porte-parole officiel de l'Alliance des Gardiens, afin d'avertir tous ceux qui prennent des décisions sur le destin de leurs collectifs. Pour en savoir plus sur les principaux motifs de guerres et de conquêtes de territoires, le lecteur peut consulter les ateliers suivants :

1. One World Order Rising, 2001

2. The United Intruder Resistance "Michael-Mary" Turnstile Matrix, 2002

3. Dance for Freedom, part 1, 2003

4. Dance for Freedom, part 2, 2003

Depuis des centaines de milliers d'années, la connaissance de l'emplacement et de la fonction du templar a été un secret jalousement gardé. Lorsqu'un groupe qui ne cherche qu'à servir ses propres intérêts obtient des informations sur la maîtrise du climat, il peut menacer d'autres communautés, notamment celles qu'il considère comme des ennemis. Si de tels groupes possèdent des informations détaillées sur la gestion du Templar terrestre, toutes les espèces biologiques seront potentiellement en danger.

La situation actuelle est différente, puisque ces connaissances sont nécessaires à tous les peuples pour les aider à comprendre et à se préparer consciemment aux changements énergétiques et civilisationnels en cours. C'est uniquement ainsi que l'humanité pourra choisir lucidement le système de relations dans lequel elle souhaite continuer à vivre.

En outre, le Templar de la Terre interagit non seulement avec les courants énergétiques et les portails de la galaxie, mais est également connecté au Templar intérieur personnel de chaque organisme vivant sur la planète. Chaque plante, chaque animal et chaque personne est construit sur la base d'une grille Kathara connectée aux centres énergétiques de la Terre. Cette interdépendance est la manifestation de l'unité intrinsèque entre le macrocosme et le microcosme. La connaissance du templar représente la clé du développement spirituel de chaque individu.

L'énergie vitale qui circule dans le templar terrestre s'écoule dans le templar intérieur personnel de l'homme, influençant ainsi les corps physique, émotionnel et mental respectivement, ainsi que tous les autres corps subtils. Si le système de portes des étoiles d'une planète est endommagé, cela affecte également toutes les autres espèces biologiques. Comme nous l'avons vu au chapitre cinq, le Templar de la Terre ne fonctionne plus correctement depuis 208 216 av. J.-C.

Ashayana et l'Alliance des Gardiens fournissent des informations détaillées sur la différence entre une porte des étoiles et une zone marquée par le Templar, sur leur interrelation et sur l'emplacement précis des 24 centres énergétiques majeurs. [136]

---

136   E'Asha Ashayana, Voyagers 2, Secrets of Amenti, 2002, pp.508,509

Les 12 principales portes des étoiles de la Terre sont les suivantes :

Halley, pôle Sud
Sarasota, Floride, États-Unis ; détient un lien avec Jérusalem
Les Bermudes, Royaume Unis (territoire britannique d'outre-mer)
Gizeh, Égypte
Machu Picchu, Pérou
Moscou, Russie
Lac Titicaca, Pérou
Xi'an, Shanghai, Chine
Bam Tso, Tibet
Abadan, Iran
Vallée de Pewsey, Wiltshire, Angleterre
Monségur, France

Les 12 zones marquées par le Templar de la Terre, liées aux principales portes des étoiles, sont les suivantes :

Chypre
Îles de Pâques
Johannesburg, Afrique du Sud
Aguascalientes, Mexique
Le Vatican
Désert du Thar, Inde
Île de Paxos, Grèce
Désert du Taklamakan Lob-Nor, Chine
Westbury, Angleterre
Bassorah, Irak
Ile de l'œil de l'Irlande
Kauai, Hawaii

Afin d'activer une porte des étoiles, il est nécessaire de stimuler au préalable la zone marquée par le Templar correspondante. Les 12 zones du Templar sont situées aux endroits permettant l'accès direct aux temples de cristal de la Terre Intérieure, créés il y a 3 millions d'années. Ces temples servent à réguler le flux d'énergie dans les grilles de la Terre, mais ils ont été gravement endommagés depuis.[137] Lorsque certaines conditions sont réunies, des actions spécifiques doivent être

____

137   E'Asha Ashayana, Workshop -"The Arthurian Roundtables - Nibiruian Checkerboard Mutation", 2001, disk 1

conduites pour envoyer des fréquences vers les zones marquées par le templar. Ensuite, elles génèrent de l'énergie qui déclenche l'activation des portails stellaires. Cela permet aux fréquences des dimensions correspondantes d'affluer vers les grilles de la Terre, puis de pénétrer progressivement dans les champs énergétiques de toutes les espèces, y compris ceux des humains.

Grâce au lien entre notre templar intérieur personnel et celui de la Terre, chacun peut apprendre à influencer favorablement la dynamique énergétique de la planète. Comme nous avons mentionné précédemment, les potentiels génétiques d'un être humain permettent l'afflux des fréquences krystiques Maharata de la 12e dimension, et au-delà. Ceci est important pour l'adaptation de la Terre au cycle d'activation stellaire actuel, qui est dirigé par les Conseils Magistraux de Mashaya-Khana, et qui représente la dernière évacuation krystique de notre galaxie. Ce processus se déroulera pendant les 900 prochaines années. Plus de détails en sont disponibles dans les chapitres dix et onze de ce livre.

En nous concentrant sur ces 24 centres, nous nous apercevons que beaucoup d'entre eux ont toujours été, et le sont encore, des points sensibles qui font l'objet de luttes acharnées. Beaucoup se demandent pourquoi, si ces informations sont vraies, les États, les Empires et les Ordres divers leur accordent tant d'importance. Le pouvoir de fixer et de supprimer des frontières dont les gens ignorent l'existence est, en effet, plus grand, plus subtil et plus responsable que la domination directe d'une nation, d'une ethnie ou d'une race. Les processus d'ouverture et de fermeture des portails stellaires déterminent le niveau de pulsation de l'énergie au sein du noyau de la planète, ce qui affecte par la suite tout le monde.

La gestion des portails définit quelles sont les entités et les races provenant d'autres dimensions qui seront autorisées à interagir avec la civilisation humaine. Leur contrôle adéquat permet d'éviter l'apparition de tremblements de terre au fur et à mesure que la Terre absorbe et traite les fréquences qui descendent vers elle. Enfin, le pilotage du Templar terrestre est en corrélation directe avec l'ascension vers des univers harmoniques supérieurs de ceux qui possèdent le potentiel biologique nécessaire.

Comme pour tout pouvoir, il est possible d'en faire un mauvais usage qui va à l'encontre de l'intérêt des gouvernés. Lorsque cela se produit en relation avec les portes des étoiles, les conséquences seront défavorables pour le cours de l'évolution de la planète entière.

Connaître le fonctionnement des portails stellaires est une étape nécessaire afin de mieux comprendre leur lien immuable avec la Terre, le système solaire, la galaxie et l'ensemble de la création de l'Absolu.

La notion du Templar terrestre en tant que structure énergétique libre et unifiée, nous offre la certitude que nous pouvons interagir avec la Terre sans épuiser irrémédiablement ses ressources, en établissant une relation fondée sur la réciprocité et le respect, plutôt que sur l'exploitation débridée. Les informations transmises par l'Alliance des Gardiens ont pour but d'être utilisées en conformité avec les lois spirituelles et scientifiques naturelles du champ morphogénétique unifié. Cela suppose l'adoption d'une attitude de respect et de coopération, plutôt que de perpétuer les luttes pour la suprématie et suivre le modèle de la « survie du plus apte ».[138]

Grâce à cette connaissance, nous pouvons comprendre quelles sont les dimensions accessibles via les différents centres énergétiques, et quelle est la signification des étranges monuments qui indiquent leur emplacement.

Lorsqu'un lieu devient une destination prisée pour un culte religieux ou une attraction touristique, de multiples visiteurs sont attirés. Tenant compte que chaque personne est une unité énergétique unique dotée d'un programme d'ADN singulier, nous pouvons soupçonner que le rassemblement de grandes masses de gens au même endroit contribue à accumuler des quantités d'énergie considérables. Ces énergies sont utilisées selon les intérêts de ceux qui contrôlent un portail stellaire ou un autre centre important de la planète, et qui n'ont pas nécessairement des intentions krystiques. Dans ce contexte, pour être sûr de ne pas faire l'objet d'une interférence énergétique quelconque lors de la visite d'un lieu touristique ou d'un monument d'importance, il serait prudent d'activer préalablement son bouclier Maharique. Cependant, si vous ressentez une forte envie de vous rendre à un endroit donné, et que cette envie est agréable et motivée par votre identité supérieure (âme, sur-âme ou avatar), et non parce que la destination est populaire ou que votre religion vous y oblige, alors vous avez très probablement un lien sacré avec les grilles de cet endroit ou un besoin d'en établir un.

L'un des lieux suscitant le plus fort intérêt, devenu une attraction touristique par excellence dans le monde entier, est la pyramide de Khéops à Gizeh, également connue sous le nom de Grande Pyramide. Comme nous l'avons mentionné précédemment, Gizeh est le portail

---

138 E'Asha Ashayana, Master's templar stewardship initiative and the grail quest signet roundtables.2001 p.75

stellaire numéro 4 du Templar de la Terre, correspondant au chakra du cœur de la planète (4e chakra). Cela signifie que cette pyramide est construite à l'endroit qui abrite la principale porte d'accès vers la quatrième dimension, qui correspond au niveau de l'Astral.

La Grande Pyramide a été érigée pour la première fois en 46 459 av. J.-C. avec l'aide du Conseil de Sirius, qui souhaitait apporter son soutien au peuple lors des moments difficiles d'invasion par les légions des races Anunnaki et Draconiennes-Illuminati.[139] De nombreux égyptologues et chercheurs ont déjà conclu que l'objectif initial n'était pas de construire des tombeaux. En réalité, la pyramide servait de station de téléportation du deuxième univers harmonique vers le premier. Ainsi, les races gardiennes de Sirius B pouvaient arriver en vaisseaux pour protéger les humains des attaques des races Illuminati-Léviathan.[140] La Grande Pyramide a été détruite et reconstruite à deux reprises avant d'arriver à sa troisième version que nous connaissons actuellement. Le Sphinx a également été construit à la même époque, il y a 48 000 ans, au-dessus d'un portail qui mène vers la Terre Intérieure.

La deuxième construction de la Grande Pyramide a eu lieu vers 10 500 av. J.-C., mais cette fois-ci, elle était reliée à la constellation des Pléiades-Alcyone pour servir de station de téléportation.

Les deux premières constructions de la Grande Pyramide n'ont pas été réalisées par des ouvriers et des esclaves qui déplaçaient les pierres manuellement. Elles ont été possibles grâce à un dispositif technologique appelé Ankh, la croix égyptienne constituée d'une poignée et d'une tête ellipsoïdale, utilisée à l'époque de l'Atlantide comme générateur d'énergie pour ériger des monolithes.

Ankh

---

139   E'Asha Ashayana, workshop "Egyptian lectures - Awakening the Flame of Orion", 2002, disk 2
140   E'Asha Ashayana, workshop "Egyptian lectures - Awakening the Flame of Orion", 2002, disk 2

Les Ankhs, qui varient en taille de quelques centimètres à plusieurs mètres, sont essentiellement des appareils capables de modifier le champ électromagnétique entre les dimensions, de tailler les pierres avec aisance et précision extrême, et de les faire léviter jusqu'à l'endroit souhaité.[141] La mise à disposition de cette technologie n'était pas le fruit d'une découverte scientifique, mais un don offert par les races d'univers harmoniques supérieurs.

Lorsque nous analysons l'impact de cette technologie sur le développement d'une civilisation, nous découvrons comment, dans l'Antiquité, d'immenses monuments ont été découpés avec une précision incomparable. La présence d'une technologie Ankh bouleverse entièrement notre compréhension de la construction et de l'organisation sociale d'une civilisation. Il n'était plus nécessaire d'utiliser des dizaines de milliers d'ouvriers et d'esclaves comme force de travail. La possibilité de tailler une pierre ou un autre objet avec facilité offrait une grande liberté de choix au niveau des matériaux à utiliser. La lévitation des objets permettait une construction rapide, sans se soucier de l'accessibilité du site ni de la disponibilité de grues robustes. L'édification de digues, de maisons, de temples et de palais ne présentait plus aucun obstacle. Nous comprenons donc que pour les civilisations de l'époque préhistorique, il était essentiel de préserver leur technologie et d'en faire un usage responsable.

Chaque technologie peut servir à des fins créatives, mais aussi destructrices, en fonction des intentions de ceux qui l'utilisent. Les dispositifs Ankh, capables de modifier le champ électromagnétique entre les dimensions, pouvaient également perturber les grilles de la Terre. Lorsque des représentants de la civilisation atlante ont décidé d'associer des technologies cristallines à l'usage de l'Ankh pour prendre possession des portails stellaires, ils ont provoqué un immense déséquilibre énergétique sur la planète, entraînant l'inversion des pôles. Les races gardiennes des univers harmoniques supérieurs sont intervenues pour retirer ces outils, afin d'éviter davantage de dégâts. En outre, la Terre a été mise en quarantaine pour empêcher l'afflux d'énergies qu'elle n'était plus en mesure de supporter et de la protéger d'une implosion définitive.

Ainsi, après 9 558 av. J.-C., lorsque la chute finale de l'Atlantide a eu lieu, les civilisations de la Terre se sont progressivement retrouvées

---

141 E'Asha Ashayana, workshop "Egyptian lectures - Awakening the Flame of Orion", 2002, disk 2

dominées par des races aux intentions négatives. Elles ont commencé à se dégrader, perdant à la fois la technologie qui aurait pu faciliter leur existence et la mémoire collective sur leur origine. L'histoire pré-ancienne des peuples s'estompait petit à petit, jusqu'à ce qu'ils se retrouvent sans connaissance de leurs racines ni de leur mission sacrée qui consistait à protéger la Terre et le templar galactique. Ainsi, l'humanité est devenue une ressource facilement manipulable, notamment par les races déchues, et plus particulièrement par les illuminati.

Selon les informations d'Ashayana et de l'Alliance des Gardiens,[142] la troisième construction de la Grande Pyramide, dans son état actuel, a eu lieu en 5 546 avant J.-C., et non en 2 584 avant J.-C., comme le suggèrent certains historiens. Cette version a été réalisée à l'aide de force vive. Il y a encore quelques décennies, il aurait été très difficile pour les historiens et les archéologues d'imaginer que la pyramide servait de station de téléportation et qu'il existait des technologies de construction bien plus avancées que celles que nous connaissons aujourd'hui. Lorsqu'une civilisation peut se déplacer à travers des portails reliant les différents continents de la Terre, nous comprenons mieux comment se sont effectué les échanges entre les peuples et les cultures sans contact physique direct.

Malheureusement, même si les chercheurs parviennent à ces conclusions et disposent de preuves réelles souvent absentes dans d'autres théories, leur diffusion est étouffée par les forces qui imposent les dogmes sur l'histoire et l'origine de l'homme. Si la suppression des informations n'est pas possible, elles sont souvent minimisées. Si cela ne suffit pas, elles sont déformées et orientées de telle sorte que les notions qui restent dans l'esprit des gens ne sont plus favorables à leur épanouissement personnel. Les théories des anciens astronautes et l'idée que les visites d'extraterrestres constituent un élément important de l'histoire des civilisations anciennes gagnent de plus en plus de terrain à notre époque. Elles expliquent beaucoup mieux les textes anciens et l'existence de divers monuments, ainsi que les moyens utilisés pour leur édification.

La connaissance du Templar de la Terre et du fonctionnement des différents systèmes de portails stellaires est cruciale pour l'évolution de l'humanité, des planètes, du système solaire, de la galaxie, de l'univers, et de nos systèmes Véca et Eckasha. Les décisions prises à différents

---

142 E'Asha Ashayana, Egyptian lectures. Awakening the flame of Orion, 2000, disk 2

niveaux au cours des dernières décennies sont déterminantes pour le cheminement de cette évolution. Pour cette raison, ces connaissances sont désormais mises à disposition de tous. Celui qui s'y intéresse, et qui possède le codage génétique approprié, aura la possibilité d'optimiser sa maîtrise et d'être guidé dans l'accomplissement de la mission qui lui a été confiée. L'objectif n'est pas d'inciter les personnes à passer des décennies à errer dans les monastères de l'Himalaya pour assembler une nouvelle pièce du puzzle existentiel. Il s'agit de leur présenter l'ensemble du tableau de manière abordable, et de donner à chacun la liberté de décider si l'information résonne avec lui et comment l'appliquer. Cependant, la facilité d'accès à ces connaissances ne doit pas être interprétée comme une dépréciation de celles-ci, mais comme une tentative d'atteindre un plus grand nombre de personnes qui en ont intérieurement besoin. Il n'est pas nécessaire que quelque chose soit complexe et coûteux pour être significatif et utile. Ces connaissances, qui sont facilement accessibles aujourd'hui, ont été soigneusement préservées pendant des milliers d'années dans le passé, au prix de sacrifices considérables et souvent, de vies humaines.

Un exemple éloquent de l'histoire médiévale lié à l'activité de l'un des principaux portails stellaires du Templar de la Terre et qui illustre la nécessité de préserver le savoir, même au prix de lourdes pertes humaines, est la Croisade des albigeois menée par l'Église catholique contre les Cathares, et la prise de la forteresse de Montségur en 1244.

L'histoire nous apprend qu'en 1209, le pape Innocent III déclara une croisade contre les Cathares. Pendant des décennies, l'Église catholique a financé cette campagne, éliminant tous les Cathares qu'elle parvenait à identifier. Cette croisade a été conduite de manière cruelle, même selon les standards de la « sainte » Inquisition, qui avait pourtant approuvé l'invasion des terres cathares.

Si nous examinons l'histoire d'un point de vue impartial, il est pertinent de nous interroger sur le fondement de cette démarche. Pourquoi cette croisade a-t-elle été menée avec une telle cruauté inhumaine contre des personnes qui partageaient des croyances différentes ? Qu'est-ce qui dérangeait tant le pape et que craignait l'Église catholique pour souhaiter la mort de ces personnes et l'anéantissement de leur foi ?

En s'appuyant sur les plaques Dora Téhoura et sur des souvenirs personnels de cette période, Ashayana révèle le motif profond de cette hostilité et les véritables raisons derrière la croisade.[143] Les Cathares

---

143　E'Asha Ashayana, Voyagers 2 - Secrets of Amenti, Granite Publishing, 2002,

proviennent des lignées Maji du Graal, connues encore comme la 12e tribu. Ils sont les gardiens du 12e portail stellaire du Templar terrestre qui se trouve à Montségur. Cela signifie que les codes d'accès au portail, permettant le passage vers la 12e dimension krystique, sont inscrits dans le sang des Cathares et dans leur ADN.

Si cette porte d'étoile ne pouvait plus être activée avec un code de la 12e dimension, les fréquences Maharata ne pourraient pas atteindre le Templar terrestre. Les ateliers mentionnés ci-dessous offrent également des connaissances supplémentaires sur l'Atlantide, que les Cathares ont réussi à conserver même après la croisade. La relique que l'Église catholique recherchait avec acharnement est, en effet, la 12e plaque Dora Téhoura, comprenant les transcriptions des six livres de Jesheua, constituant la partie la plus importante des archives de l'Ordre des Esséniens. La plaque et les livres ont été conservés par un petit groupe de Cathares qui ont réussi à s'enfuir en Andorre et dans d'autres endroits de la planète.[144]

La croisade a été organisée à cette époque précise parce que les Cathares avaient commencé à convenir des « rituels de tables rondes » et à introduire leurs codes d'ADN dans le noyau de la Terre. Ces actions visaient à nettoyer la planète de l'énergie négative causée par l'activation des réseaux cristallins, il y a des dizaines de milliers d'années.[145]

En connaissant l'importance du templar d'une planète et des centres énergétiques qui en font partie, nous pouvons mieux comprendre les raisons qui poussent un groupe à conquérir un territoire et à asservir ou tuer d'autres collectifs. Ainsi, nous pouvons mieux dévoiler les mystères qui entourent la recherche du Saint Graal et percevoir pourquoi le bon fonctionnement des portails pendant un cycle d'activation stellaire est aussi crucial.

Le symbole initial du Templar de la Terre est constitué de quatre triangles équilatéraux convergeant à 90 dégrées. Selon Ashayana, la croix originelle était de couleur verte.[146] Elle existe également en rouge et dans d'autres couleurs, en fonction de l'interprétation attribuée par les différents groupes qui l'utilisaient comme symbole. Néanmoins, ces

---

p.325; Workshops: Dance for Joy, part 2, Spain, 2003, disk 3; Dance for freedom, part 1, France, 2002, disk 1&2

144 Dance for Joy, part 2, Spain, 2003, disk 3

145 Voir plus dans l'atelier E'Asha Ashayana, Dance for freedom, part 1, France, 2002, disk 1&2

146 E'Asha Ashayana, The lemurian & atlantian legacies, 2001

autres versions n'ont pas de lien direct avec la connaissance et la mission des Cathares.

A partir de janvier 2000, le déclenchement du cycle d'activation stellaire sur Terre a amorcé le dénouement d'un drame colossal qui déterminera quelles forces prendront le contrôle sur la planète et quel sera l'avenir de ses habitants. En mai 2000, la spirale solaire est entrée en contact avec le noyau terrestre marquant ainsi le début de l'activation du Templar planétaire. En août 2004, les grilles de la Terre ont été restaurées afin d'accueillir la première « table ronde de Reushé », tenue au Mexique. L'atelier intitulé « Les révélations de Râ. Le Pilier de Pouvoir et l'Eveil de Nadradon » de 2004 explique en détail l'importance de ce rituel krystique et la capacité croissante de la Terre et de toutes ses espèces biologiques à recevoir et à conserver des fréquences de plus en plus élevées. [147]

La période entre 2000 et 2012 a été marquée par de multiples ingérences de la part des races aux intentions non-krystiques, ainsi que de mesures de contingence prises par des races krystiques en réponse à ces interventions.

Plus de détails sur la lutte discrète mais féroce pour le contrôle des systèmes de portails stellaires de la Terre sont disponibles dans les ateliers suivants :

Kethradon awakening, India, 2005

Whispers of the Rasha ReishA, Revelations of the Unspoken Ones, 2005

Festival of light – FOL, 2009

Project Camelot interview, 2010

Sliders 8, 2010

L'une des caractéristiques les plus remarquables de la Terre est sa position stratégique à la croisée de multiples structures de portails interconnectées, établies à des époques différentes et pour des raisons très spécifiques. Les lecteurs qui souhaitent approfondir leur compréhension de la mécanique et du rôle des systèmes de portes des étoiles de la Terre, ainsi que de la transmission de différents spectres de fréquences, sont invités à consulter le guide « Kethradon awakening, India, 2005 ». [148]

---

147   E'Asha Ashayana, „Revelations of Ra - Pillar of Power and Nadradon Awakening,"2004

148   E'Asha Ashayana, Kethradon awakening manual, India, 2005, pp.3-71

Grâce à l'existence de systèmes de portails stellaires tels que la Matrice polaire et le Passage de Rama, ainsi que de gardiens capables de les activer au moment opportun, la Terre a réussi à se rattacher à une ligne temporelle qui lui a permis de survivre malgré les innombrables dégâts, et de préserver son potentiel d'ascension krystique à travers les niveaux intérieurs.[149]

De multiples systèmes de portes des étoiles ont dû être activés provisoirement, et divers groupes extraterrestres se sont relayés pour en prendre le contrôle, jusqu'à l'intervention décisive des Conseils Magistraux d'Alhumbra. Ces Conseils, qui font partie des Conseils de Mashaya-Khana, ont permis à la Terre d'accueillir le récepteur de la Rivière de Krystal, activant ainsi le Système Krystique de Sécurité qui est aujourd'hui en vigueur pour une période d'évacuation s'étalant sur les 900 prochaines années. La traduction des informations officielles des Conseils Magistraux d'Alhumbra est disponible dans le chapitre onze, ainsi que sur la page web dédiée aux annonces officielles de l'Alliance des Gardiens, fournies par E'Asha Ashayana.[150]

Le Templar terrestre est un système naturel de portails stellaires dont les centres énergétiques correspondent aux chakras et aux centres Kathara de la planète. De plus, il existe également des systèmes énergétiques artificiels composés de cristaux variés, conçus pour optimiser l'évolution des espèces biologiques, comme par exemple, le Réseau Atlantien de Pylônes d'Implants.[151] Ces réseaux cristallins, qui fonctionnent comme les micro-puces des technologies informatiques modernes, ont été créés à l'origine par les races gardiennes krystiques. Le Réseau Atlantien de Pylônes d'Implants, en particulier, a été utilisé pour contrôler les fréquences naturelles qui affluent dans le templar terrestre, permettant ainsi aux races fondatrices, aux indigos et aux humains de stabiliser le climat à l'échelle de la planète, de se procurer de l'énergie librement, et de communiquer avec d'autres systèmes stellaires.

Ashayana explique que ces grilles de cristal ont été conçues et insérées dans la Terre afin de faciliter les cycles d'activation stellaire et le rééquilibrage énergétique des réseaux électromagnétiques de la

---

149 E'Asha Ashayana, Kethradon awakening manual, India, 2005, p.3

150 http://www.arhayas.com/pages/guardian-dispensations

151 Voir plus: E'Asha Ashayana, Voyagers 2 - Secrets of Amenti, Granite Publishing, Atlantian Pylon Implant Network, 2002, pp.366-385

planète, suite aux dégâts catastrophiques causés par les « Guerres Electriques » il y a 5,5 millions d'années.[152]

Il existe trois principaux types de Réseaux Atlantiens de Pylones d'Implants.

Le premier réseau s'appelle « le Grand Lion Blanc ». Il a été établi à différentes étapes de l'histoire par la race fondatrice Elohay-Elohime. La carte de cette composition et de ses principaux centres a été traduite à partir des plaques Dora Téhoura et intégrée dans le guide correspondant (APIN systems manual, 2011).[153] Le Grand Lion Blanc est un réseau cristallin qui a été créé pour stabiliser le templar terrestre le long des lignes axiatonales verticales sur l'axe nord-sud. Le « cœur du lion » est le point qui correspond à la porte stellaire numéro 12 à Montségur, en France.[154]

Le choix de la forme d'un lion dans la création de cette chaîne d'implants cristallins n'est pas aléatoire. Les êtres de la race fondatrice krystique Elohay-Elohime ressemblent à des lions et partagent des traits caractéristiques avec les Hommes-Félins. Il est intéressant de noter que le Sphinx de Gizeh, en Égypte, avait initialement la tête d'un lion. Ce monument a été conçu pour rendre hommage aux Elohay-Elohime et déclarer aux puissances déchues que les races de la Terre sont unies par les principes du Traité d'Émeraude, qui aspire à une co-évolution krystique et à la paix entre toutes les races.

En 208 216 av. J.-C., le Grand Lion Blanc a été envahi par les forces déchues des omicron-draconiens de la 10e dimension. À partir de ce moment, la pulsation krystique sur Terre provenant de la 12e dimension, qui était maintenue grâce à cette grille, a été remplacée par une pulsation inversée de la dixième dimension.

Le deuxième grand réseau Atlantien de Pylônes d'Implants est connu sous le nom d « Aigle d'Or ». Il a été mis en place par les races fondatrice krystiques Cérèz-Séraphay-Séraphime et par les Aéthien-Mantis de Mintaka, Orion (8e dimension). Ces collectifs ressemblent à des Hommes-Oiseaux, ce qui explique la forme de cette structure. La représentation d'anges et d'archanges avec des ailes leur est également associée. Ce réseau cristallin a pour vocation de stabi-

---

152 E'Asha Ashayana, Voyagers 2 - Secrets of Amenti, Granite Publishing, 2002, p.368
153 APIN systems manual, 2011, p.4
154 E'Asha Ashayana, Voyagers 2 - Secrets of Amenti, Granite Publishing, 2002, p.368

liser le templar terrestre le long de l'axe horizontal est-ouest. L'Aigle d'Or a également été envahi et la pulsation de la grille a été modifiée en 25 500 avant J.-C. par des collectifs déchus des Anunnaki. [155]

Le troisième grand Réseau Atlantien de Pylône d'Implants s'appelle le « Bœuf Bleu », également connu sous le nom de « Vache sacrée ». Ce réseau de cristaux a été placé principalement en Inde et dans certaines parties de l'Eurasie et l'Europe de l'Est. Ses créateurs sont les races Maharaji de Sirius B et les races Rashayana d'Antérès et d'Altaïr.

Les races Rashayana, par leur biologie et leur apparence, ressemblent à des bœufs, tout comme le réseau cristallin en question. Cela explique pourquoi en Inde la vache est vénérée et considérée comme un animal sacré. Le but de cette grille est d'assurer le contact entre les races de la Terre et le conseil d'Azurline de Sirius B. Néanmoins, ce réseau a été conquis par les races déchues connues sous le nom de Centaures, originaires de la constellation d'Omega Centaure, qui sont également de couleur bleue.[156]

Il existe un autre type de systèmes d'implants artificiel, appelé Réseau Lémurien de Pylônes Cristallins, également connu sous le nom de « Visages de l'Homme ».[157] Cette grille a été intégrée dans la Terre en 22 500 avant J.-C., quelques années avant l'échec du cycle d'activation stellaire de 22 326 avant J.-C.[158] Les races Eieyani Azurite, responsables de la préservation du Templar de la Terre, ont activé cette grille dans une tentative de restaurer la pulsation krystique dans les grilles du Grand Lion Blanc et de l'Aigle d'Or. Chaque centre du réseau cristallin des Visages de l'Homme est un élément d'une carte et représente quatre visages humains orientés vers les quatre points cardinaux. Nous retrouvons ces images dans les statues géantes de l'Île de Pâques.

Contrairement aux autres réseaux cristallins, celui-ci n'a pas été conquis et ses codes d'accès sont restés impénétrables pour les races déchues. La raison en est que cette grille de cristal est conçue pour entretenir les fréquences de « ki-ra-shé », correspondant aux 13e, 14e et

---

155 APIN systems manual, 2011, p.5; E'Asha Ashayana, Voyagers 2 - Secrets of Amenti, Granite Publishing, 2002, p.370
156 E'Asha Ashayana, Voyagers 2 - Secrets of Amenti, Granite Publishing, 2002, p.371
157 Ibid. p.372
158 Ibid. p.372

15e dimensions, ainsi que de « kun-da-rey », des fréquences trans-harmoniques qui proviennent en dehors de notre matrice temporelle.

En saisissant le rôle des réseaux cristallins et la symbolique des monuments tels que le Sphinx et les visages en pierre de l'Île de Pâques, nous sommes en mesure de toucher nos ancêtres stellaires et de sentir leur soutien dans la lutte pour la préservation du Templar terrestre et de l'évolution krystique sur Terre.

Lorsque nous savons que les cristaux de la Terre sont utilisés dans un système complexe ressemblant à des micro-puces, les découvertes de grottes de cristaux commencent à prendre toute une autre signification.

Par exemple, en l'an 2000, une grotte composée d'immenses pylônes de cristaux de sélénite a été découverte à Chihuahua, au Mexique. A ce propos, Ashayana et l'Alliance des Gardiens révèlent qu'il ne s'agit pas de cristaux naturels de la Terre, mais de cristaux de la planète Nibiru qui ont été implantés à Chihuahua pour émettre des impulsions vibratoires métatroniques négatives.[159]

Cette révélation peut être dérangeante et décevante pour ceux qui apprécient la beauté des minéraux dans la nature. Le but n'est pas d'inspirer la peur, mais de révéler les véritables intentions des races stellaires, et d'aiguiser la conscience de chacun sur la raison d'être de certaines pierres et monuments. Il est important de rappeler qu'en renforçant ses biochamps via l'activation du bouclier Mahárique et du corps plasmique, chaque personne peut se protéger des objets au rayonnement négatif, et ne pas en être affectée.

Le drame dans lequel l'humanité et la Terre sont entrainés depuis des éons est parsemé d'épisodes lumineux et sombres. Nier ces derniers, ou les reconnaître avec crainte ne fera que renforcer leur influence et affaiblir la volonté d'affronter les difficultés. Notre histoire connue abonde en domination de forces non-krystiques, en effusions de sang et en luttes de pouvoir. La vision macroscopique dévoilée par les plaques Dora Téhoura nous permet de comprendre que cette lutte est présente, et que nous sommes dans une partie de l'univers où les décisions contraires à l'évolution krystique et la polarisation antagoniste entre les races ont pris des proportions colossales.

Une technologie n'est pas bonne ou mauvaise en soi, elle n'est qu'un outil voué à servir dans un but précis. Les cristaux de sélénite de Chihuahua sont nocifs pour la planète en raison de leur codage inversé. Néanmoins, il est possible de le modifier. En septembre 2007,

---

159 Dance for Freedom, part 2, disk 6&7

une partie de ces cristaux a été reprogrammée pour émettre des fréquences krystiques.[160]

Le monument de Stonehenge est un autre point de repère célèbre avec une fonction importante dans les réseaux cristallins de la Terre. Sur ce site-clé de la plaine de Salisbury, se trouvent des grilles de cristaux qui jouent un rôle central dans le contrôle de la Terre par les collectifs Anunnaki de Nibiru.[161] Lorsque les races Maji contrôlaient le site, les implants étaient retirés, mais dès que les races Illuminati reprenaient le dessus, ils les réinséraient.

Après le retrait définitif des cristaux, les races Maji y ont érigé les mégalithes, dont certains subsistent encore aujourd'hui. Leur fonction consistait à bloquer et à renvoyer les codes inversés qui traversaient le site.[162] Pour cette raison les mégalithes ont été placés les uns sur les autres pour empêcher la diffusion de fréquences inversées dans le templar et les autres grilles de la Terre. De nombreuses guerres ont été menées pour conquérir Stonehenge, car il s'agit d'un centre de controle stratégique pour les races déchues. Cependant, cette zone n'a pas toujours été affectée négativement. À l'époque de l'Atlantide, un temple nommé Durnetha, d'une grande importance, se trouvait à cet endroit.[163] Il fonctionnait en conjonction avec un autre temple nommé Zephar Doon, situé à Newgrange en Irlande. Les deux édifices étaient synchronisés, l'un étant féminin avec des spirales d'énergie à dominance magnétique, et l'autre, masculin à dominance électrique. Après avoir été pris en main par les races déchues, leurs champs merkaba ont été inversés, ce qui a ensuite perturbé leurs effets électromagnétiques sur la Terre.

Les ateliers listés ci-dessous retracent en détail le fonctionnement des réseaux cristallins, ainsi que leur accordement avec les réseaux des univers parallèles, de la « matrice fantôme » et d'autres planètes. Toute personne intéressée à en savoir plus est invitée à consulter les sources correspondantes. Ce livre ne prétend pas explorer la mécanique complexe de chaque grille cristalline, mais plutôt présenter brièvement leur fonctionnement et l'importance de leur contrôle. L'objectif principal de l'auteur est de dresser un panorama exhaustif des lieux sacrés de la Terre, et de révéler leur interconnexion et leur fonction en tant que

---

160 The Milky Way mysteries - Amsterdam 2007, disk 1
161 The Lemurian & Atlantian Legacies, 2001, Disk 4
162 The Lemurian & Atlantian Legacies, 2001, Disk 4
163 Dance for joy, 2003, disk 3

centres d'énergie utilisés à des fins multiples. Cela nous aide à mieux comprendre les civilisations anciennes et le rôle des différents ordres, ainsi que de mieux cerner les actions politiques des États et des organisations de notre époque.

Les informations relatives au Templar terrestre et aux réseaux cristallins démontrent l'évolution rapide et dynamique de leur statut et de leur activité énergétique, en particulier depuis le début du cycle d'activation stellaire en l'an 2000.

La lutte pour le contrôle des deux templars - terrestre et galactique, a conduit à l'intervention des Conseils Magistraux d'Alhumbra des niveaux Cosminyas, et à l'activation du complexe de cathédrales Alhumbra sur Terre, en 2012.[164] Il existe cinq de ces complexes, qui forment un réseau de 25 sites-temples.[165] Chacun d'eux se compose d'un site central et de cinq sites-temple annexes. Les sites centraux sont situés dans les lieux géographiques suivants :

Mayaka, Floride, États-Unis
Machu Picchu, Pérou
Oslo, Norvège
Bali, Indonésie
Alexandrie, Égypte

Depuis 2012, de nouvelles informations sont devenues disponibles concernant les points géographiques clés sur Terre qui jouent un rôle crucial dans son évolution. Il s'agit de sites qui accueillent et déclenchent l'activation des fréquences krystiques les plus puissantes de la planète, et assurent la coordination du processus d'Ascension Krystique de la Terre. Les centres majeurs sont appelés sites Cateyons [166] et sont au nombre de huit. Il existe également de nombreux sites secondaires, tertiaires et auxiliaires, dont l'activation progressive contribuera à faciliter et adoucir le processus de transformation krystique planétaire.

Cependant, il est légitime de se poser la question suivante : étant donné que les races krystiques nous aiment, nous soutiennent et sont en relation avec nous, pourquoi ne viennent-elles pas en vaisseaux spatiaux, ou en volant comme des anges, pour nous emmener dans des

---

164 E'Asha Ashayana, ArhAyas productions LLC, chartpack, Dec.2012, p.3
165 E'Asha Ashayana, ArhAyas productions LLC, chartpack, Dec.2012, p.13
166 Traduction personnelle de l'anglais "katheion KHY site"

148

endroits meilleurs, au lieu de nous laisser affronter seuls toutes sortes d'épreuves ?

La raison pour laquelle ces missions de sauvetage ne se produisent pas en masse est due aux mutations dans le code génétique des humains sur Terre et à l'incapacité d'activer pleinement les brins d'ADN nécessaires à leur ascension sécurisée. Si l'on essaye de faire passer quelqu'un par un portail stellaire alors que la personne n'en possède pas la capacité génétique suffisante, cela conduira à son explosion, ou plus exactement à son implosion.

En 2002, le seuil minimal d'activation des brins d'ADN requis pour franchir les portails sans danger et accéder à la Terre Intérieure était de 4,5 brins d'ADN.[167] Cela impliquait une activation complète du 4e brin d'ADN et de la moitié du 5e brin. Cependant, en raison des événements inattendus survenus au cours du cycle d'activation stellaire, la régénération de l'ADN s'est avérée insuffisante pour franchir les portails. L'intervention de races krystiques de niveaux de plus en plus élevés a donc été nécessaire.[168]

Il est très rare que l'Alliance des Gardiens utilise des vaisseaux spatiaux pour sortir une personne ou un groupe de personne dont l'ADN n'est pas suffisamment activé. Si cela est vraiment nécessaire, ils emploient des vaisseaux de plasma.[169]

Selon l'atelier d'Ashayana intitulé « Introduction au Kathara, niveau 4 », une telle intervention exige une grande préparation et constitue une tâche difficile pour les Gardiens. Pour cette raison, il s'agit d'une mesure exceptionnelle.[170] Par essence, un vaisseau spatial est un véhicule Merkaba, donc un *moyen de transport interdimensionnel*, qui est utlisé lorsque certains êtres ne parviennent pas à passer dans une autre dimension par leurs propres moyens. Les engins faits de plasma, quant à eux, sont des êtres vivants de très haute conscience qui ont décidé de prendre cette forme temporairement. Ashayana fournit des informations sur l'apparence de ce type de vaisseaux, soulignant qu'ils sont très similaires aux appareils qui apparaissent à la fin du film «

167 Pour plus d'information sur l'activation de l'AND et le passage par des portails stellaires, voir Dance for Love, disk 3, disk 4, MCEO, 2002
168 Sliders 8 manual, 2010, pp.1-40
169 Sliders 12, Externalization of the Kryst; Secrets of the Tan'-Tri-A'jha part 1, video 2, 2011; Ascension mechanics, project camelot productions, youtube, 2010
170 Introduction to elements of Kathara 4, disk 1, 2005

Prédictions » sorti en 2009.[171]

L'histoire de l'humanité, à travers tous les peuplements de la Terre, est profondément liée à l'élimination des mutations dans notre génétique, car elle détient les clés qui nous permettront d'accéder à des niveaux de développement plus élevés. Cependant, la persévérance et l'amour des races krystiques se heurtent à l'obstination et au mépris des autres races qui ont perdu leur potentiel krystique et qui craignent que l'éclat d'une humanité éveillée ne soit restauré.

Ouvrir les portails d'Urtha[172] pour accueillir des milliards d'êtres qui ont vécu dans un système mutant représente un risque considérable pour ceux qui acceptent de les recevoir, et exige une préparation soignée. Comme cela a été déjà souligné lors de la présentation de la structure multidimensionnelle de l'être humain, personne n'est venu sur Terre seul, ni par hasard. À présent, en plus de nos identités multidimensionnelles, notamment âme, sur-âme, avatar et rishi, un certain nombre d'êtres krystiques ont été délibérément envoyés parmi nous. Ils attendent de prendre contact avec chacun d'entre nous, dès que nous serons prêts.

---

171 Concernant le film "Knowing", voir: E'Asha Ashayana, Ascension mechanics, project Camelot productions on youtube, 2010
172 Pour plus d'informations sur Urtha, voir chapitre 9

CHAPITRES 9

La carte multidimensionnelle du Cosmos

L'un des plus grands accomplissements des Enseignements de la Liberté réside dans la révélation de la structure du cosmos et de sa carte multidimensionnelle.

Le chapitre trois du présent livre a brièvement présenté le concept de système Véca et son organisation en univers harmoniques (densités) comprenant chacun trois dimensions. La Terre est située dans le premier univers harmonique, et la planète qui lui correspond dans le deuxième niveau de densité est Tara. En observant le ciel depuis la Terre, nous constatons que cette planète se trouve dans la constellation d'Alcyone, au sein de l'amas d'étoiles des Pléiades. La mythologie fait souvent référence à Tara et à l'histoire qui l'entoure. Les Enseignements de la Liberté évoquent qu'une explosion s'est produite sur Tara il y a 550 millions d'années, suite à laquelle son champ morphogénétique a été gravement altéré. Dès lors, la Terre et l'ensemble de notre système solaire ont fusionné avec le champ morphogénétique brisé de Tara.[173] Selon les informations inscrites sur les plaques Dora Téhoura, les planètes de notre système ne proviennent pas du premier univers harmonique, et elles ne se sont pas formées par accrétion progressive comme l'exigerait le processus naturel de l'évolution.[174]

Tara a été détruite par le biais d'une technologie cristalline sophistiquée connue sous le nom de « Machine de la Bête ».[175] Cette méthode a été également appliquée à la Terre et mise en activation le 23 mars 2002, provoquant un dénouement rapide du vaste drame interstellaire qui se joue au sein de notre système Véca depuis des milliards d'années et qui nous affecte directement.[176] Il convient de rappeler qu'à

---

173 E'Asha Ashayana; Holy grail quest, 2000, disk 3

174 E'Asha Ashayana, Voyagers 2, Secrets of Amenti, 2002, p.5

175 Traduction de l'anglais "Beast machine," E'Asha Ashayana Dance for love, 2002, disk 3; Sacred sexuality, Disk 1; Dance for freedom. Part 2, 2003, Disk 1

176 Whispers of the Rasha ReishA, Revelations of the Unspoken Ones, the HaahTUrs and the HUB, 2005, disk 2

l'origine, la lignée génétique de la race Humaine angélique, Turaneu-siam, a été conçue pour surmonter un grand problème génétique des races Aînées, apparu en raison d'interférences dénaturées dans leurs modèles d'ADN.[177]

D'autre part, la planète Tara correspond à la planète Gaïa, également connue sous le nom de Jaya, du troisième univers harmonique, qui comprend les 7e, 8e et 9e dimensions. Lorsque les mythologies évoquent Gaïa, elles font référence à cette planète et aux événements historiques respectifs. Observée de la Terre, la position astronomique de Gaïa correspond à l'Étoile Polaire, dans la constellation Petite Ourse. Il y a 570 millions d'années, Gaïa a été impliquée dans un conflit entre plusieurs races, connu comme les Guerres d'Orion et Gaïa.[178] Ces divergences étaient la continuation de luttes qui s'avèrent encore plus anciennes, et qui sont connues dans les archives comme les Guerres des Draconiens. Nous comprenons ainsi que la volonté des races déchues est d'enfermer la matrice temporelle afin que rien ni personne ne puisse la quitter, et de prendre le contrôle sur ses habitants. Leur prochain objectif sera d'absorber la vie d'autres galaxies et d'autres systèmes Véca pour assurer la prolongation de leur existence.

Il s'agit là d'une circonstance cruciale qui nous aide à comprendre pourquoi, en observant l'espace à l'aide du télescope Hubble ou d'autres instruments, nous remarquons la présence d'un trou noir au centre de la galaxie qui attire progressivement tous les objets vers lui.

Gaïa à son tour est associée à une planète du quatrième univers harmonique connue sous le nom d'Aramaténa. Vue de la Terre, elle se trouve dans la constellation de la Lyre, également appelée Berceau de la vie. Elle est le siège des races fondatrices et l'endroit qui a servi comme point de départ pour l'établissement de notre matrice temporelle, il y a quelque 950 milliards d'années.

La Lyre abrite également les trois portails stellaires du quatrième univers harmonique, qui constituent respectivement les centres Kathara numéro 12, 11 et 10 du Templar de notre système Véca.

Le douzième centre, Aramaténa, abrite les races Aînées Elohay.

Le onzième centre Kathara de notre système Véca, appelé Aveyon, accueille les races Braharama depuis lesquelles sont issues les races déchues Annu-Elohime, créatrices des races Annunaki.

---

177 Ibid.

178 Voir plus dans: Ashayana, FOL 2006, disk 1; E'Asha Ashayana, Kethradon awakening, 2005, manual & disk 3

Le dixième centre de notre système Véca est l'étoile Véga, qui est peuplée par les races Séraphay-Séraphime, dont une partie a évolué en tant que race déchue Draconienne.

Les Enseignements de la Liberté révèlent les interrelations profondes entre les diverses races et leurs conséquences sur le karma collectif de nos jours. Ils montrent également leur lien avec les religions, les partis politiques et les mouvements culturels que nous connaissons aujourd'hui. Chaque comportement social et modèle communautaire existant sur Terre reflète le mode de fonctionnement des collectifs stellaires dans les dimensions supérieures.

En intégrant la notion d'un système Véca et la position de la Terre dans une structure multidimensionnelle, nous élargissons notre perception de la Création et nous nous rapprochons de la Source. Ainsi, nous sommes prêts à appréhender le terme **Eckasha.**

L'ensemble de quatre systèmes Véca représente un quadrant Véca qui forme un corridor Eckasha.[179] À ce niveau, la chute n'est pas permise. Cependant, lorsque le libre arbitre dans le système Véca est exercé de manière à entraver l'évolution krystique et ses principes fondamentaux d'amour et de respect, au point de mettre en péril la stabilité d'un niveau Eckasha, le système Véca concerné est alors placé en quarantaine et isolé du reste. C'est précisément ce qui s'est produit dans notre système.

Un corridor Eckasha contient des sceaux Eckasha supplémentaires dont la fonction est de séparer les systèmes Véca qui le composent.

Quatre corridors Eckasha forment un spectre Eckasha-É, qui représente le Monde Divin Suprême. Un corridor Eckasha forme le Monde Divin Moyen, et un système Véca, le Monde Divin Inférieur.

Quatre spectres Eckasha-É constituent un Eckasha-É-A.

Enfin, l'ensemble de tous ces niveaux de manifestation constituent « l'Escalier vers le ciel », construit sur la base de la grille Kathara. Pour cette raison, la maîtrise de la connaissance de l'Arbre de Vie originel est essentielle pour comprendre la structure de la Création, et déterminer l'emplacement et la réalité temporelle de chaque objet.

Nous apprenons ainsi à travailler avec la carte multidimensionnelle du cosmos et à atteindre des niveaux d'existence supérieurs.

Lorsqu'un être élargit sa conscience et met en activation ses potentiels (codes) d'ascension, il possède déjà un moyen de transport instantané pour traverser les dimensions. Cette carte devient un assistant

---

179   E'Asha Ashayana; The elements of discovery manual", p.42.

indispensable afin de déterminer l'endroit où l'on veut aller et comment y parvenir. Sans avoir une image précise des niveaux supérieurs de la Création et un mode d'emploi correspondant, le passage dans d'autres dimensions peut engendrer des risques et conduire à des expériences indésirables, comme par exemple, se retrouver dans un système fermé.

Après avoir compris la structure de base et l'ampleur des niveaux Eckasha-É-A, nous prenons conscience de la position exacte de la Terre dans la vaste structure de la Création. La réponse est donnée à la page 49 du manuel « Éléments de découverte », rédigé par l'Alliance des Gardiens et Ashayana. **La Terre se situe dans le 3ᵉ spectre Eckasha-É, 4ᵉ corridor Eckasha, 4ᵉ quadrant Véca, 1ᵉʳ niveau de densité.**

La présentation de la carte multidimensionnelle de l'espace sur des échelles aussi colossales nécessite une prise de conscience accélérée du drame qui se joue aux niveaux les plus élevés des mondes extérieurs. Le besoin de présenter des informations si approfondies et si complexes est dû au fait que tant les problèmes que les solutions pour notre planète proviennent des niveaux supérieurs du cosmos.

Il existe des collectifs krystiques qui se sont réunis et qui travaillent avec amour et dévouement pour ne pas laisser un système s'éloigner du courant éternel de la vie. Si cela n'est pas possible, leur intention est de permettre à tous les êtres qui ont le désir et possèdent les codes krystiques suffisants dans leur modèle d'ADN d'être évacués lorsque l'occasion se présente. Ces êtres krystiques proviennent de différents spectres Eckasha-É et constituent l'Alliance de la Rivière de Krystal.[180]

Vous trouverez plus d'informations sur les races de ces niveaux, leur histoire et leurs relations dans les ateliers et guides suivants :

Workshop Dance for Freedom, part 2, 2002

Workshop FOL-2007

12 tribes classes manual

ARhAyas Productions, Dawn of the Age of enlightenment, December 2012

Legacy of the Lost, Freedoms of the Found, the Milky Way Mysteries, Halls of Records and the "Jesus Codes", Amsterdam, 2007

L'image ci-dessous montre la carte multidimensionnelle du cosmos, « l'Escalier vers le ciel ».

---

180 Traduction de l'anglais „krystal river", E'Asha Ashayana, FOL-2007, disk 1

L'Escalier vers le ciel - Carte des Mondes Divins des niveaux Écka

7. Monde Divin Primordial (originel) de la Création avec 12 sceptres divins et Reushé

6. Six plateformes de perception et expérience holographique de la vie dans l'échelle naturelle vers le ciel. Eckasha-É-A, Krystos vers Reushéa, Krystala, Flamme Centrale d'Amoréa, Cristal Central de Manu-Azurite, Cœur Divin Yunasaï

5. Monde Divin Suprême Eckasha-É, Écka intérieure vers Eckasha-É-A krystos

4. Monde Divin Intermédiaire. Eckasha vers Eckasha-É

3. Monde Divin Inférieur - Écka intérieure du système Véca de l'univers vers Eckasha

2. Portail stellaire numéro 11 de l'univers vers l'Ecka Intérieure du 3e portail

1. Du 3e portail - la Terre, vers la 11e porte des étoiles dans la constellation de la Lyre - Aveyon (Sheliak)

Nos coordonnées spatiales:

spectre Eckasha-É-3

corridor Eckasha-4

quadrant Véca-4

eau de densité-1

Carte verticale

Carte verticale des niveaux, des champs et des boucliers qui donnent la relation entre le premier niveau de densité et la Terre et les niveaux de la planète Urtha sur Andromède.

Le Gyrodome, l'Adoré Éckousha-T et les zones de sécurité des plateformes d'Aurora.

Chacune des quatre plateformes d'Aurora et des quatre plateformes d'Écousha comporte cinq niveaux et cinq états de la matière du continuum d'Aurora.

Les niveaux de création ne s'arrêtent pas à Eckasha-É-A, mais les structures qui suivent sont qualitativement différentes. Toute la structure de « L'Escalier vers le ciel » depuis les dimensions et les niveaux de densité, à travers les systèmes Véca, Eckasha, Eckasha-É et Eckasha-É-A, représente le **domaine extérieur de la Création**. Il existe des zones extérieures, moyennes, intérieures et centrales. Vous en trouverez de plus amples informations dans les conférences « Mécaniques d'ascension »[181] et « Révélation de Dalé Luma ».[182]

Le système solaire

L'état de notre système solaire, et donc de la Terre, a considérablement changé depuis son entrée dans le cycle d'activation stellaire et d'ouverture des portails vers les niveaux supérieurs, comme le montre un certain nombre de conférences et de publications d'E'Asha Ashayana.[183]

Les Enseignements de la Liberté retracent en détail la chronologie et les caractéristiques de la formation de notre système solaire dans le premier univers harmonique. En 2005, Tara du deuxième univers harmonique, qui est le portail stellaire numéro 5 de notre système Véca, a été entièrement envahie. Par conséquent, son statut de planète déchue est devenu d'ores et déjà irréversible et les portails qui mènent vers elle ont dû être verrouillés. Cela signifie que l'ascension progressive de la Terre et de ses espèces biologiques du premier vers le deuxième univers harmonique, qui était initialement prévue, n'aura aucun effet positif et n'est donc plus autorisée. Pour savoir qui sont les races déchues qui ont mené l'invasion et dirigé les manipulations effectuées sur les centres énergétiques de Tara, consultez l'atelier « Fête des lumières », de 2006.[184]

Il y a quelques années, le 25 mars 2007, en raison d'influences extérieures sur le Soleil qui sont décrites en détail dans les ateliers « Mécaniques d'ascension »[185] et « Révélation de Dalé Lúma »,[186] la Graine de Prana de notre Soleil s'est refermée, le forçant à entrer prématurément dans un cycle de Bárdo. Par conséquent, le Soleil ne peut plus s'alimenter en énergie comme avant et il commence à s'éteindre. Cette information ne devrait pas effrayer les gens, car malgré ces circonstances désagréables, d'immenses opportunités se sont ouvertes pour la vie dans notre système solaire, notre galaxie et l'ensemble de notre système Véca, et ce, pour la toute première fois. Il s'agit de l'arrivée du Kalé Hara, un cycle de « Spiritualisation de la matière » et de la trans-

---

181 "Ascension mechanics", Project Camelot productions on YouTube, 2010

182 "Revelation of DhaLA - LUma", Phoenix, August 2007

183 http://www.arhayas.com/pages/dispensation-dec2012; workshop "Ascension mechanics", Project Camelot productions on youtube, 2010; Workshop: Cosmic Clock Reset, Phoenix, USA, 2003

184 E'Asha Ashayana, Festival of light, 2006, Disk 1

185 Ascension mechanics", Project Camelot productions on youtube, 2010

186 Revelation of DhaLA - LUma", Phoenix, August 2007

figuration krystique permettant l'ascension à travers les niveaux centraux et les niveaux intérieurs de la Création. Il s'avère que, si nous ne pouvons pas emprunter la voie principale de l'ascension, l'Alliance des Gardiens nous ouvre des raccourcis. Cela implique une évolution accélérée de tous les êtres aux potentiels krystiques suffisants qui éprouvent un profond désir de vivre dans l'harmonie.

Comme nous l'avons vu, l'espace se compose de structures multidimensionnelles qui englobent les systèmes Véca, Eckasha, Eckasha-É, Eckasha-É-A, tous faisant partie des domaines extérieurs de la manifestation. Dans le contexte actuel, l'évacuation de la vie de notre système Véca ne suit plus une trajectoire ascendante. Au lieu de cela, le déplacement se fera vers l'intérieur, suivant un mode d'ascension accéléré, qui est moins courant et généralement mis en œuvre lorsque toutes les voies de préservation de la vie d'un système ont été épuisées.

La mort d'un Soleil est un processus de passage d'un cycle Bárdo à un cycle Bardé. C'est ainsi que le Soleil de notre système entrera dans le cycle final de son existence, connu en astrophysique sous le nom de « supernova ».[187]

Afin qu'une étoile arrive au stade de supernova qui entraîne son explosion, celle-ci doit atteindre au moins huit masses solaires (certains scientifiques estiment que dix masses solaires sont nécessaires). La raison pour laquelle notre Soleil aurait le potentiel d'entrer dans un cycle de supernova est expliquée dans les ateliers « Mystères de la Voie lactée » et « La plus grande histoire d'amour ».[188] Il s'avère que notre système solaire possède deux soleils conjoints. Le deuxième soleil, Rabisode, également connu sous le nom de Soleil Sombre Déchu, se trouve dans le deuxième univers harmonique, à un autre angle de rotation des particules.[189] Sa masse est sept fois supérieure à celle de notre Soleil. La masse totale des deux soleils atteint huit masses solaires, ce qui est suffisant pour déclencher un cycle de supernova. Cependant, cela n'aura pas d'impact significatif sur le destin des espèces biologiques, car celles-ci ne peuvent pas exister dans une période temporelle trop proche de l'explosion d'une supernova. Le cycle est également long - d'environ 2 milliards d'années. Ensuite, le système explose, se décompo-

---

187 Voir plus dans « Revelation of DhaLA – Luma », Phoenix, August, 2007
188 E'Asha Ashayana, The Milky way misteries, 2007, disk 5, The greatest love story, disk 2
189 Traduction personnelle de l'anglais : Dark fallen sun

sant en une multitude de particules qui finissent par se transformer en poussières d'étoiles.[190]

Les êtres qui se trouvent dans des systèmes fermés et qui empruntent consciemment la voie de la chute sont mis en quarantaine pour éviter d'affecter d'autres systèmes. A la fin, leurs boucliers énergétiques sont brisés en petits morceaux.[191] Néanmoins, si une personne ou un groupe d'êtres se souvient de ces êtres « déchus » à leur plus haut niveau d'évolution, notamment de leurs noms, de leur apparence originelle et de leur cryptage krystique, il est possible de les aider à restituer leur histoire et leur mémoire. Grâce à ces souvenirs, les êtres déchus peuvent rétablir leurs codages krystiques et comprendre pourquoi quelqu'un a conservé les traces de leur véritable nature et de leur mission. Cette fonction de préservation de la mémoire et de l'histoire de tous les êtres, y compris de ceux qui ont choisi la voie de la chute est l'une des tâches principales du bouclier Aquaférion et des êtres indigo nommés Aquéri.[192]

Bien que le Soleil émette aujourd'hui des rayons gamma plus intenses, il existe des champs qui descendent vers la Terre à partir d'Urtha et de Sala.

La Terre joue un rôle important dans le templar de notre Véca, puisqu'elle est le troisième portail stellaire principal (centre Kathara).

De nombreux groupes d'élite sur Terre, qui possèdent des informations sur l'existence de races extraterrestres et de dimensions supérieures, ont élaboré un plan pour quitter la planète, comptant sur le fait qu'elle deviendrait inhabitable en raison des cataclysmes planifiés et des afflux perpétuels d'énergie négative. Cependant, depuis 2007, l'Alliance des Gardiens et Ashayana nous ont rassurés, dans une série de conférences, qu'une voie insoupçonnée d'ascension accélérée s'est ouverte pour notre planète. Ce processus affecte à la fois la Terre et tous les êtres au potentiel krystique satisfaisant qui ont l'intention de suivre la voie d'évolution krystique. En effet, la Terre est devenue également l'un des derniers «bateaux de sauvetage » pour tous les êtres de l'ensemble du système Véca, qui a déjà été mis en quarantaine et sera définitivement scellé dans 900 ans.[193]

---

190   E'Asha Ashayana, The Milky way misteries, 2007, disk 5
191   Ibid.
192   Ibid.
193   E'Asha Ashayana, dispensation from Dec 2012, Arhayas.com, 2013 http:// www.arhayas.com/pages/dispensation-dec2012

Par conséquent, ceux qui choisissent de coloniser l'espace proche pour quitter la Terre et son atmosphère, resteront dans un système fermé qui deviendra de plus en plus hostile et désert. Ces êtres ne pourront pas développer leur plein potentiel d'expansion de la conscience. Après des éons d'existence et nombre de réincarnations, ils vont finir par épuiser leur énergie et retourneront à la Source en tant que poussière d'étoiles, et non comme des êtres conscients ayant conservé toute leur mémoire.

Les Enseignements de la Liberté révèlent à quel point l'espace est plus vaste de ce que nous connaissons actuellement à travers les découvertes scientifiques. Il existe de nombreux systèmes dans l'espace, dont la plupart ont un échange d'énergie direct avec la Source et ne sont pas déchus comme notre Véca.[194]

Pour comprendre le rôle de la Terre dans notre matrice temporelle et sa relation avec la galaxie M-31, également connue sous le nom d'Andromède, il est nécessaire d'utiliser une autre carte qui illustre les niveaux subtils, notamment la Carte Verticale présentée ci-dessous. Cette carte dévoile les différentes couches, les champs et les boucliers énergétiques du premier niveau de densité, allant de la Terre jusqu'à la planète Urtha en M-31.

La Terre, comme nous l'avons évoqué plus haut, est dérivée de Tara, qui elle-même est issue de Gaïa, et Gaïa, d'Aramaténa. Depuis sa création, la Terre a été placée au cœur d'une autre planète plus grande, qui existe à un angle différent de rotation des particules, c'est-à-dire dans une autre dimension. Par conséquent, les deux planètes coexistent au même endroit, mais leurs particules oscillent à des angles distincts, ce qui explique pourquoi nous ne pouvons pas percevoir les deux réalités simultanément.

La Terre a été positionnée au sein d'Urtha pour des raisons de prévention. En cas d'effondrement irréversible de notre Véca, Urtha deviendra la dernière station d'évacuation pour tous les êtres vivants de l'ensemble du système. Actuellement, nous sommes en train de vivre ce scénario-là. La carte verticale nous permet de comprendre les réalités qui nous entourent, à la fois à proximité de la Terre et à l'intérieur de celle-ci.

En premier lieu, il convient de noter que les couches inférieures de l'atmosphère et l'orbite terrestre correspondent en réalité à une partie de la surface d'Urtha. En d'autres termes, la Terre est située au cœur d'Urtha, formant ainsi son noyau et son manteau.

---

194 Voir plus, E'Asha Ashayana, Doorways through time, 2009, disk 2

Il existe des zones krystiques sécurisées appelées Plateformes d'Aurora, ainsi que des zones d'hibernation non-krystiques.[195] Les plateformes d'Aurora sont contrôlées par des gardiens krystiques, tandis que les zones d'hibernation sont gouvernées par des représentants de races déchues qui ont choisi un chemin d'existence en opposition avec les principes krystiques et la loi de l'Unité. Il est donc important de rappeler que les entités célestes, provenant des dimensions supérieures, n'ont pas nécessairement de bonnes intentions envers les habitants de la Terre.

Il existe quatre plateformes d'Aurora transposées à l'intérieur et à proximité de la Terre. La première est située au sein de la Terre, à un angle différent de rotation des particules.[196] Elle est également la plus accessible, suivie de la deuxième, troisième et quatrième zone sécurisée.[197]

La deuxième plateforme d'Aurora, appelée Acélium, est également connue sous le nom de « Cité des nuages ». Elle est localisée dans la thermosphère de notre Terre.[198]

La troisième plateforme d'Aurora, appelée Aquaférion, est située dans les couches les plus externes de l'atmosphère, dans la brèche de la ceinture de Van Allen, connue également des astronomes. Elle forme ce que l'on appelle des « Villes-océans ».[199]

La quatrième plateforme d'Aurora, appelée Danué Shéva ou « Terres d'hivers », est située à la périphérie de la ceinture de Van Allen.[200]

Les zones d'hibernation se caractérisent par un taux vibratoire inversé qui altère le code naturel de l'ADN. Toute énergie qui pénètre ces territoires est détournée et reliée à des trous noirs artificiels. Ces zones peuvent être comparées à des pièges qui transforment leurs victimes en nourriture énergétique. Cette description peut sembler désagréable pour beaucoup de lecteurs, mais elle vise à éveiller leur conscience sur les aspects positifs des mondes subtils, ainsi que sur la présence de dangers, sans susciter la peur ni bloquer leur quête de connaissance.

Les informations sur les plateformes d'Aurora et les zones d'hibernation dévoilées par Ashayana et l'Alliance des Gardiens ne sont

195 E'Asha Ashayana, The Milky Way mysteries – Amsterdam, 2007, disk 5
196 Ibid.
197 E'Asha Ashayana, Revelation of DhaLA - LUma, Phoenix, August 2007, Disk 5
198 E'Asha Ashayana, The Milky Way mysteries - Amsterdam 2007, disk 5
199 Ibid.
200 Ibid.

pas nouvelles. Ces zones existent depuis longtemps et sont profondément liées au passé historique des peuples, ainsi qu'à la mythologie et aux anciennes écoles des mystères. Par exemple, lors de l'atelier « Les mystères de la Voie lactée », Ashayana explique que les champs d'énergie composant les zones d'hibernation sont constitués de fréquences artificielles inversées qui étaient employées à l'époque de l'Égypte ancienne, et même auparavant, à l'époque de l'Atlantide lorsque la technologie d'Ankh était d'actualité.[201] La construction finale des zones d'hibernation a eu lieu en 9 562 avant J.-C. Depuis, notre Terre est devenue une planète-prison, presque complètement coupée des races krystiques. La mémoire de sa population a été également endommagée afin de la rendre manipulable et facilement gérable.

Les Enseignements de la Liberté offrent des informations très précises sur notre passé pré-ancien, notamment sur l'époque de l'Atlantide. Le livre « Voyageurs - Secrets d'Amenti » retrace avec précision les différentes étapes de peuplement de l'Atlantide, que les civilisations stellaires de divers systèmes cosmiques appelaient la « Tortue Marine ».[202]

La période de développement de la culture atlante s'étend de 72 000 av. J.-C. jusqu'à 9 558 av J.-C. Le continent s'étalait sur l'Atlantique, de la Grande-Bretagne jusqu'à la Floride et Cuba. Il est légitime de se demander comment un si grand morceau de terre a pu disparaître sans laisser aucun vestige ? Où se trouve-t-il aujourd'hui ? D'après les informations fournies par les Gardiens, l'hypothèse de l'engloutissement est assez exacte. L'Atlantide a subi d'importants afflux d'énergie néfaste, chargée en fréquences inversées, qui étaient envoyées dans les grilles de la Terre par les êtres des zones d'hibernation.[203]

Après plusieurs milliers d'années d'impact, le continent a été divisé en quelques grandes îles, puis en plusieurs plus petites, jusqu'à ce que d'immenses portions de terre aient été arrachées et absorbées par les zones d'hibernation. L'Atlantide a été détruite, et son territoire a été détourné en modifiant le taux de fréquence de vibration de ses atomes. La plus grande partie du continent se trouve aujourd'hui dans les zones d'hibernation de notre atmosphère et existe à un autre angle de rotation des particules, c'est-à-dire dans une autre réalité.

Dans son interview pour le projet Camelot et lors de la conférence « Mécaniques d'Ascension », Ashayana révèle que la célèbre

---

201 "The Milky Way mysteries" workshop - Amsterdam, 2007, disk 5
202 E'Asha Ashayana, Voyagers 2, Secrets of Amenti, p.56, 2002
203 "The Milky Way mysteries" workshop- Amsterdam, 2007, disk 5

montagne Olympe est en réalité une zone d'hibernation. En disposant d'informations sur la période et l'objectif de la création de ces zones, ainsi que sur la manière dont elles ont été construites et les matériaux utilisés, nous pouvons relire l'ancienne mythologie avec un regard neuf et comprendre que ces récits ne sont pas le fruit de l'imagination des peuples de l'époque, ni de simples explications de phénomènes naturels. Il s'agit avant tout de textes qui rapportent de vraies rencontres avec des êtres provenant d'espaces réels, mesurables et atteignables. Alors, d'autres questions se posent : quel jugement moral allons-nous porter sur ces êtres, leur histoire et leurs traditions culturelles qui nous ont été transmises à travers les différentes époques historiques ? Dans quelle mesure ces traditions correspondent-elles aux principes krystiques d'amour, de respect et d'existence paisible ?

Une image de la Carte Verticale est disponible à la page suivante.

Vertical Map of Planes, Feilds & Sheilds for Density -1 Earth with M31 Urtha plane Interfaces

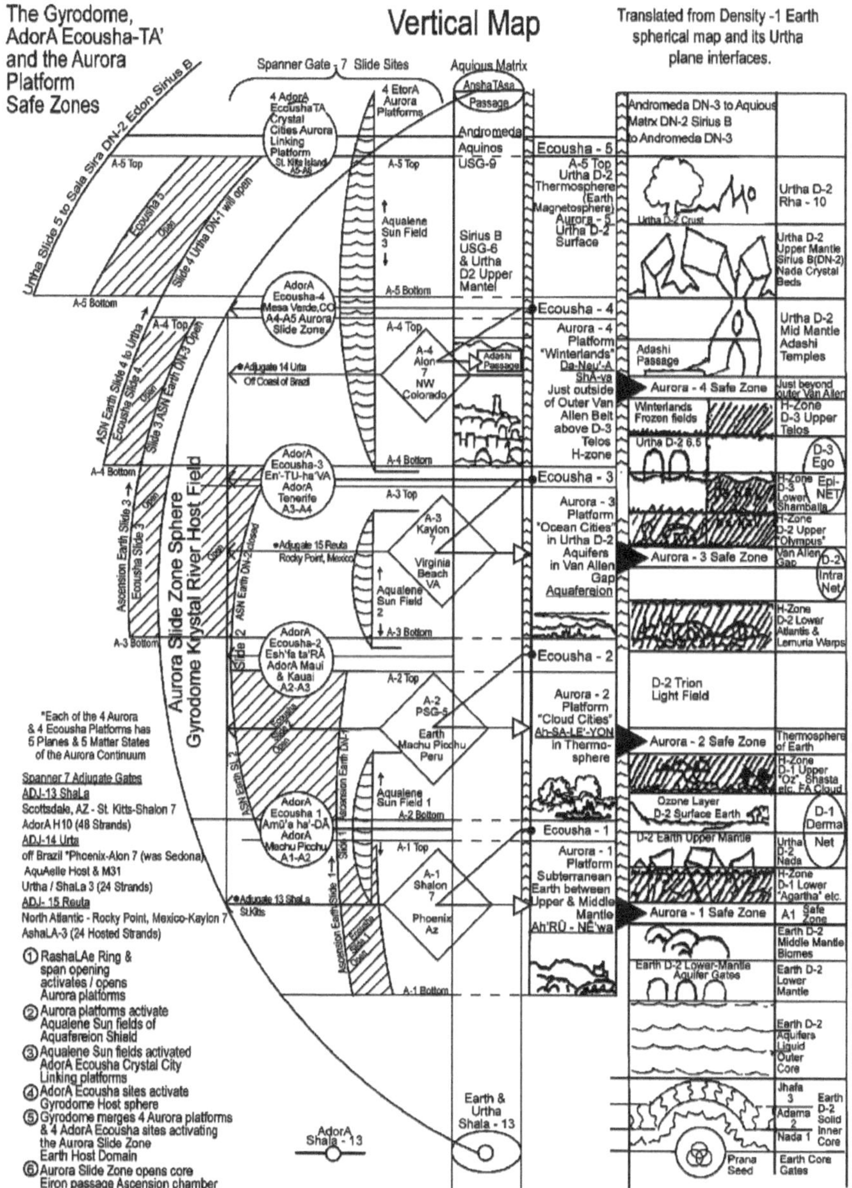

Diagramme 7

© E'Asha Ashayana, 2014

Kalé Yuga est le dernier des quatre cycles d'évolution d'un système. L'entrée de la Terre dans cette configuration spatiale marque le début d'un processus physique naturel connu comme mise en activation du « feu stellaire ».[204]

La différence fondamentale entre un système ouvert et un système fermé est que seul le système ouvert est krystique, toujours vivant et dispose d'un accès illimité à l'énergie éternelle de la Source.[205]

Les structures fermées font également partie du corps de l'Esprit, que les Enseignements de la Liberté appellent *alumeridana*.[206] Néanmoins, leur structure originelle a été modifiée au point de ne plus être capable de se procurer de l'énergie directement de la Source. Cet état est le résultat des choix effectués par les êtres qui se trouvent dans ces systèmes et qui, dans la plupart des cas, décident consciemment de s'éloigner de la Source et de poursuivre leur existence en asservissant et en consommant l'énergie générée par d'autres systèmes.

Notre galaxie, la Voie lactée a été définitivement verrouillée en 2007, après une série d'interventions malveillantes et d'une multitude de tentatives de les empêcher, mais sans succès.

Lorsque nous connaissons les notions de structures ouvertes et fermées, nous pouvons adopter une conscience plus élevée des choix que nous faisons. Plus précisément, nous pouvons décider si nous souhaitons suivre les principes fondamentaux d'amour et de coopération, plutôt qu'un modèle de division, de compétition, de conflits et d'aliénation. Notre choix déterminera non seulement notre avenir, mais aussi le type de réalité dont nous ferons l'expérience : transitoire ou éternelle.

Les concepts de systèmes ouverts et fermés nous permettent de mieux comprendre la signification de la liberté à différentes échelles. En rapportant ces connaissances au niveau planétaire, nous percevons mieux comment et pour quelle raison certains peuples cherchent à tout prix à avoir la suprématie sur d'autres. Cette attitude conduit à la perte de leur propre liberté, car le choix d'adopter un comportement de domination mène inévitablement à des limitations et à des retours karmiques. En vérité, chaque usurpateur sera asservi dans la même mesure qu'il a asservi les autres.

---

204 Traduction personnelle de l'anglais "Starfire"
205 Doorways through time, disk 2
206 "The Milky Way mysteries" workshop- Amsterdam, 2007, disk 2

CHAPITRE 10

La loi de l'Unité

La loi de l'Unité est un principe cosmique fondamental dont les applications sont exhaustivement définies et expliquées à travers les Enseignements de la Liberté et le Tantriara.

La compréhension des lois humaines est toujours associée à une volonté individuelle ou collective provenant de ceux qui détiennent le pouvoir. Celui qui ne respecte pas cette volonté devient sujet à des sanctions. De nombreuses religions interprètent les lois « divines » de manière similaire, primitive et impérative. De plus, la transgression de ces lois entraîne la colère « céleste » et conduit à la punition « méritée » du « pécheur ».

Cette forme de « gestion divine du monde » n'est pas soutenue par les Enseignements de la Liberté. La loi de l'Unité doit être considérée comme une loi physique plutôt que comme une doctrine imposée, à laquelle nous sommes supposés obéir. Chaque être est responsable de ses actions et possède le droit d'exercer librement sa volonté, tout en assumant les conséquences karmiques de ses choix, sans qu'elles soient perçues comme une punition, une vengeance ou un jugement colérique de la part d'une force extérieure.

Pour illustrer ce point, si nous ne sommes pas d'accord avec la loi de la gravité et que nous décidons de sauter par la fenêtre d'un immeuble, personne ne nous sanctionnera. En revanche, en reconnaissant l'existence d'une loi physique naturelle, nous ne pouvons qu'enrichir notre vie et y apporter plus d'harmonie en la mettant en pratique et en choisissant d'en tenir compte ou non.

La loi de l'Unité peut être résumée ainsi :

Tous les êtres sont des manifestations de la Source, et en constituent des parties inséparables et éternelles, qui possèdent la capacité de l'exprimer de manière unique.

L'amour est la force motrice qui stimule la capacité de manifestation de l'étincelle divine, krystique et naturelle. Dès le premier niveau Kathara, l'accent est mis sur l'état d'amour et la compréhension de ses nuances, telles que l'amour doux, l'amour ferme, l'amour de soi et l'omni-amour (amour envers tous).[207]

Kathara explique le changement énergétique qui se produit lorsque deux êtres s'aiment. Ce changement se manifeste par un état d'harmonisation vibratoire qui permet la construction d'un lien énergétique entre les deux êtres, à travers lequel circulent des courants de guérison. Ainsi, pour devenir un véritable guérisseur, il est essentiel de cultiver une attitude d'amour envers la personne à soigner, afin de soutenir son rétablissement.

L'amour « doux » est un amour tendre, réconfortant et intime, dans lequel une personne s'ouvre et s'abandonne à l'objet de ses sentiments. Cet amour suppose une confiance absolue, un niveau d'intimité profond, et requiert une maturité spirituelle et émotionnelle, où chaque partie est responsable d'elle-même, de ses valeurs, de ses actions, de ses pensées et de ses sentiments. Le niveau de maturité affective et intellectuelle implique de ne pas essayer de manipuler l'être qui nous aime, de ne pas drainer son énergie, de ne pas lui faire de reproches ou essayer de profiter de ses sentiments. L'amour exige à la fois le respect de soi et d'autrui.

L'amour « ferme » est plus difficile à reconnaître et très souvent mal compris dans la société. Il doit être appliqué lorsque l'être qui fait l'objet de nos sentiments n'a pas atteint le niveau d'intelligence émotionnelle défini précédemment. Beaucoup de personnes se comportent de manière égoïste, agressive, exigeante, imposante et accusatrice, refusant de remplir leurs engagements. Souvent, les personnes qui ont subi de profondes blessures dans leur enfance ou dans d'autres incarnations éprouvent des difficultés à faire confiance aux autres, à les respecter et à les aimer. Par conséquent, ils ont tendance à adopter un comportement manipulateur et narcissique. Si ces personnes sont approchées avec un amour doux, elles risquent de vous rendre victimes de leurs actes et de vous faire endurer des abus sous diverses formes. En général, les personnes qui ont eu un vécu difficile et dont le système de valeurs a été déséquilibré sont susceptibles de repousser les autres en dissimulant ainsi les conflits intérieurs et les blessures qui les tourmentent. Les personnes dans un tel état ont également besoin d'amour, mais il doit être exprimé de manière à ne pas nuire à celui qui les aime, ni aux autres. Cela consiste à instaurer des limites claires entre les deux, et à conve-

---

207 E'Asha Ashayana, Kathara bio-spiritual healing system manual, level 1, 2000, pp.191-197

nir que leur relation doit être respectueuse, honorable et dépourvue de tendances autoritaires. De plus, chaque partie doit assurer une responsabilité individuelle vis-à-vis de ses actes. Si l'être qui endure des difficultés psychologiques n'est pas disposé à ajuster son comportement destructeur et continue à placer son partenaire dans un rôle de victime, il est nécessaire que ce dernier sorte de ce rôle et oriente la relation de telle manière que le schéma « victime-agresseur » ne se manifeste plus.

L'amour ferme vise également le bien-être et le bonheur de la personne pour laquelle il est ressenti, mais il est exprimé d'une manière thérapeutique afin de protéger celui qui aime. Cet amour n'implique pas de jugement, ni de négligence à l'égard de l'autre, ni de condamnation ou de répression. La distance et les limites sont saines, et la personne aimante détient le devoir de maintenir la relation dans l'égalité et le respect en honorant le libre arbitre de son partenaire.

Comprendre en profondeur le modèle psychologique « victime et agresseur » et ne pas y adhérer est une démarche essentielle à entreprendre afin de régénérer nos potentiels (codes) krystiques et poser les bases pour instaurer des rapports plus équilibrés dans notre existence. Le modèle psychologique « victime-agresseur » est également présenté dans les Enseignements de la Liberté en tant que programme « V-V ».[208] Ce programme n'est pas apparu par hasard dans la psyché collective des peuples, il s'agit d'une expérience psychologique délibérément conçue pour s'opposer aux intentions krystiques de la Source.

Historiquement, cet exploit a commencé il y a 480 millions d'années, dans notre système Eckasha parallèle. Il était dirigé par une race qui cherchait à comprendre les causes de la chute et à éradiquer la possibilité de sa survenue. Cependant, cette expérimentation a échoué, provoquant des conflits violents à travers tout notre spectre Eckasha-É. Les détails sur ces événements anciens et les causes de la plupart des problèmes de notre système Eckasha, de notre galaxie et de la Terre sont développés dans l'atelier « Fête des Lumières » de 2007.[209]

La Source crée en elle-même, mais pour que ce processus se manifeste dans la réalité, il doit être guidé par certaines règles. Cela signifie que l'Absolu a établi des lois et des principes fondamentaux qui constituent un cadre à l'intérieur duquel la création prend forme. La loi de l'Unité est la loi originelle qui nous aide à mieux comprendre l'Œuvre

---

208 V-V program (victim-victimizer)
209 E'Asha Ashayana, Workshop FOL, 2007

universel dont les Enseignements de la Liberté révèlent la nature, le sens et l'ordre mathématique. Au niveau le plus primordial, Dieu possède par essence la maîtrise sur toute la mécanique de la Création et choisit librement de poursuivre son déploiement perpétuel. Pour cela, l'inspiration seule ne suffit pas, il a également besoin d'une structure dans laquelle la force créatrice peut s'exprimer de manière appropriée.

La conscience se déploie en diverses configurations et s'auto-examine en explorant les relations entre ses parties. Les formes de manifestation de la conscience ne sont pas séparées l'une de l'autre et ne sont pas inertes. Ce sont des structures vivantes composées d'éléments de la conscience de la Source. Le système Kathara nous aide à comprendre qu'aucune créature ou particule n'est extérieure à la Création, et que chacune d'entre elles possède sa propre fonction divine.

Le fait que chaque objet existe en tant que partie de la Source signifie que tout, sans exception, possède un pouvoir de conception, qu'il soit conscient ou inconscient. Néanmoins, si un être perd la connaissance de ce processus, ou s'il ne se souvient plus du langage de la Création, il ne peut plus utiliser son talent inné à bon escient. Cet être sera toujours capable de matérialiser ses pensées, mais sans connaître le contexte ni comprendre les outils de manifestation dont il dispose. Alors, pour ces personnes la puissance créatrice semble arbitraire et imprévisible, et leur vie est marquée par le chaos et la destruction.

Les Enseignements de la Liberté et leur application par le biais du Kathara ont pour but de rendre aux humains le guide pratique des mécanismes de l'Œuvre, afin de les aider à comprendre et donner un sens à leur vie. Cette connaissance est également le fondement principal de toutes les sciences et technologies avancées dans l'univers. Elle est basée sur la lumière, le son, les fréquences et l'énergie électromagnétique qui constituent les composantes essentielles de toute forme de matière.[210] Les règles et les lois figurant dans les Enseignements de la Liberté seront vérifiées au fur et à mesure que la science se développera sur Terre.

Une caractéristique importante du Kathara est que les connaissances ne sont pas présentées comme des dogmes. Chaque personne est encouragée à chercher les réponses par elle-même. Le Kathara propose des informations détaillées sur la structure de la Création, les connexions spécifiques et les interdépendances énergétiques entre le microcosme et le macrocosme, ainsi que des techniques correspondantes pour intera-

---

210 E'Asha Ashayana, Voyagers 2, Secrets of Amenti, p.451, 2002

gir avec nos chakras, nos centres Kathara, nos boucliers, notre modèle d'ADN personnel, les lignes axiatonales, les champs merkaba, etc.

Pour cette raison, l'homme n'est jamais incité à remettre son pouvoir à une autorité extérieure. Au contraire, il lui convient de redécouvrir et de développer son propre potentiel spirituel, et de s'épanouir dans la direction qu'il souhaite, en disposant d'informations complètes et précises sur les différentes voies qui s'offrent à lui.

Si nous nous considérons comme des êtres insignifiants qui doivent obéir et céder leur pouvoir à des forces extérieures sous forme d'anges, d'archanges, de seigneurs du karma ou de maîtres ascensionnés, nous passons à côté de l'essentiel de ces enseignements. Nous oublions que la puissance spirituelle réside en chacun de nous, et qu'il suffit simplement d'apprendre à travailler avec elle. En adoptant cette attitude, nous manifestons du respect envers les autorités individuelles et leur travail, mais nous cessons de les élever au rang de culte. Cette façon de penser nous place sur un pied d'égalité avec tous, sans exception, ce qui implique l'absence de tout comportement d'adoration servile, de mépris arrogant, de condescendance et de désir d'assujettissement.

Il existe une différence cruciale entre considérer les êtres des dimensions supérieures comme des sauveurs auxquels il faut s'incliner et céder nos pouvoirs, ou les percevoir comme des amis qui nous conseillent sur ce à quoi il convient de prêter attention pour évoluer. Ce critère majeur permet d'analyser l'intention d'une entité qui entre en contact avec nous et les attitudes qu'un enseignement particulier nous incite à adopter. Si l'être en question insiste à ce que l'on soit d'accord avec ses propos, ne respecte pas le libre arbitre d'autrui ou se comporte avec mépris, il est fort probable que ses intérêts soient dirigés par des intentions narcissiques et manipulatrices. Ses conseils nous éloigneront de la connexion avec notre identité multidimensionnelle et avec notre avatar krystique.

Les Enseignements de la Liberté et leur application par le biais du Kathara ne sont pas destinés aux personnes qui se perçoivent comme des moutons ayant besoin d'un berger, ou comme des disciples à la recherche d'un gourou à suivre inconditionnellement. Au contraire, une telle attitude est considérée comme obstacle à l'épanouissement spirituel, entraînant des habitudes d'impuissance, ainsi qu'un sentiment d'insignifiance et une foi aveugle en l'autorité. Ceci finit par émousser les sens de l'individu face à la réalité qui l'entoure. Cette attitude de soumission n'est pas typique de l'être humain descendant de la lignée génétique angélique. Le fait que dans notre civilisation, au cours des derniers millénaires, le culte de la personnalité, l'esclavage, la dépendance et la division soient devenus des facteurs dominants, indique que les principes de la constitution de cette civilisation sont contraires à l'ordre naturel d'égalité et d'importance analogue de tous.

Réfléchissons un instant à ce que signifie, pour une religion ou pour un enseignement spirituel, de considérer les gens comme des moutons et un guide spirituel, ou même Dieu, comme un berger. Essayons d'analyser plus minutieusement la relation entre un pasteur et son troupeau. Commençons par répondre à la question suivante : quel est le rôle d'un berger et qu'est-ce qu'il le pousse à élever des brebis?

Tout d'abord, le berger perçoit les brebis comme une marchandise qui lui apporte des biens, notamment de la laine, du lait et, le cas échéant, de la viande. Pour lui, les animaux sont un moyen de subsistance et une ressource économique. Le berger n'a pas besoin que ses animaux montrent leurs personnalités. À l'inverse, il s'efforce de les rendre faciles à gérer, c'est-à-dire, de rester au sein du troupeau et de ne pas faire preuve de curiosité à l'égard du monde extérieur.

Le berger protège les brebis d'éventuelles attaques de loups, guidé par son intérêt personnel, puisqu'il les considère comme sa propriété et sa source de richesse par excellence. Lorsqu'une brebis décide de se séparer du groupe, comme dans l'histoire biblique, elle est instantanément désignée comme perdue, et non comme déterminée à exercer son libre arbitre pour s'affranchir du pasteur et de l'existence en « troupeau ». Les actions du berger sont donc perçues comme salvatrices, et non comme une contrainte à la liberté de la brebis curieuse qui souhaite être autonome.

Par ailleurs, il n'est pas supposé nécessaire, ni possible, d'établir une communication directe entre le pasteur et les brebis. Ces dernières ne doivent pas poser de questions, et leur maître n'a aucune obligation de les informer. Même s'il pouvait discuter avec ses animaux et leur raconter des histoires de la vie, stimulant ainsi leur développement personnel, le scénario de la « brebis perdue » se reproduirait inévitablement, mais à une échelle plus large. Ainsi, ses ressources économiques diminueraient. Pour cette raison, le berger ne veut pas que ses brebis élargissent leur vision du monde. Il maintient leur environnement de manière à ce qu'elles restent dans l'ignorance, craignant le monde extérieur et ne remettant jamais en question leur propre origine, leur fonction et leur raison d'être.

Enfin, les moutons sont parfois sacrifiés dans des rites de propitiation pour apaiser la colère du Dieu du berger. Cela nous amène à nous interroger sur la nature de cet être qui exigerait de tels sacrifices : peut-on vraiment croire qu'il s'agit d'un Dieu-Créateur tout-aimant ? Il est douloureux de constater les contradictions qui émanent des messages de certaines religions. Cependant, chaque personne réfléchie devrait intégrer les concepts qui résonnent avec sa compréhension de Dieu et faire la part des choses. Il est encore plus amer d'apprendre, à travers l'histoire, que toutes les doctrines religieuses, sans exception, ont été infiltrées et sont devenues des enseignements qui inspirent des voies d'évolution mitigées.[211] Cela ne signifie pas que leurs adeptes doivent les rejeter, mais il convient de faire preuve de vigilance lorsqu'on découvre des incohérences dans les propos, pour éviter les pièges qui ont été tendus dans les textes de ces ouvrages.

Pour déterminer si une loi est juste, il est nécessaire d'observer les effets de son application.

La mise en œuvre de la loi de l'Unité dans nos relations avec les autres implique que nous ne faisons pas de distinction entre les individus ou les groupes en fonction de critères arbitraires. Chacun est considéré comme égal, sans que ses connaissances, ses talents, ses compétences ou sa personnalité ne lui confèrent un statut supérieur. Cela ne signifie pas que tout le monde peut décider de tout, mais lorsque quelqu'un excelle dans un domaine spécifique, il devient expert et peut partager ses connaissances avec les autres. Cependant, cela ne le rend pas plus important et ne lui donne pas droit à des avantages matériels ou à des privilèges qui ne sont pas directement liés à son activité. Dans les civilisations humaines que nous connaissons à travers l'histoire, ainsi que dans l'ordre social actuel, il est courant de favoriser certains individus plus que d'autres. L'égalité est souvent réduite à une simple égalité des chances dans la compétition pour la survie, où la valeur que le système attribue à chaque individu détermine la quantité de biens et de ressources qu'il reçoit, en fonction de son travail, de ses origines et de ses qualités.

Dans presque toutes les cultures et les systèmes sociaux que nous connaissons sur Terre, il existe des formes de division et de discrimination injuste envers des groupes distincts, fondées sur leur importance supposée. Cette vision est incompatible avec la loi de l'Unité. Prenons

---

211 Voir plus, E'Asha Ashayana, Ascension Mechanics workshop, project Camelot productions, 2010

l'exemple de l'élitisme et de la ségrégation en strates économiques, souvent divisées en travailleurs, classe moyenne et élite. Dans ce modèle de gouvernance, l'énergie et le travail d'une couche sociale de personnes sont utilisés pour maintenir le statut bourgeois d'une autre couche, qui à son tour maintient le statut de ceux qui se trouvent au-dessus, et ainsi de suite. C'est un cercle vicieux et épuisant de division socio-économique qui contredit la loi de l'Unité des races krystiques dans notre univers. Se limiter à un seul modèle social, qui perpétue les séparations et les contradictions, est à la fois une contrainte universelle et une source de tentation, incitant à considérer ce modèle comme l'unique et l'incontournable réalité. Même si ses faiblesses sont évidentes, elles ne sont pas remises en question et de meilleures alternatives ne sont pas proposées.

Lorsque nous appliquons la loi de l'Unité, nous sommes capables de reconnaître le développement équilibré d'une personne et d'apprécier son succès avec respect et gratitude pour les services qu'elle rend aux autres. Nous ne tomberons jamais dans un état d'exagération démesurée et de vanité excessive en mettant un individu sur un piédestal ou en nous nous sentant insignifiants par rapport à ses réalisations. Au contraire, dans nos interactions avec des êtres plus avancés sur le chemin de l'évolution, nous pouvons apprendre à un rythme accéléré et mieux assimiler nos leçons.

Il serait logique de se demander comment une société peut être organisée lorsque ses membres refusent d'appliquer la loi de l'Unité et commettent des actes contraires à celle-ci. Comment peut-on éprouver de l'amour pour ces personnes sans négliger ceux qui en sont opprimés ? En effet, il est possible et souhaitable de respecter le libre arbitre de chacun, même de ceux qui agissent en opposition avec la loi de l'Unité, et de se rappeler qu'ils font également partie de l'ensemble. Il est tout de même nécessaire de protéger autant que possible les membres de la communauté qui adhèrent aux principes de l'Unité contre les éventuelles mauvaises influences.

Dans ce contexte, la limitation de la liberté de mouvement et le travail thérapeutique avec les personnes qui ont commis un crime est plus efficace que leur emprisonnement dans un environnement rempli de malfaiteurs. Cette approche aiderait ces personnes à clarifier leur lien avec la société et à comprendre la nécessité de traiter les autres avec respect et bienveillance. La limitation ciblée de la liberté représente un encadrement qui vise à les protéger, et non à les punir ou à les soumettre à une vengeance. Elle les aide à éviter de se nuire à elles-mêmes ou de blesser leur entourage, en leur proposant un environnement qui favorise le travail sur l'extension de la conscience. Ces formes de contraintes plus humaines et plus efficaces peuvent être employées individuellement, mais aussi à l'échelle collective pour les groupes qui ont choisi de maltraiter tous ceux qui se trouvent sur leur chemin.

De même, nous sommes témoins de la mise en quarantaine de notre système Véca dans son ensemble, car les principaux collectifs qui le composent continuent de suivre la voie de l'assimilation d'autres systèmes, qu'ils considèrent comme leur « but primordial ». Ce même « but primordial » a conduit à la chute de la constellation de la Lyre il y a 250 milliards d'années, reflétée dans la Bible comme le « péché originel ». Pour en savoir plus sur les événements historiques et les conflits entre les différentes races de notre système, voir l'atelier «Fête des Lumières» de 2007 par E'Asha Ashayana.

Ce type de comportement risque de se propager et détruire des systèmes encore plus grands que le nôtre. Pour cette raison les Conseils Magistraux des niveaux supérieurs ont décidé de fermer notre système Véca.[212] Cependant, lorsqu'un système est isolé, ses ressources deviennent limitées et les êtres qui y demeurent entament très souvent une lutte pour la survie qui dégénère en conflits angoissants et mène vers une dégradation progressive des relations entre les peuples. Dans d'autres cas, les êtres d'un système fermé peuvent assumer les conséquences de leur mode de fonctionnement et comprendre qu'ils sont dans cette situation parce qu'ils n'ont pas suivi les principes krystiques d'amour et de respect mutuel. Ils peuvent alors décider de retourner vivre dans la paix et l'harmonie en appliquant les vertus krystiques et la loi de l'Unité. Rien, ni personne ne peut être en dehors de la Source et cesser de faire partie d'elle. Cependant, en exerçant son libre arbitre, un être peut perdre la mémoire de sa relation avec l'Absolu. Cette séparation entraîne de la souffrance, tant pour lui que pour les entités auxquelles il est directement relié.

En outre, l'application de la loi de l'Unité envers la nature est essentielle pour atteindre l'équilibre écologique et conserver les différentes espèces. Si nous considérons la flore et la faune comme des manifestations de l'Absolu et que nous éprouvons de l'amour pour eux,

---

212 E'Asha Ashayana, dispensation from Dec 2012, Arhayas.com, 2013, http://www.arhayas.com/pages/dispensation-dec2012

nous devrions les aider en offrant le meilleur environnement possible pour leur existence. Au lieu de cela, nous les considérons aujourd'hui comme des ressources pour notre survie, les élevant dans de mauvaises conditions. Le besoin de consommer des plantes et des animaux est le résultat de mutations artificielles dans la biologie humaine, provoquées par des influences extérieures. Cette condition n'était pas la forme originelle de recharge énergétique pour les humains, comme il a été brièvement expliqué dans le chapitre cinq de ce livre et dans les sources auxquelles il fait référence.

Si nous respectons les autres espèces biologiques en tant que formes de manifestation divines, nous devrons adopter une attitude sacrée et des rituels de gratitude envers l'acte d'alimentation, sachant qu'il s'agit d'un processus normal jusqu'à la restauration des capacités brethériennes (respiratoires) des êtres humains qui impliquent une recharge énergétique par la respiration.

Lorsqu'Ashayana et l'Alliance des Gardiens présentent des informations, ils s'efforcent de les expliquer de manière détaillée, dans un langage accessible à la science moderne, plutôt que de les présenter comme une propagande religieuse à suivre simplement parce qu'elle est censée être divine. Le respect du libre arbitre et de l'intelligence des lecteurs et des auditeurs exige que la loi de l'Unité soit expliquée, mais qu'elle ne soit pas imposée. Pour la comprendre plus facilement, il suffit d'étudier l'interconnexion entre le microcosme et le macrocosme, et leur interdépendance. Cette relation s'explique par l'existence de boucliers énergétiques, connus comme « égrégores » dans certaines traditions ésotériques. Chaque personne est liée à sa famille, à son collectif de travail, à son cercle d'amis, à sa nation et à la race Humaine, et peut donc exercer une influence sur chacune de ces communautés. En fonction de son rôle (position dans le bouclier) et de son pouvoir d'influence (pouvoir de réalisation), chaque personne peut apporter des changements dans les groupes respectifs. La position d'un groupe par rapport à un autre groupe plus large est également importante. Par exemple, certaines familles ont plus d'influence au sein de leurs peuples que d'autres.

La position d'un individu dans un bouclier collectif détermine le degré d'impact qui sera exercé sur la communauté, qu'il soit bénéfique ou non. Grâce aux Enseignements de la Liberté et à l'application de certaines techniques Kathara, un individu peut mieux comprendre son origine et influencer sa communauté de manière favorable. Il peut

174

également s'en écarter en toute sécurité si le bouclier est sur le point de s'effondrer.

Plus nous connaissons les liens qui nous unissent aux groupements à grande échelle, mieux nous allons saisir l'influence à laquelle sont exposées les petites communautés auxquelles nous appartenons. Par exemple, les problèmes de développement d'une nation ont un impact négatif sur toutes les familles qui la composent. De même, les problèmes de l'humanité entière affectent indéniablement toutes les nations et toutes les familles. Les Enseignements de la Liberté dévoilent des informations sur les collectifs stellaires auxquels les peuples sur Terre sont liés. Il s'agit de races extraterrestres avec leurs propres attitudes et des problèmes à résoudre. Cette information nous aide à faire des choix libres et conscients, tout en nous permettant de comprendre où se situent les différentes personnes dans leurs boucliers collectifs respectifs, selon leurs rôles ou contextes spécifiques.

Beaucoup de religions et d'enseignements spirituels devenus traditionnels à notre époque exigent de leurs adeptes une foi aveugle dans les textes, les personnages, l'histoire et même dans les rituels. Or, si l'on examine l'histoire, la tolérance religieuse et le droit de l'individu à choisir ses croyances sont des libertés qui échappent à la majorité de ces organisations. Combien de personnes ont été assassinées au nom de la religion ? Combien de croisades menées au nom de la « bonne foi » ont finalement trahi l'essence des enseignements respectifs et les messages prônés par leurs livres sacrés ?

En outre, il est très difficile pour beaucoup de personnes de se défaire du réflexe de chercher la faute chez les autres et de les voir comme la principale cause de leurs problèmes. Il est plus facile pour eux de justifier leur comportement agressif en arguant qu'ils étaient provoqués d'agir ainsi.

Dans la culture de tous les peuples, depuis des millénaires et jusqu'à aujourd'hui, une réaction commune face à un comportement déséquilibré est l'accusation et la condamnation. Dans notre société moderne, la politique de traitement des symptômes est caractéristique tant de la médecine que du système judiciaire. Il est important de noter que le jugement sur un comportement se distingue de sa condamnation. La principale différence réside dans la manière dont nous nous impliquons dans une situation donnée, pour éliminer les causes qui la provoquent, plutôt que les personnes ou les événements qui la manifestent.

Les véritables gardiens de la connaissance sacrée ne retireraient jamais à quelqu'un le libre arbitre de refuser ou d'accepter une information. Ils ne comptent pas sur une croyance aveugle, ne font pas de déclarations inexactes, et ne prononcent pas de demi-vérités susceptibles de semer la confusion dans l'esprit des gens. Selon l'auteur de cet ouvrage, les informations transmises par les Gardiens Eeiyani et les races krystiques à travers Ashayana sont fabuleusement cohérentes, très profondes, limpides et enrichissantes quant à la nature de l'homme, son immense pouvoir et la manière intelligente d'utiliser celui-ci.

La compréhension progressive de cette information est particulièrement nécessaire de nos jours, alors que la dernière ascension des êtres aux potentiels krystiques de la galaxie est en train de se produire. Au lieu de pousser les êtres humains vers une croyance aveugle, les Eeiyani encouragent chacun à ressentir si les enseignements résonnent avec lui. Déchiffrer le cryptage des messages est une excellente méthode pour reconnaître les informations réelles de celles qui ne le sont pas, et pour percevoir la vraie intention qui se cache derrière un mot prononcé ou une image. Lorsque cette qualité est amplement répandue, les gens deviennent plus résistants à la manipulation, ce qui pose un problème aux organisations et aux individus cherchant à imposer de telles structures sociétales.

Une personne qui ne se fie pas à la croyance automatique, mais observe sa réaction intérieure, commence à se poser des questions et à chercher des réponses satisfaisantes. Le ressenti intuitif qui accompagne l'analyse d'une information représente essentiellement une communication subtile entre un être et l'une de ses parties supérieures, comme par exemple, son avatar krystique qui lui envoie des signaux sous forme de voie intérieure.

Cependant, les doctrines prétendant expliquer la véritable origine divine de l'univers et de l'homme, y compris les Enseignements de la Liberté, ne doivent pas se préoccuper de comparer leurs propositions et leurs thèses avec celles des autres courants. Au contraire, l'Alliance des Gardiens nous encourage à nous familiariser avec d'autres systèmes ésotériques, textes religieux et théories scientifiques afin de mettre en perspective leurs affirmations et mieux cerner les points communs et les différences.

Il est également important de noter si la transmission d'un savoir spirituel se fait d'une manière énigmatique et fragmentaire ou d'une façon accessible à tous. Les Enseignements de la Liberté se caractérisent par cette dernière approche. La connaissance qui nous est fournie couvre l'histoire réelle depuis son commencement, remontant à la naissance de notre matrice temporelle il y a 950 milliards d'années terrestres. Cette description en années terrestres d'une période aussi lointaine, même si la Terre n'existait pas encore, nous offre une chronologie concrète. Elle suggère également que l'univers est beaucoup plus ancien que les 13,7 milliards d'années que nous estimons aujourd'hui.

Lorsqu'il s'agit d'histoire aussi lointaine, il est difficile d'admettre qu'une telle théorie puisse être vraie, puisque ni les participants, ni les époques, ni les lieux ne sont connus actuellement.

La plupart des textes religieux n'indiquent pas clairement le cadre spatio-temporel de la Création. La doctrine chrétienne, par exemple, propose un certain nombre de jours et désigne un début abstrait, mais cela ne nous éclaire pas suffisamment sur la chronologie de l'Œuvre. Dans la version originelle du christianisme, les livres qui devaient constituer la base spirituelle de cette religion et qui faisaient partie de la Bible, contenaient des connaissances concernant à la fois l'histoire pré-ancienne, ainsi que la structure de l'univers et de l'homme.[213]

Les Enseignements de la Liberté révèlent que la vie est apparue dans notre matrice temporelle il y a environ 950 milliards d'années. Il est important de noter que le temps et l'espace sont indissociables, et que le passé n'est pas définitivement perdu. Il est possible et concevable d'établir un contact même avec les êtres issus des races Fondatrices qui sont à l'origine de toutes les races de notre matrice temporelle, y compris la race Humaine Angélique.[214] La Création est un processus dynamique qui naît et existe simultanément, dans toutes ses voies potentielles de développement. Cela signifie que toutes les périodes passées et futures coexistent en même temps, et que les choix que nous faisons déterminent la réalité que nous expérimentons.

La loi de l'Unité nous explique le lien le plus fondamental qui puisse exister, celui entre l'électricité et le magnétisme, leur origine commune et leur interaction. Cette relation est à la base de la liaison entre le masculin et le féminin sacré, tant au niveau cosmique qu'au niveau personnel. Les Enseignements de la Liberté démontrent les corrélations mathématiques entre la manifestation masculine des

---

213 E'Asha Ashayana, Voyagers 2 - Secrets of Amenti, Granite Publishing, 2002, pp.101-105

214 Voir, E'Asha Ashayana, Dance for life - manual, 2002, pp. 131-147

systèmes dans le cosmos (côté Partiké) et leur manifestation féminine (côté Particum). La connaissance de ces parties distinctes mais mutuellement complémentaires de la Création est essentielle pour comprendre le processus d'ascension qui se produit après leur fusion harmonieuse et naturelle.

Pour que la connaissance soit utile et pratique, elle doit être clairement présentée et bien comprise par ses adeptes. Par exemple, lorsqu'il est question des races Fondatrices, il est nécessaire de connaître leur origine, leur lieu de vie, leur apparence physique, leur nombre, leurs relations avec l'Absolu et les autres races, ainsi que leur lien avec l'humanité. Toutes ces questions trouvent une réponse concrète à travers Ashayana et l'Alliance des Gardiens, et constituent une partie importante des enseignements.[215]

Aujourd'hui, plusieurs facteurs contribuent à une meilleure diffusion de la connaissance sacrée du Kathara. D'abord, les conférences et les exposés publics sont enregistrés en vidéo, ce qui permet d'avoir un accès direct à cette sagesse, de ressentir l'énergie du porte-parole, et d'apprécier à la fois le contenu et la manière dont il est présenté. Il y a 2000 ans, de nombreuses religions se sont formées sans avoir la possibilité d'enregistrement visuel, tout en contribuant de manière significative. Les récits des orateurs ont été retranscrits, édités et triés avant d'être diffusés. Très peu de personnes ont pu voir et entendre les discours originaux, d'autant plus que certains textes ont été retranscrits en l'absence de témoins.

Avec l'avènement d'Internet, l'information se diffuse presque instantanément, en quantité illimitée, dans presque tous les coins du monde. Si l'on considère la complexité de rédiger un livre et de le diffuser librement parmi les peuples à cette époque, on peut se rendre compte de la proportion de la population qui connaissait la forme initiale des anciens enseignements.

D'autres facteurs favorables à une diffusion plus massive des vraies connaissances sacrées résident dans l'amélioration globale de la situation politique, ainsi que dans la présence de conditions plus humaines pour la majorité des peuples, et d'une plus grande tolérance de la part de certaines religions et des écoles ésotériques. Dans ce contexte, l'information sur les différents enseignements spirituels est

---

215 Voir, The Evolutionary Path of Human Consciousness. Secrets of the Melchizedek's and Guardian races, 1999; Dance for Love workshop, 2002.; Dance for freedom workshop; Dance for life - manual, 2002

plus accessible, et nous avons la possibilité de choisir la philosophie qui nous convient le mieux.

Il incombe à chacun d'évaluer l'information, sa cohérence, sa qualité et ses sources, et de ne pas nécessairement se fier au jugement apporté par les autres, y compris par des représentants d'institutions religieuses. Le libre accès à l'information est un don qui exige une grande responsabilité personnelle quant à son utilisation. Une fois qu'un savoir est rendu disponible, son rejet hâtif ou son acceptation précipitée dépend du choix propre à l'individu. Cette attitude témoigne du respect accordé aux hommes et de la foi en leur capacité à répondre à leur besoin intérieur.

Il est également important de souligner l'amélioration de l'éducation dont la plupart des gens bénéficient aujourd'hui. L'éducation est en effet une condition indispensable pour développer notre capacité à apprécier l'information, à l'assimiler et, finalement, à l'intégrer comme une posture spirituelle enrichissant nos idéaux et nos valeurs. Ainsi, par exemple, si nous pouvons imaginer combien il a été difficile pour les gens du passé d'admettre que la Terre était ronde, que dire des concepts de dimensions, d'univers harmoniques et de leur lien avec les centres Kathara de notre corps ? Les progrès de la science, notamment en physique quantique, en astronomie et en biologie moléculaire, ont joué un rôle crucial dans l'acceptation progressive du Kathara.

Imaginez ce qui arriverait à quelqu'un du Moyen Âge qui aurait eu l'audace d'affirmer que la Terre était ronde et qui aurait osé partager de telles idées aussi « absurdes » en public...

CHAPITRE 11

La Rivière de Krystal

La date du 21 décembre 2012 a été marquée par une énergie très forte et par une grande attention générale. Pourtant elle s'est écoulée sans qu'aucun changement apparent ne se soit produit au sein de la société. Cependant, l'absence de visibilité de certains événements ne signifie pas que des transformations importantes ne se déroulent pas discrètement sur le plan énergétique. Dans ce contexte, des phénomènes d'une ampleur historique pour l'ensemble de la galaxie de la Voie lactée se sont produits, notamment entre le 21 décembre 2012 et le 3 janvier 2013.

Les grilles de la Terre ont été soumises à l'activation de fréquences provenant des Conseils Magistraux d'Alhumbra de Cosminyas, qui occupent le niveau le plus élevé des Conseils des Maîtres Mashaya-Khana.[216] Les Conseils Magistraux d'Alhumbra sont les gardiens de la Loi du Kryst Éternel[217] et ils sont intervenus pour la première fois le 8 août 2011, lorsque le bouclier de Salomon a été brisé. Leur appui était discret et invisible, mais il entrera dans l'histoire de notre planète et de notre système Véca comme la mission krystique la plus décisive qui ait jamais eu lieu sur Terre. Les Gardiens la désignent avec beaucoup d'amour comme « les 13 jours de la Messe de Kryst (en anglais *Kryst-Mass*) et de l'éveil de la graine d'argent de la planète ».

Cette période a marqué le début d'une transformation profonde de la Terre telle que nous la connaissons, et qui a été soumise à des mutations non-krystiques pendant des millénaires. Les biochamps de notre planète ont commencé à fusionner progressivement avec ceux d'une autre version d'elle-même, plus avancée en matière krystique,

---

216 Plus d'informations sur qui sont ces êtres, comment sont-ils apparus et comment influencent-ils notre planète sont disponibles dans le manuel Sliders 12, part 2, et les ateliers : Sliders 12, part 3, 2012 ; Tantri-Ahura teachings. The path of bio-spiritual artistry, August 2012

217 Voir plus, Sliders 12 part 3, May 2012

appelée Terre Médiane.[218] L'entrelacement des deux corps planétaires a donné naissance à un nouveau champ d'énergie, sur lequel la plupart des humains se trouvent aujourd'hui, notamment celui de la Terre Aurora. Cette métamorphose a été accomplie par le biais d'un phénomène appelé « fusion tantriéja », également connue sous le nom de « deux deviennent trois, qui devient un ». Le début de cette période a été officiellement annoncé par les Gardiens et E'Asha Ashayana,[219] comme il suit :

Grâce à la mise en place du système de sécurité du Récepteur de la Rivière de Krystal[220] notre Terre Aurora a acquis le statut de planète Ascendante à part entière. Les passages trans-temporels AL-Hum-Bhra des portails de « connexion-D »[221] sont ouverts et le resteront pendant les 900 prochaines années.[222]

A la suite d'activations exceptionnelles qui ont été déclenchées, les luttes invisibles pour le contrôle des grilles terrestres, ainsi que les guerres plasmiques qui ont ravagé la Terre pendant des éons, sont enfin terminées. Les guerres de fréquences ont atteint un niveau de tolérance zéro du point de vue krystique, notamment pendant la période entre septembre 2000 et août 2011. Les Conseils Magistraux d'Alhumbra et l'Équipe de sécurité krystique ont été amenés à intervenir. Ainsi, le 3 janvier 2013, le récepteur de la Rivière de Krystal a été mis en place avec succès et restera actif pendant la période d'évacuation durant les 900 prochaines années.

Grâce à l'activation du système de sécurité du Récepteur de la Rivière de Krystal, le Templar planétaire et les systèmes de portails de notre Terre Aurora sont désormais placés sous la protection absolue des Conseils Magistraux d'Alhumbra du niveau Cosminyas et de l'Ordre Monastique d'Émeraude de Melchizédek. En conséquence, les systèmes de portails déchus d'Alpha-Omega et de Fatali sont définitivement scellés et bloqués, empêchant toute invasion de l'extérieur, mais aussi de l'intérieur par les races Fatali et par tous ceux qui choisissent la voie de la chute.

Au cours des 900 prochaines années, la Terre Aurora se transformera en station d'ascension intergalactique pour de multiples formes

---

218 E'Asha Ashayana, Workshop "The Waters of E-lAi-Sa…", 2013, disk 1
219 http://www.arhayas.com/pages/dispensation-dec2012
220 Krystal River Host Fail-Safe
221 AL-Hum-Bhra Trans-Time Passages D-Span Gates
222 Jusqu'à l'an 2913

de vie et de consciences qui cherchent le dernier récepteur krystique leur permettant de quitter définitivement les galaxies en déclin, telles que la Voie lactée.[223] Les systèmes solaires de ces galaxies sont également en train de s'effondrer, y compris notre système solaire. Un grand nombre de formes biologiques qui ont le potentiel d'être évacuées vers les systèmes krystiques commenceront à se réincarner sur notre Terre Aurora ou lui rendront visite. Leur objectif sera de bénéficier d'une biorégénération afin de pouvoir passer à travers les tunnels d'Alhumbra pour atteindre les « Plateformes d'Ascension Insulaires »[224] du Récepteur de la Rivière de Krystal.

Pendant la période de 900 ans au cours de laquelle la Terre Aurora deviendra une station d'ascension intergalactique, elle accueillera le passage de nombreuses âmes et de consciences diverses. Elle subira également des ajustements géologiques lents et progressifs liés au processus de régénération krystique et de guérison de ses spirales Merkaba.[225]

Le soleil de notre système est en train de s'éteindre de manière irréversible. Il s'agit de son entrée dans un cycle de Bárdo qui entraînera de nombreux changements auxquels la vie sur Terre doit s'adapter.

Entre janvier 2013 et 2047, notre Terre Aurora transfigurera progressivement encore un tiers de sa matière atomique et de ses fréquences, pour s'aligner avec le récepteur krystique, et accueillir de la matière atomique plasmique éternellement vivante, provenant des niveaux Déyaté.[226]

Entre 2047 et 2912, le dernier tiers restant de la matière, de la vie et de la conscience dans les champs de la Terre Aurora sera transformé en matière atomique plasmique des niveaux Déyaté. Dès lors, la Terre Aurora et Urtha commenceront lentement et progressivement leur cycle de fusion tantriéja planétaire afin d'atteindre l'ascension Kraystar Adashi – 3, via le récepteur de la Rivière de Krystal des Conseils Magistraux d'Alhumbra et de l'Ordre Monastique d'Émeraude de Melchizédek.

Pour l'instant, nos vies se poursuivent ici et maintenant. Les gardiens krystiques et bienveillants des Conseils Magistraux d'Alhumbra

---

223 Toral-rift galaxies. Voir plus, Project Camelot interview Ascension Mechanics, 2010

224 Island ascension platforms

225 The "34-R same-spin-set Deathstar Merkaba Field" of the Net Earth aspect of Aurora Earth progressively heals and returns to an organic Krystic Merkaba "counter-spin-set".

226 Eternal Life elemental-atomic Plasmas of the DhA-Yah-TEi Planes

de Cosminyas, responsables de la gestion du récepteur de la Rivière de Krystal, entreront en contact subtil avec tous ceux qui sont ouverts aux enseignements du Tantriara, la voie de l'art bio-spirituel. Grâce à ces enseignements, nous pouvons nous redécouvrir en tant qu'êtres krystiques éternels chargés de veiller sur le Templar de la Terre Aurora, alors que nous poursuivons tous ensemble la période de 900 ans d'évacuation à travers la Rivière de Krystal.

En complément, le 21 décembre 2012 marque le début de l'activation des **Arcs d'Arhayas**.[227] Il s'agit de fréquences de niveaux considérablement élevés qui ont pénétré la Terre en s'écoulant par les portails de la galaxie et du système solaire. Leur itinéraire exact est décrit dans le manuel de l'atelier organisé en décembre 2012, comme il suit :

Les fréquences Arhayas proviennent de la matrice Aquéri, qui constitue également leur point de départ.

À partir d'Aquéri, les énergies pénètrent dans la galaxie M31-Andromède, également connue comme la matrice Aquinos.

Ensuite, elles traversent notre Voie lactée et passent par le portail stellaire galactique numéro 8, Mintaka, situé dans la constellation d'Orion.

La prochaine étape est le portail stellaire galactique numéro 5, Alcyone, dans la constellation des Pléiades.

Les énergies entrent ensuite dans notre système solaire et passent par le portail numéro 8, la planète Uranus. Bien que celle-ci soit considérée comme la septième planète du système solaire, elle représente en réalité le portail numéro 8, car la cinquième planète initiale, Meldèque, a été détruite dans le passé. De nombreux astéroïdes se trouvent sur son orbite actuelle, notamment entre Mars et Jupiter.

Les courants traversent la ceinture d'astéroïdes entre Mars et Jupiter, qui constitue la porte des étoiles numéro 5 du système solaire.

Ensuite, ils passent par Vénus, la porte des étoiles numéro 2 de notre système. Dans le contexte de la grille Kathara, cela signifie que les énergies s'écoulent le long de l'axe central de la grille, par les portails 8, 5 et 2, et puis se dirigent vers la Terre, qui est à la fois le portail stellaire numéro 3 du système solaire et de la galaxie.

Sur Terre, les fréquences Arhayas s'infiltrent dans les cinq complexes du réseau de cathédrales d'Alhumbra, en commençant par le complexe numéro 2, Machu Picchu, le cinquième portail stellaire du templar de la Terre.

---

227 Traduction personnelle de l'anglais "Arcs of Arhayas"

Viennent ensuite les complexes d'Alhumbra numéro 1 - la Floride, puis Oslo, l'île de Bali et Alexandrie, en Égypte.

Quelle est la signification de ces informations, et à quoi devons-nous nous attendre sur Terre dans les décennies et les siècles à venir ?

Tout d'abord, il est important de souligner que cet événement est extrêmement positif pour la planète et pour tous ses habitants. En effet, lorsque la Terre a perdu sa capacité d'ascension naturelle verticale, qui lui permettait de passer du premier au deuxième univers harmonique, une autre possibilité s'est présentée à elle - l'Ascension Kraystar, qui se déroule par les « niveaux intérieurs » de la Création.[228] Ce processus exceptionnel peut être comparé à un saut qualitatif, où l'on passe directement du niveau de l'école primaire (la troisième dimension) à celui du Master universitaire (situé au-delà de la matrice à 12 dimensions). Cette évolution accélérée de la planète et de ses espèces biologiques nécessite une intégration rapide des nouvelles vibrations, ce qui implique la compréhension approfondie des processus énergétiques et des événements cosmiques historiques, ainsi que l'application de techniques appropriées. Pour cette raison, il a été autorisé pour la première fois dans notre galaxie de diffuser des informations inscrites sur les disques de cristal Kumeya Alhumbra, qui se trouvent dans la galaxie d'Andromède-M31, également connue sous le nom d'Aquérion ou d'Aquinos.

Par la suite, en janvier 2009, le contrat du porte-parole E'Asha Ashayana de l'Ordre d'Émeraude, consistant à présenter des informations issues des plaques Dora Téhoura, a été complété par la traduction et la diffusion de ces disques.

La Rivière de Krystal est une coalition de races gardiennes krystiques qui occupent notre spectre Eckasha-É-3, et proviennent de trois corridors Eckasha différents. Elle est composée de trois spirales krystiques qui convergent au centre de la Terre pour assurer une intervention de protection et d'évacuation progressive.

Grâce à la carte multidimensionnelle du cosmos, nous pouvons désormais apprécier l'ampleur et les proportions de l'intervention krystique, et nous rendre compte de l'étendue des systèmes cosmiques lointains qui sont impliqués.

Ces collectifs ont pleinement développé leurs potentiels krystiques et ont fait le serment d'aider les systèmes en déclin à se régénérer

---

228 E'Asha Ashayana, Introduction to Shiftmasters, host masters and Earth-cync celebration, 2013, p.45-59

ou à s'évacuer, dans le respect des principes krystiques. Cela signifie que leur intervention vise à préserver les êtres, plutôt qu'à les protéger, car la protection entraîne des conflits et des divisions. Cette différence d'attitude concernant les rivalités entre les collectifs stellaires, qui se manifestent sur Terre par des affrontements entre peuples et religions, reflète la conviction que tous les êtres proviennent de la Source, mais qu'ils ont oublié leur origine et agissent de manière contraire à l'essence krystique.

Le principe de préservation ne doit pas être confondu avec de la faiblesse. Il crée en réalité des champs de protection qui renvoient les énergies négatives à leur expéditeur, ce qui peut aller jusqu'à détruire ceux qui les ont émises. Puisque la finalité ne consiste pas dans la destruction, les races krystiques rappellent qu'elles préserveront jusqu'au bout ceux dont elles sont responsables, y compris la planète Terre et toutes les espèces qui possèdent des facultés krystiques. Cet avertissement est également adressé aux races déchues qui peuvent choisir de changer d'attitude et de ne plus poursuivre les attaques énergétiques.[229]

Malgré les alertes lancées au cours des dernières années, en particulier entre 2007 et 2012, la Terre a été au cœur d'une guerre quasi invisible et silencieuse. De nombreuses races déchues ont tenté à plusieurs reprises d'envoyer des spirales d'énergie anti-krystique et dénaturée vers la Terre. Les Conseils Magistraux d'Alhumbra ont alors été mobilisés par les Conseils Mashaya-Khana pour activer les vaisseaux spatiaux de plasma intégrés au bouclier d'Alhumbra, afin de repousser les fréquences néfastes. Finalement, les spirales d'énergie non-krystique ont été renvoyées à leurs expéditeurs, sous forme de fréquences plasmiques krystiques.

Le processus d'accompagnement de l'évacuation des êtres, des nations ou d'une planète entière se fait par la conjonction Tantriéja. Cet acte devient possible lorsque les êtres qui sont évacués hors des systèmes déchus ont la capacité énergétique de se connecter à la vague Kraystar de la Coalition de la Rivière de Krystal.[230]

Pour en savoir plus sur les collectifs stellaires qui ont formé cette coalition, ainsi que sur les races déchues et leur influence politique et religieuse sur Terre, vous pouvez vous référer à l'atelier de 2007 intitu-

---

229 E'Asha Ashayana, 12 tribes' manual, volume I
230 E'Asha Ashayana, Workshop "The Waters of E-lAi-Sa...", 2013, disk 3

lé « Festival of Light »[231], ainsi qu'à l'atelier et au premier manuel sur les Douze Tribus.[232]

En 2013, un niveau encore plus élevé d'énergies cristallines a été activé, marquant le début de la descente des fréquences Ileysa vers les grilles de la Terre. Cette activation a été rendue possible grâce à la libération progressive de 32 sceaux dits Ileysa-Arhayas-Alhumbra et à l'ouverture des tunnels Ileysa-Alhumbra correspondants.[233] Le processus complet prendra environ 30 ans pour se dérouler et se terminera en 2043.

Les personnes qui facilitent le déploiement des fréquences Ileysa sur la planète sont connues sous le nom de « Gardiens d'Ileysa ». Il s'agit de personnes indigo qui vivent discrètement parmi nous sur Terre, tout en étant chargées d'une mission importante. Elles ont fondé une organisation qui existe déjà dans le futur et qui a pour but d'optimiser la communication multidimensionnelle entre les sociétés et les races stellaires. Cette organisation, appelée « Centre pour l'Avancement de la Communication Interdimensionnelle »,[234] a été officiellement établie sur notre ligne temporelle en l'an 6 520. Ainsi, les enseignements Tantriara représentent le fondement d'une nouvelle cosmogonie et d'une compréhension plus complète de l'interaction entre les différentes réalités dans l'univers.

Dans notre monde, aujourd'hui et ici sur la planète, se déroule un événement exceptionnel et crucial, sans précédent dans l'histoire de notre corridor Eckasha. Il s'agit de l'Ascension Kraystar planétaire, un saut quantique majeur pour l'évolution de la planète et ses habitants, qui se poursuivra pendant les neuf siècles à venir. L'ascension Kraystar est absolument nécessaire. Sans elle, personne ne pourra quitter le système et retourner à la Source en tant qu'être conscient et évolué.

La présentation de ces informations n'est pas une fin en soi, mais plutôt un message codé qui s'adresse à ceux qui ont longuement cherché et attendu le retour des véritables enseignements krystiques du Templar. Selon Ashayana, dans le premier guide des Douze Tribus, les Gardiens inviteront les personnes qui ont conclu des contrats avant leur naissance à apprendre comment devenir des Gardiens du Templar d'Urtha. Lorsque ces personnes seront prêtes, elles seront contactées

---

231 E'Asha Ashayana, Workshop FOL, 2007

232 E'Asha Ashayana, 12 tribes' manual, volume I

233 E'Asha Ashayana, Manual "The Waters of E-lAi-Sa…", 2013, p.41

234 E'Asha Ashayana, Workshop "The Waters of E-lAi-Sa…", 2013, disk 4

par les conseils d'Urtha ou par d'autres conseils krystiques, et leur formation se poursuivra dans les niveaux subtils de la Création.

Cependant, pour de nombreuses personnes et d'autres êtres sur Terre, le passage par des portails d'ascension ne sera plus possible, ni de leur vivant ni après leur mort. Cela est dû au fait que leur modèle d'ADN a été endommagé de manière irrémédiable, jusqu'à devenir métatronique. La raison pour laquelle ils ne pourront pas accéder aux niveaux krystiques n'est pas une condamnation en soi, mais s'ils sont autorisés à franchir un portail stellaire, leur essence subira une implosion et ils se transformeront en poussière d'étoiles instantanément. Les gardiens ne tenteront pas d'évacuer une personne ou un autre être si celui-ci n'est pas physiquement en mesure de traverser une porte des étoiles. En effet, certaines races déchues ont déjà mené des expérimentations similaires sur des vaches, entrainant des conséquences tragiques pour ces dernières.[235] Pour les chercheurs qui s'intéressent à la problématique de la maltraitance des vaches, ces informations peuvent constituer un point de départ supplémentaire pour mieux comprendre le phénomène.

Pour cette raison les Gardiens s'efforcent de préparer les gens aux processus de bio-régénération de leur modèle d'ADN, à l'application des techniques et à l'adoption d'un mode de vie conforme aux principes krystiques d'amour et de respect. La question n'est pas d'aspirer à une « vie intègre » » par obligation ou par peur, mais parce que chaque émotion, pensée, action et jugement de valeur qui traverse notre esprit apporte une charge karmique qui correspond aux fréquences que nous envoyons. Le message de fond est que nous récoltons ce que nous semons. Si nous ne purifions pas suffisamment notre modèle d'ADN, personne ne pourra nous aider à intégrer les fréquences envoyées à la Terre et l'activation génétique qui les accompagne.

Les Enseignements de la Liberté mettent en exergue l'égalité de valeur de tous les êtres aux yeux de la Source et des gardiens krystiques, et soulignent qu'ils doivent être considérés avec amour et respect. Cela ne signifie pas pour autant que les conséquences physiques d'un usage démesuré du libre arbitre puissent être surmontées à tout prix. Certains de ceux qui ont irrémédiablement perdu leurs potentiels krystiques ont choisi de s'éloigner de la Source et de ne pas se conformer aux principes krystiques. Leur volonté est respectée, même si l'on

---

235 Whispers of the Rasha ReishA, Revelations of the Unspoken Ones, the HaahTUrs and the HUB, 2005, disk 2

continue de tenter de les convaincre de revoir leur position, sans chercher à les influencer directement. L'une des options qui a été proposée à certaines races déchues est de poursuivre leur existence dans un trou noir isolé, non connecté à d'autres trous noirs, afin d'éviter de nouveaux conflits, comme cela a été le cas dans notre système Véca. Après des milliards d'années consacrées à tenter de donner à ces collectivités une chance de régénération biologique, leurs décisions ont scellé leur destin final et elles sont vouées à suivre la voie de la chute. Lorsqu'il s'agit d'améliorer la situation d'un être, d'une race ou d'un système Véca, il est possible de prendre des décisions qui sont plus favorables aux êtres existants dans ces systèmes et qui sont conformes aux principes krystiques.

Les races qui souhaitent être séparées et vivre dans un trou noir sont motivées par leur instinct de survie et par le sentiment d'être désavantagées par rapport à d'autres races déchues qu'elles avaient tenté de soumettre. Cependant, les équilibres politiques et militaires ont évolué, et des négociations délicates seront menées entre les races krystiques et les races déchues pour respecter leurs souhaits et trouver une solution.

Lorsque des êtres krystiques partagent des informations, ils n'attendent pas une obéissance aveugle de la part de leurs adeptes. Au contraire, ils considèrent qu'il est sain que les individus fassent preuve de méfiance et vérifient la crédibilité des messages partagés. Il convient d'être prudent pour distinguer les sources d'information fiables de celles qui sont potentiellement trompeuses. De plus, les êtres krystiques ne fournissent pas des réponses toutes prêtes, mais ils ont tendance à stimuler et inspirer les individus à mener leurs propres recherches, sans les induire en erreur. Ils considèrent qu'il est plus utile d'ouvrir la voie, d'encourager le chercheur, de le mettre en garde contre les dangers et de le former aux méthodes qui lui permettront de trouver les réponses par lui-même. Lorsque nous avons accumulé de l'expérience sur un chemin que nous avons emprunté, nous pouvons partager nos connaissances avec les autres, mais sans oublier qu'ils doivent suivre leur propre voie, à leur propre rythme et selon leur propre volonté.

Selon la conception krystique, il est essentiel de respecter le libre arbitre des individus et de ne pas imposer ses idées ou croyances à autrui. L'amour et le respect sont des vertus bénéfiques pour tous qui ne doivent pas être utilisées pour retirer aux individus leur liberté de choix. Ces vertus peuvent être partagées, expliquées et illustrées à travers des exemples personnels, mais chaque être choisira par lui-même de les appliquer ou non, et subira les conséquences de son choix.

Dans notre matrice temporelle, l'exercice du libre arbitre est à la fois la première règle d'entrée et la première règle de sortie. Ashayana et l'Alliance des Gardiens précisent qu'il existe d'autres matrices où la volonté des êtres est encore plus subordonnée que dans notre système, et que les valeurs et les expériences de leurs sociétés sont très différentes de ceux que nous connaissons.

L'exercice du libre arbitre individuel est une question complexe et délicate, d'autant plus que les choix personnels de certains peuvent affecter la liberté d'autrui. Il est logique de se demander s'il existe une force qui rétablit l'équilibre, non pas en rendant des jugements, mais en veillant à ce que les règles de notre matrice temporelle soient respectées. Lors d'un atelier en mai 2012,[236] Ashayana présente les événements historiques qui ont conduit au déclenchement du système d'évacuation sécurisé par le récepteur de la Rivière de Krystal. Elle y précise que, finalement, l'exercice du libre arbitre des êtres dans notre matrice temporelle a des limites. La volonté divine prime sur le libre arbitre individuel de ses manifestations, notamment lorsque ce dernier est en opposition directe avec la volonté de la Source et menace le mouvement krystique perpétuel inscrit dans le codage d'un corridor Eckasha. C'est ce niveau d'opposition critique que notre système a atteint ces dernières années, et qui a conduit à une intervention krystique d'une telle ampleur.[237]

---

236 Sliders 12, workshop, May 2012
237 E'Asha Ashayana, Sliders 12, workshop, May 2012

CHAPITRE 12

Techniques de base

Les Enseignements de la Liberté et le Kathara proposent une grande variété de techniques, dont la plupart ressemblent à des méditations guidées et impliquent l'utilisation de symboles, de couleurs et de tonalités. Chaque couleur et chaque tonalité est choisie avec un but précis et contient un cryptage d'énergie provenant d'une dimension spécifique. Le Kathara accorde une attention particulière à l'influence des couleurs et des séquences sonores. Des explications détaillées sur leurs effets sont également proposées, puisqu'il est considéré que les choix éclairés sont les seuls choix véritablement libres.

Comme nous l'avons déjà mentionné dans les chapitres précédents, la langue utilisée dans les psonns (chants sacrés) est l'anuhazi, la plus ancienne langue de notre matrice temporelle. Elle correspond au modèle d'ADN de toutes les races qui la composent, y compris la lignée Humaine Angélique. Ainsi, la prononciation de mots et de phrases agit comme une formule d'activation de nos programmes génétiques latents.

Les séquences sonores sont créées non seulement en prononçant des mots, mais aussi en effectuant certains gestes, appelés « *séhourya* » dans le Kathara. Il s'agit de mouvements et de postures spécifiques du corps et des mains qui génèrent la création d'une colonne sonore statique.[238] Cependant, pour que cette colonne sonore puisse apparaître, certains courants énergétiques doivent être activés dans le corps d'une personne et dans son champ merkaba. Les mudras, qui ont gagné en popularité de nos jours et qui désignent des postures codifiées des mains, représentent une forme de séhourya.

Le Kathara explique que lorsqu'une personne apprend à appliquer les séhourya et à ressentir les ondes sonores qu'elle manipule, elle commence à maîtriser l'art de la sculpture sonore. Lorsqu'elle danse, une telle personne répand une charge positive dans toute la pièce et pour tous ceux qui assistent à son acte de communication intime avec la Terre et le cosmos.

---

238   E'Asha Ashayana, Dance for love, 2002, disk 3

Les symboles utilisés dans les techniques fonctionnent de la même manière que le son. Ce sont des codes qui représentent la traduction visuelle d'une entité qui émane une fréquence donnée. Dans le Kathara, les tonalités et les symboles sont considérés comme des instruments vivants et puissants. On met l'accent sur le fait qu'il s'agit d'entités réelles qui doivent être traitées avec respect lorsqu'elles entrent en contact et participent à un processus de co-création. Cette attitude de communication attentionnée avec chaque objet est essentielle pour développer un ressenti subtil de notre unité avec le tout. Elle nous aide à prendre conscience de l'individualité et du caractère unique de chaque atome et de chaque particule avec lesquels nous sommes en contact et à les considérer comme une manifestation de la Source.

Il est possible d'appliquer une technique Kathara sans connaître les explications substantielles sur la structure existante et le type d'énergie utilisé. Néanmoins, il est préférable que le corps mental saisisse les détails et appréhende pourquoi quelque chose se fait d'une certaine manière. Lorsque les instructions sont fournies et que le mental intègre la technique en comprenant sa signification, nous assurons une meilleure rétention des fréquences supérieures, d'abord dans notre corps mental, puis dans nos corps émotionnel et physique respectifs.

Pour optimiser et augmenter en douceur les fréquences avec lesquelles nous travaillons, il est conseillé de combiner les techniques Kathara avec l'écoute et la lecture du matériel de base. L'objectif est de nous familiariser avec des informations que notre corps et notre subconscient connaissent déjà, car il s'agit d'un savoir-faire oublié, dont nous avons disposé auparavant. La mémoire de ces énergies et de ces pratiques est toujours vivante et conservée profondément en nous. Les techniques nous aident à la réveiller graduellement et à l'amplifier au fur et à mesure que nous intégrons nos identités supérieures.

La vraie connaissance se distingue de la fausse par le fait qu'elle porte des fréquences qui enclenchent la mémoire cellulaire d'un individu, permettant ainsi à celui-ci de ressentir avec chaque particule de son corps l'authenticité des informations. En s'appuyant sur cette réponse intérieure pour évaluer l'information, on peut s'enrichir spirituellement et acquérir de la sagesse, plutôt que de se fier aveuglement à des autorités qui ne justifient pas leurs affirmations. C'est pourquoi les techniques Kathara constituent un outil précieux pour acquérir plus de liberté, et construire notre propre univers.

Points de massage Kathara

Lorsque nous nous familiarisons avec les différents niveaux de notre anatomie subtile et la manière dont elle est reliée à notre corps, l'exercice physique et le massage prennent une nouvelle dimension. En massant les centres Kathara du corps dans un certain ordre, en sachant qu'il s'agit de centres d'énergie de base, nous pouvons déverrouiller le subconscient et la mémoire génétique de l'être humain.

Le fait de stimuler intentionnellement les points situés le long des lignes Kathara amène le corps à s'ouvrir et à activer les 12 centres Kathara, ainsi que d'autres points d'énergie spécifiques. Cette action redonne au corps un nouvel afflux d'énergie et facilite la régénération de l'empreinte de la santé. Selon Kathara, ce processus physique est une reprogrammation électro-tonale du phasage des Partiki, ainsi qu'une augmentation de la fréquence de notre vibration et de notre rayonnement en lumière. En d'autres termes, cela signifie que le rythme de pulsation des chakras qui nous composent s'accélère, et que nous recevons ainsi des énergies plus élevées et plus pures dans notre corps.

Si nos particules vibrent à une fréquence donnée, nous percevons comme réel tout ce qui existe à cette fréquence et en dessous. Par conséquent, si notre fréquence augmente, nous percevons de nouvelles choses comme étant réelles, et nous reconsidérons les anciennes qui seront désormais vues sous un autre angle et dans un autre système cognitif.

Chaque massage d'un point du corps est effectué pendant 15 à 20 secondes jusqu'à ce qu'un léger flux d'énergie soit ressenti et que le centre concerné soit activé. Avant de commencer le massage, le manuel Kathara donne les instructions suivantes : « Respirez lentement et profondément, puis imaginez un courant d'énergie partant de votre bouclier Maharique (30 cm au-dessous de vos pieds), passant par la plante de vos pieds, remontant et pénétrant dans votre corps jusqu'au premier chakra. »

Ensuite, massez les points dans l'ordre suivant :

1 : Le sommet du crâne

2 & 3 : Massage des deux tempes simultanément

4 : La base du crâne

5 & 6 : Les points situés sous les épaules

7 & 8 : L'abdomen, dans la zone située au-dessus des hanches

9 & 10 : L'arrière des genoux

11 & 12 : La plante des pieds et le dessus des pieds en même temps

192

13 : Massage du 4ᵉ chakra - le point au milieu de la poitrine
14 : Massage du 6ᵉ chakra (le troisième œil) - au milieu du front

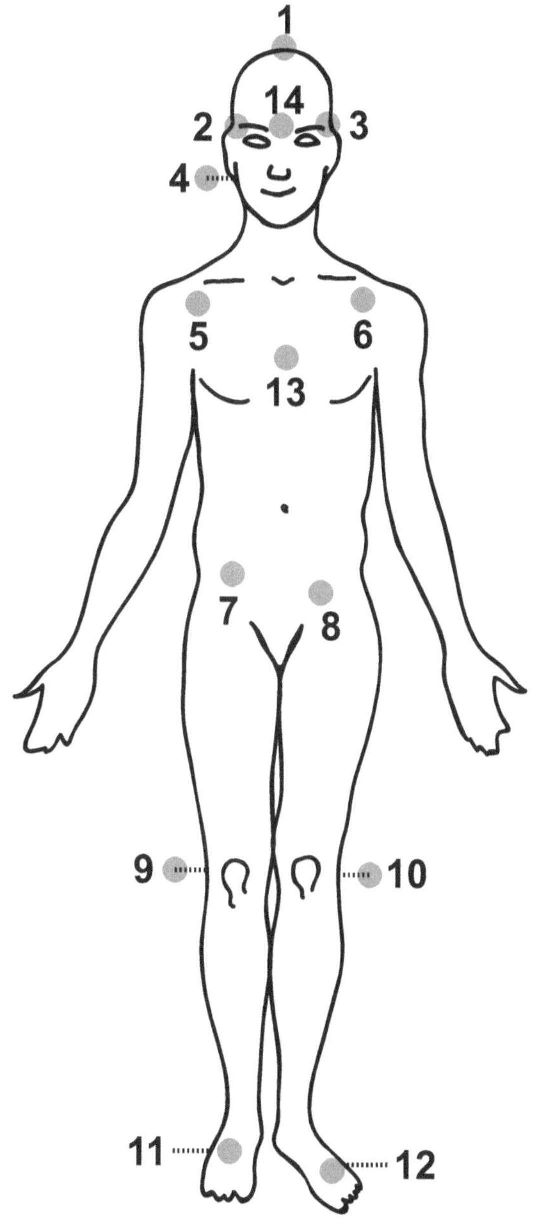

Diagramme 8
Technique d'Activation du Bouclier Maharique

La technique Kathara de base consiste à activer votre Bouclier Maharique et lever le Sceau Maharique. Cependant, avant de procéder à cette technique et à toute autre méditation, il est fortement recommandé d'activer votre corps plasmique en suivant deux méditations guidées au moins une fois dans votre vie. La première méditation consiste à effectuer un voyage au centre Ari-Arhayas Aluma-Un de l'Atome-Graine Kraystar. La seconde méditation vous emmène vers l'île d'Arhayas. Il est nécessaire de passer par ces étapes pour vous assurer que, pendant les voyages guidés, les méditations et les rêves, vous ne serez pas perturbé par des interférences indésirables ou influencé par des forces qui ne sont pas en alignement avec la mission de votre avatar krystique. Un fichier audio gratuit de ces techniques est disponible sur le site officiel d'Ashayana : http://www.arhayas.com/pages/techniques.

Une fois que vous avez terminé ces deux voyages, vous pouvez passer en toute sécurité à l'activation de votre bouclier Maharique, puis compléter cette technique par d'autres exercices selon les indications de votre avatar krystique.

Dans les temps préhistoriques, l'activation du bouclier Maharique faisait partie intégrante de la routine quotidienne des représentants de la race Humaine. Cette méthode permet de renforcer la connexion avec l'avatar krystique de chacun, ce qui contribue à la guérison du bouclier de la race Humaine, et par la suite, de la Terre, du système solaire, de la galaxie et du système Véca. Elle joue également un rôle clé dans l'activation progressive des potentiels de notre ADN et représente la passerelle qui permet à l'avatar christique de s'intégrer plus profondément dans notre corps.

Une lecture attentive de chaque étape et une visualisation régulière de leur enchaînement permettront à l'organisme de s'adapter progressivement. Avec le temps et la pratique, l'activation du bouclier Maharique personnel et du sceau Maharique qui l'accompagne deviendra de plus en plus facile et rapide.

Technique d'activation du bouclier Maharique

Fermez les yeux et visualisez une étoile de David à six branches (étoile Merkaba), en forme plate à deux dimensions, entourée de lumière blanche, et située dans le 6e chakra (troisième œil) au centre de la tête. *Si vous n'arrivez pas encore à générer des visualisations internes, imaginez simplement que le symbole est là.* Continuez à visualiser ou à imaginer l'étoile blanche, puis déplacez son image vers la gauche de votre champ central de vision intérieure. Ensuite, au centre de votre champ de vision intérieure, visualisez une autre étoile Merkaba, faite de lumière argent sombre. Observez simultanément les deux étoiles dans votre champ de vision intérieure, puis rapprochez lentement les deux images l'une de l'autre jusqu'à ce qu'elles fusionnent en formant une seule étoile Merkaba de couleur argent pâle. Le symbole de la double étoile Merkaba de couleur argent pâle est appelé un **Hiérophante**. Il s'agit d'un outil multidimensionnel utilisé pour diriger l'énergie à l'intérieur et au-delà du corps jusqu'à la 12e dimension, et qui permet de réveiller le bouclier Maharique.

Visualisez clairement le Hiérophante dans votre esprit, puis portez votre attention sur votre respiration et écoutez-la. Ralentissez le rythme de votre respiration pour atteindre deux fois le rythme normal. Prenez quelques inspirations et expirations lentes et profondes. À la prochaine expiration, utilisez votre souffle pour projeter fermement le Hiérophante vers le bas depuis sa position dans le 6e chakra, le long du courant vertical central de votre corps, jusqu'au centre de la Terre. Inspirez et expirez lentement en visualisant le Hiérophante dans le noyau de la Terre qui commence à tourner sur lui-même de plus en plus rapidement. Remarquez que l'étoile Merkaba de lumière argent sombre tourne dans un sens, et l'étoile Merkaba de lumière blanche tourne dans le sens opposé. Lorsqu'elles gagnent en vitesse, voyez le Hiérophante se transformer en Sphère de lumière argent pâle qui tournoie dans le noyau de la Terre.

Visualisez maintenant un grand disque tournoyant à l'horizontale, de couleur argent pâle, qui émerge de la sphère du Hiérophante, traverse l'Équateur et s'étend jusqu'à dans l'atmosphère. Ce disque de lumière argent pâle tournoyant depuis le centre de la Terre est le Bouclier Maharique Planétaire.

Portez à nouveau votre attention sur la Sphère du Hiérophante tournoyant au centre de la Terre. Respirez lentement et profondément plusieurs fois de suite, tout en visualisant une corde d'argent pâle, d'environ 15 cm d'épaisseur, qui émerge du noyau de la Terre. Au sommet de la corde se trouve la Sphère du Hiérophante. En inspirant, faites rapidement remonter la Sphère depuis le centre de la Terre jusqu'au 12e chakra situé sur votre courant vertical central, à 15 cm sous vos pieds (ou sous vos fesses, si vous êtes assis). Un bout de la corde d'argent reste enraciné dans le noyau de la Terre, tandis que l'autre bout est attaché à la Sphère du Hiérophante. Visualisez le 12ᵉ chakra comme un petit disque transparent de 7 à 8 cm de diamètre, situé à 15 cm sous vos pieds. Imaginez que la sphère commence à tourner et que le diamètre du disque du 12ᵉ chakra augmente jusqu'à 15 cm.

Lors de la prochaine inspiration, remontez la Sphère du Hiérophante, depuis le 12ᵉ chakra à travers votre courant central vertical jusqu'au 14ᵉ chakra, à 90 cm au-dessus de votre tête. En inspirant, visualisez la corde d'argent pâle traversant votre canal central et reliant le noyau de la Terre à tous vos chakras jusqu'au 14ᵉ. Inspirez plusieurs fois en sentant l'énergie pure et fraîche circuler dans votre corps.

A la prochaine expiration, faites redescendre la Sphère du Hiérophante à travers le courant central vertical de votre corps, passant par le 12ᵉ chakra et s'arrêtant à 30 cm sous vos pieds (15 cm en-dessous du 12ᵉ chakra). Ceci est la position de votre bouclier Maharique au sein du champ morphogénétique de votre corps. Respirez lentement et visualisez le Hiérophante tournoyant de plus en plus vite sous vos pieds jusqu'à ce qu'un disque de lumière argent pâle tournant à horizontale apparaisse à 30 cm sous vos pieds. Sentez la présence de ce disque, qui mesure d'environ 3 mètres de diamètre.

Evoquez dans votre esprit l'image du Bouclier Maharique Planétaire qui tourne au centre de la Terre et qui émane de l'énergie Maharique argent pâle. A chaque inspiration ressentez qu'une quantité massive d'énergie pure et fraîche s'élève du Bouclier Maharique Planétaire, passant par la corde d'argent pâle et s'infusant dans votre Bouclier Maharique Personnel, à 30 cm sous vos pieds. Sentez alors comme cette énergie rayonne en remplissant votre bouclier Maharique. Lorsqu'il atteint sa capacité optimale de rétention de l'énergie, voyez-le se transformer en un pilier de lumière argent pâle oscillante qui traverse et entoure votre corps, s'étirant depuis le centre de la Terre jusqu'au 14ᵉ chakra, à 90 cm au-dessus de votre tête. Respirez profondément et sentez l'énergie Maharique du pilier de lumière qui atteint toutes les cellules de votre corps. Vos biochamps sont maintenant protégés par le Sceau Maharique de la 12ᵉ dimension.

Purification par la lumière liquide : Alors que le pilier d'énergie maharique rayonne autour de vous, placez votre attention sur le 13ᵉ chakra, qui se trouve au centre de la Terre. Inspirez une étincelle de lumière argent pâle du centre de la Terre, faites-la remonter par la corde d'argent jusqu'au 4ᵉ chakra (le chakra du Cœur) au centre de votre poitrine. Respirez lentement et doucement. Visualisez une sphère de lumière Maharique au sein de votre 4e chakra irradiant à travers tout votre corps, le remplissant d'énergie maharique pure. Lorsque vous aurez atteint votre maximum de rétention d'énergie, votre 12e chakra se contractera automatiquement, le bouclier Maharique de la Terre s'arrêtera progressivement de tourner et le flux d'énergie provenant du noyau de la Terre diminuera. Votre corde d'argent se rétrécira jusqu'à sa position d'origine dans le noyau de la planète.

Au cours des trois premiers mois d'utilisation régulière, le sceau Maharique restera actif dans votre champ bioénergétique entre 1 et 3 heures. Après une utilisation régulière de la technique tous les jours, le sceau restera actif jusqu'à 12-14 heures.

Si vous avez activé le sceau Maharique au cours des dernières 24 heures, vous pouvez le réactiver rapidement sans avoir à repasser par toutes les étapes. Il suffit de visualiser la sphère de lumière argent pâle dans votre 6e chakra (troisième œil) et de l'envoyer vers le centre de la Terre en expirant fortement. Ensuite, visualisez le bouclier Maharique tournoyant de la Terre et la corde d'argent qui en sort, et qui traverse votre corps par le courant central vertical en s'étendant loin dans le ciel. Respirez doucement et sentez que votre corps se remplit d'énergie maharique et que votre sceau Maharique est à nouveau actif.

L'utilisation régulière de la technique d'activation du bouclier et du sceau Mahariques permet de purifier progressivement la grille Kathara personnelle et toutes les énergies subtiles qui constituent le corps physique. L'utilisation de cette technique conduit aux résultats suivants :

Le code génétique de l'être humain augmente progressivement sa capacité à assimiler et à maintenir des fréquences de conscience de plus en plus élevées provenant des dimensions supérieures.

Le processus d'activation des chakras morphogénétiques et de déblocage des centres Kathara de la grille Kathara personnelle commence.

L'ouverture des sceaux cristallins dans le corps est engagée, ce qui conduit à l'activation de l'ADN et aux processus conjoints qui l'accompagnent.

L'activation de l'ADN est déclenchée, ainsi que l'élévation progressive de la spirale merkaba personnelle vers la 12e dimension - Mahunta Merkaba.

Grâce à cette technique, le bouclier Maharique de la personne se relie à celui de la Terre, permettant ainsi d'utiliser son corps physique et ses biochamps pour un véritable travail sacré avec les grilles planétaires, tel que le nettoyage énergétique de certains points géographiques, la création de zones protégées favorisant la communication multidimensionnelle, l'ouverture et le travail lumineux avec les systèmes de portails stellaires et d'autres centres énergétiques de la planète, en étant guidé par son avatar christique et par l'Alliance des Gardiens.

Elle permet aux guérisseurs d'envoyer de l'énergie de la 12e dimension, protégeant ainsi leurs clients d'éventuelles interférences externes négatives provenant des dimensions supérieures.

Le sceau maharique protège des intrusions déséquilibrées lors de projections astrales, de voyages méditatifs, de channeling et d'autres activités dans l'astral et les dimensions supérieures.

Cette technique favorise la purification des codes génétiques inversés dans la matrice d'ADN d'une personne, rétablissant ainsi son empreinte naturelle de santé.

Elle aide les personnes indigo et les représentants de la race Humaine Angélique, ainsi que les illuminati incarnés dans des corps humains à se connecter à leur avatar krystique. S'ils le souhaitent, ils peuvent également être protégés des influences externes auxquelles ils sont vulnérables en raison de problèmes infligés à leurs codes génétiques.

Outre les techniques de visualisation avec le hiérophante, qui nous permettent d'activer notre bouclier Maharique, ainsi que d'autres boucliers et centres énergétiques de notre corps, les systèmes Kathara et Tantriara proposent deux autres techniques de base. La première s'appelle « **induction optique pinéale** ».[239] En langage plus simple, cela signifie que l'on inspire par le troisième œil l'énergie émise par un symbole. Cette technique est appliquée lorsque nous introduisons le programme mathématique de certains codes, notamment Véca, Écka, Eckasha, Ileysa ou autres, dans nos champs bioénergétiques. Ces codes ressemblent à des mandalas et à d'autres images et diverses formes géométriques. Avant de recourir à l'induction optique pinéale pour un code, il est recommandé d'avoir activé les protections krystiques (le Sceau Maharique ou des fréquences supérieures). Une fois que nous avons intégré le code dans notre biochamp, nous devons déterminer

---

239 Traduction personnelle de l'anglais "optical pineal induction", Kathara biospiritual healing system manual, level 1, 2000; Workshop, Kathara level 1

où le placer dans notre corps et comment l'activer de manière efficace. Cette activation permet de rétablir le fonctionnement d'une partie de notre anatomie bio-spirituelle, qui est à la fois complexe et riche, et qui nous donne accès à des dimensions supérieures et à une interaction plus complète avec les énergies krystiques.

La deuxième technique de base est la séquence tonale de prononciation de mots sacrés. L'un des commandements krystiques les plus puissants et les plus bénéfiques est le « Chant d'Arhayas ».[240] Ashayana explique qu'il s'agit de 15 courants centraux du Kraystar Éternel d'Arhayas Cosminyas Alhumbras. En prononçant les noms de ces courants, la flamme krystique d'Ileysa est activée dans les dimensions correspondantes, comme il suit :

Le Chant d'Arhayas

Commandes d'Arionya - Activation des dimensions 1 à 9 (Kraystar Cosminyas Kundalini)

Ariyon Kayatchi

Ariyon Rayaki

Ariyon Yayarey

Ariyon Saya Prana

Ariyon Taya Mana

Ariyon Haya Traya

Ariyon Laya Mira

Ariyon Maya Maya

Ariyon Shaya Yana

Commandes d'Alhumbra - Activation des dimensions 10 à 12 (Plasma de lumière liquide du champ Kraystar)

Ariyon Al Ya Taha

Ariyon Um Ya Hara

Ariyon Bra Ya Maha

Commandes d'Ileysa - Activation des dimensions 13 à 15 (Plasma de lumière éternel du champ Kraystar)

Ariyon Yi Ya Ki

Ariyon Lé Ya Ra

Ariyon Sa Ya Shé

«Aryonya Alhumbra Ileysa» (x3)

---

240 E'Asha Ashayana, Introduction to Shiftmasters, hostmasters and Earth-cync celebration, 2013, p.6

Après l'énonciation unique des commandes 1 à 15, la technique est clôturée par une triple énonciation des trois niveaux : « Aryonya Alhumbra Ileysa ».

Cette séquence tonale peut être utilisée indéfiniment par chacun, jusqu'à ce que l'on ressente l'activation et la saturation en énergie bénéfique du Kraystar dans son corps. Elle peut également être efficace lorsqu'elle est prononcée mentalement.

Les systèmes Kathara et Tantriara offrent des centaines de techniques qui peuvent servir à activer et à intégrer certaines bandes de fréquences dans le corps, stimulant ainsi le renouvellement de l'empreinte de la santé. Étant donné que nous sommes dans une situation d'évacuation du système Véca, il est important de pratiquer les méditations guidées vers Ari-Arhayas Aluma-Un et l'île d'Arhayas avant de recourir aux techniques Kathara. De cette façon, nous activons notre corps krystique plasmique Alhumbra, ce qui assure une protection de nos champs bioénergétiques au plus haut niveau.[241] Il est ensuite suggéré d'appliquer la technique d'activation du bouclier Maharique et d'autres. Des informations plus précises peuvent être trouvées dans les ateliers de 2013 et 2014, ainsi que sur le site http://www.arhayas.com.

Les techniques bio-spirituelles présentées dans les enseignements Tantriara offrent des perspectives théoriques qui permettent à chacun d'explorer ses potentiels d'évolution de manière consciente, éclairée, proactive et responsable.[242] La pratique consiste à activer des fréquences plus élevées dans le corps, et chaque individu est libre de choisir les variations qui lui conviennent selon ses activités, et en accord avec les principes krystiques. Lorsque nous comprenons comment fonctionnent les chakras, les centres Kathara et les autres points énergétiques, ainsi que leurs fréquences correspondantes et l'accès aux différentes dimensions, nous réalisons que nous pouvons faire appel à un large éventail de possibilités. De même, en intégrant la mécanique de notre merkaba personnel et de nos boucliers énergétiques, nous pouvons nous ouvrir à de nouvelles perspectives. L'explication de ces techniques est comparable à un mode d'emploi pour accéder à nos propres portes intérieures. Le choix de notre destination et de notre évolution dépend uniquement de notre libre arbitre et de nos connaissances personnelles.

---

241 E'Asha Ashayana, Sliders 12, part 1&2, 2012; http://www.arhayas.com/
pages/techniques

242 E'Asha Ashayana, Introduction to Shiftmasters, hostmasters and Earth-cync celebration, 2013, p.55

CONCLUSION

La présentation de la connaissance sacrée du Kathara sur Terre par le porte-parole de l'Alliance des Gardiens et des Conseils Magistraux d'Alhumbra est une promesse faite il y a deux mille ans de soutien et de retour dans le processus d'ascension pour tous les êtres qui souhaitent vivre dans des systèmes krystiques ouverts et qui n'ont pas perdu leur potentiel spirituel pour le faire.

Réfléchir sur les Enseignements de la Liberté est un effort important que chaque individu choisira de faire ou non. Les événements cosmiques sans précédent dans lesquels la Terre et l'humanité sont impliquées restent pour l'instant dans l'ombre de l'attention publique et ne sont pas clairement visibles pour la plupart des gens. Cependant, cela changera dans les décennies à venir. Les thèmes des extraterrestres, des dimensions, de la bio-guérison, du voyage dans le temps, de l'état actuel de notre Soleil et des champs géomagnétiques ne pourront plus être cachés derrière le voile du déni. En retrouvant son potentiel bio-spirituel, chaque individu pourra déterminer le chemin évolutif qu'il souhaite suivre pour les éons à venir. Intégrer quelques techniques de visualisation et de méditation dans notre quotidien, même seulement vingt minutes par jour, contribuerait grandement à intégrer nos identités multidimensionnelles supérieures, à développer nos potentiels génétiques inhérents et à éliminer les blocages.

De plus en plus de personnes commencent à ressentir et à reconnaître intuitivement que l'origine de l'humanité est liée aux étoiles et que notre passé préhistorique vit dans notre subconscient, et influence directement notre présent.

Affirmer que nous sommes des enfants de Dieu est une déclaration correcte, mais les Enseignements de la Liberté nous invitent à aller plus loin, en nous considérant comme des co-créateurs avec la Source, responsables de nos œuvres et des conséquences de nos actes. Cette attitude nous aidera à mieux comprendre le drame dans lequel nous sommes plongés et à apprendre à influencer consciemment la Création. En nous reconnaissant comme des adultes plutôt que comme des enfants, nous pouvons mieux comprendre le monde qui nous entoure. Que nous le voulions ou non, nous sommes une partie prenante des grands événements cosmiques, et il est utile d'avoir une connaissance solide de ces sujets, ainsi qu'une forte résilience mentale face aux épreuves qui nous attendent sur le chemin du dénouement à venir. Il convient également d'être prêt à éprouver la sensation indescriptible de bonheur et de paix qui accompagnera notre retour à la maison tant attendu.

La capacité de s'unir directement avec notre avatar krystique ou avec d'autres identités de notre structure multidimensionnelle sous la protection de notre Moi supérieur, est le fondement de l'émergence des individus véritablement libres. Ce sont ces individus qui pourront avoir un accès inestimable à la connaissance tout en faisant preuve d'une attitude responsable pour son utilisation.

La mécanique sacrée de la Création, telle qu'exposée dans le Kathara, est le lien fondamental qui unit la science et la spiritualité. Cette sagesse éternelle est essentielle à chacun pour réveiller en lui son propre pouvoir créateur, et affirmer sa liberté et sa souveraineté personnelle en tant qu'expression unique de l'Absolu.

Séquence recommandée d'ateliers et de littérature

La liste des ateliers et des ouvrages recommandés est établie par l'auteur et reflète ses préférences quant à l'ordre dans lequel le matériel doit être étudié pour la première fois. L'objectif de cette liste est de faciliter une introduction progressive aux Enseignements de la Liberté.

Auteur E'Asha Ashayana (anciennement connue comme Ashayana Deane et Anna Hayes)
Author: E'Asha Ashayana (F.K.A. Ashayana Deane and Anna Hayes)

Sites officiels d'informations :

https://www.arhayas.com/
https://elaisafreedomforum.com/

Littérature:

1. Voyagers 1 - The sleeping abductees, Wild Flower Press, 2002
2. Voyagers 2 - Secrets of Amenti, Granite Publishing, 2003
3. Masters Templar Stewardship Initiaive and the Grail Quest Signet roundtables, 2010
4. Kathara level 1 manual- bio-spiritual healing system, 2001
5. The real Christmas story, 2008
6. Sliders handbooks 1-12
7. ARhAyas Productions, December 2012 Workshop Handbook
8. ARhAyas Productions, April 2013 - Chart Pack
9. ARhAyas Productions, May, 2013 handbook
10. ARhAyas Productions, August 2013 handbook

Ateliers:

1. Project Camelot productions, The realities of Ascension, 2010
2. The Lemurian and Atlantian Legacies, 2001
3. The Arthurian Roundtables - Nibiruian Checkerboard Mutation, 2001
4. Dance for Life, 2002

5. Dance for Love, 2002

6. Dance for freedom, part 1, 2003

7. Dance for freedom, part 2, 2003

8. Revelations Of The 'DhaLA-LUma', Transfiguration of the Kryst & the 'KaLE-Hara' Celebration, 2007

9. Legacy of the Lost, Freedoms of the Found, the Milky Way Mysteries, Halls of Records and the "Jesus Codes", Amsterdam, 2007

10. ARhAyas Productions, Dawn of the Age of enlightenment, December 2012

11. ARhAyas Productions, The E-Lai-sa awakening, April 2013

12. ARhAyas Productions, The waters of E-Lai-sa, May 2013

13. ARhAyas Productions. Introduction to Shiftmasters, August 2013

INDEX

kun-da-rey 146

L

libre arbitre 2, 5, 6, 7, 14, 17, 35, 54, 63, 74, 106, 109, 110, 129, 153, 167, 169,
        170, 172, 173, 174, 176, 187, 188, 189, 200
ligne axiatonale 24
lignée Urtite 86
ligne Hara 31
lignes Kathara 25, 26, 192
ligne temporelle 56, 115, 128, 143, 186
loi de l'Unité v, 4, 42, 56, 57, 58, 72, 82, 90, 112, 127, 160, 165, 167, 171, 172,
        173, 174, 177
lumière statique 21

M

M31-Andromède 14, 102, 183
Machine de la Bête 151
Magenta 110
Mahabharata 8, 9, 100
Maharaji 9, 145
Maharata 8, 12, 32, 52, 86, 87, 89, 90, 91, 92, 135, 141
Mahunta Merkaba 47, 197
matrice d'ADN 42, 87, 98, 99, 104, 105, 108, 110, 112, 198
matrice d'ADN du Soleil Diamant 42, 98, 108
matrice temporelle 3, 4, 8, 18, 26, 28, 35, 43, 59, 60, 67, 74, 77, 82, 146, 152, 159,
        177, 189, 190
Merkaba 26, 27, 47, 54, 70, 71, 79, 86, 108, 119, 128, 130, 131, 149, 182, 194,
        195, 197
modèle d'ADN 10, 11, 20, 40, 43, 47, 52, 60, 78, 87, 109, 110, 111, 115, 116, 122,
        129, 154, 169, 187, 190
modèle de la matière noire 24
Musique des sphères 21

N

Nephilime 109
niveau de conscience transcendantal 48
niveau de densité 27, 36, 37, 45, 46, 47, 51, 97, 151, 154, 155, 159
niveaux Déyaté 182

O

onde de fréquence 24
Oraphime 99, 109
Ordre des Esséniens 11, 141
Ordre monastique d'Émeraude de Melchizédek 4, 8, 10, 112

NEW AGE
CITIZENS
FOUNDATION